Heinrich von Siebenthal

Kurzgrammatik zum griechischen Neuen Testament

Heinrich von Siebenthal

Kurzgrammatik zum griechischen Neuen Testament

BRUNNEN
Verlag Giessen · Basel

Die THEOLOGISCHE VERLAGSGEMEINSCHAFT (TVG)
ist eine Arbeitsgemeinschaft der Verlage
Brunnen Gießen und R. Brockhaus Witten

3. Auflage 2013

© 2005 Brunnen Verlag Gießen
www.brunnen-verlag.de
Umschlagmotiv: Majuskel-Handschrift
aus Codex Vaticanus (4. Jh., Johannes 1,29ff.)
Umschlaggestaltung: Ralf Simon
Satz: Heinrich von Siebenthal
Herstellung: Hubert & Co., Göttingen
ISBN 978-3-7655-9491-5

Vorwort zur ersten Auflage

Die *Kurzgrammatik zum griechischen Neuen Testament* ist eine Kurzfassung des bewährten größeren Werks von Ernst G. Hoffmann und Heinrich von Siebenthal, *Griechische Grammatik zum Neuen Testament* (Riehen [Schweiz]: Immanuel-Verlag, ²1990 [¹1985]; eine dritte überarbeitete, beim Brunnen Verlag in Gießen zu veröffentlichende Auflage ist in Vorbereitung). Die Kurzgrammatik ist in erster Linie als Hilfsmittel für die Lernenden gedacht. Aus den rund 700 Seiten des größeren Werks wird ihnen darin das Wesentliche in knapper und prägnanter Form geboten. Des Weiteren kann sie auch bei der Lektüre und beim Erstellen der »Rohübersetzung« für die Exegese als nützliches kleines Nachschlagewerk dienen.

Am wenigsten kürzen ließ sich die Formenlehre; statt 136 umfasst diese nunmehr 75 Seiten. Der Umfang der Syntax hingegen wurde um 83% auf 69 Seiten reduziert. Zwar war ich bemüht, alle syntaktischen Phänomene mit einzubeziehen, die für den sprachlich korrekten Umgang mit dem neutestamentlichen Grundtext relevant erschienen. Doch gerade hier kann die Kurzfassung das ausführliche Werk mit seiner konsequenten Systematik, den detaillierten Erläuterungen und seiner Beispielfülle unmöglich ersetzen. Um den Zugang zu diesem zu erleichtern, wird regelmäßig auf die entsprechenden Paragraphen der großen Grammatik verwiesen.

Die Kurzgrammatik ist nicht nur ein Werkzeug für die unmittelbar mit dem neutestamentlichen Griechisch Beschäftigten. Es sind darin auch die Bedürfnisse all jener berücksichtigt, die – einer bewährten altphilologischen Tradition entsprechend – zunächst klassisches Griechisch lernen, ehe sie sich dem Studium des griechischen Neuen Testaments zuwenden. Auf die Besonderheiten des Klassischen wird regelmäßig verwiesen. Für die Benutzer des beliebten Lehrbuchs *Kantharos* (s. Literaturverzeichnis, S. 158) finden sich zudem im inneren Rand der Kurzgrammatik Hinweise auf Lektionen (**K**..) und »Regeln« (**R**...), in denen der jeweilige Stoff behandelt wird.

Wer beim Grundtextstudium mit dem ebenfalls im Brunnen Verlag erschienenen *Neuen sprachlichen Schlüssels zum griechischen Neuen Testament* (s. Literaturverzeichnis, S. 158) arbeitet, kann die Kurzgrammatik auch als handlichen Begleitband zu diesem Werk einsetzen. Unterhalb der eigentlichen Paragraphennummer (z.B. **416**) steht eine zweite in Kursivschrift (z.B. *282*); diese entspricht der Nummerierung des (sich inhaltlich mit der Kurzgrammatik überschneidenden) grammatischen Anhangs.

Ich hoffe, dass diese Kurzgrammatik möglichst vielen die Beschäftigung mit der Sprache des Neuen Testaments erleichtert und sie gleichzeitig zu einem vermehrten Engagement für den darin verkündeten Herrn und dessen Sache anregt.

Danken möchte ich den zahlreichen Studierenden der Freien Theologischen Akademie in Gießen, die mich bei der Benutzung der provisorischen Fassung auf Verbesserungswürdiges hingewiesen haben. Weitere solche Hinweise sind mir sehr willkommen. Den Herren Holtgrefe und Jablonski, Brunnen Verlag, Gießen, danke ich für ihre Bereitschaft, das Werk zu publizieren.

Gießen, Frühjahr 2005   Heinrich von Siebenthal

Vorwort zur zweiten Auflage

Die zweite Auflage der *Kurzgrammatik zum griechischen Neuen Testament* entspricht im Wesentlichen der ersten. Das Literaturverzeichnis wurde aktualisiert. Zudem konnte eine Handvoll von Versehen getilgt werden. Hinweise auf weitere Fehler werden gerne entgegengenommen.

Gießen, Spätherbst 2009   Heinrich von Siebenthal

Vorwort zur dritten Auflage

Nachdem 2011 bei Brunnen und Immanuel die Neubearbeitung und Erweiterung des größeren Werks *Griechische Grammatik zum Neuen Testament* erschienen ist, wird nun dessen Kurzfassung, die *Kurzgrammatik zum griechischen Neuen Testament* zum dritten Mal aufgelegt. Bis auf einige kleine Anpassungen von Verweisen auf das größere Werk und Korrekturen sowie die Aktualisierung des Literaturverzeichnisses waren keine inhaltlichen Änderungen erforderlich. Hinweise auf Optimierbares sind, wie immer, willkommen.

Gießen, September 2013   Heinrich von Siebenthal

Inhaltsverzeichnis

Abkürzungen

Beachte: Allgemein gebräuchliche Abkürzungen sind nicht aufgeführt. Für genauere bibliographische Angaben zu den angeführten Werken s. Literaturauswahl S. 156ff.

*	rekonstruiert bzw. nicht bezeugt
<	entstanden aus
>	wird zu
=	entspricht
[ ]	sinngetreu ergänzt (in der Übersetzung der Zitate)
/ /	Aussprache eines Ausdrucks
¯	Langvokal (z.B. ā̆ oder ā)
˘	Kurzvokal (z.B. ă oder ă)

א ʼ   ב b   בּ b   בֿ ḇ   ג g   גֿ ḡ   ד d   דּ d   דֿ ḏ   ה h   ו w   ז z   ח ḥ   ט ṭ   י j   כ k   כֿ ḵ

ל l   מ m   נ n   ס s   ע ʻ   פ p   פּ p   פֿ f   צ ṣ   ק q   ר r   שׂ ś   שׁ š   ת t   תֿ ṯ

בָ	bā	בַ	ba	אֲ	ʼă	הָ	ᵃh	בָה	bāh[1]	בֵי	bâ		
בֵי	bê	בֶי	bệ	בֵ	bē	בְ	bə[2]	אֱ	ʼě	בִי	bî	בִ	bi/bī
בוֹ	bô	בֹ	bō	בָ	bo[3]	אֳ	ʼŏ			בוּ	bû	בֻ	bu/bū

Neues Testament:

Mt Mk Lk Jh Apg Röm 1/2Kor Gal Eph Phil Kol 1/2Thess 1/2Tim Tit Phm Hb Jak 1/2Pt 1/2/3Jh Jud Apk

Altes Testament:

Gen Ex Lev Num Dt Jos Ri Ru 1/2Sam 1/2Kön 1/2Ch Esr Neh Esth Hi Ps Spr Pre HL Jes Jer Kl Ez Da Hos Jo Am Ob Jon Mi Na Hab Ze Hg Sach Mal

AcI	accusativus cum infinitivo	Akt./(-)akt.	Aktiv/(-)aktiv(isch)
AcP	accusativus cum participio	allgem.	allgemein
Adj.	Adjektiv	Anm.	Anmerkung
Adv./(-)adv.	Adverb/-adverb bzw. adverbial	Aor.	Aorist
Advl.	Adverbiale	App.	Apposition
Akk.	Akkusativ	Aram./aram.	Aramäisch bzw. Aramais-
AkkO	Akkusativobjekt		mus/aramäisch

---

[1] Am Wortende.

[2] Sofern das Schwa-Zeichen auszusprechen ist.

[3] In unbetonter geschlossener Silbe.

Art.	Artikel	gen. subi.	genitivus subiectivus
AT	Altes Testament	GenO	Genitivobjekt
att.	attisch	Griech./griech.	Griechisch/griechisch
Attr./attr.	Attribut/attributiv	Hebr./hebr.	Hebräisch bzw. Hebrais-
Aug.	Augment		mus/hebräisch
b.	bei(m)	hist.	historisch
BDR	Blass-Debrunner- Rehkopf,	HS	Hauptsatz
	Grammatik	H-S	Hoffmann-von Siebenthal,
Bdtg./-bdtg.	Bedeutung/-bedeutung		Grammatik 2. Aufl. od. neu-
bes.	besonders		bearb.u. erg. Aufl.
best.	bestimmt	Imp./imp.	Imperativ/imperativisch
Best.	Bestimmung	Ind.	Indikativ
bez.	bezeichnet	indekl.	indeklinabel
bibelaram.	bibelaramäisch	Inf.	Infinitiv
BR	Bornemann-Risch,	ingr.	ingressiv
	Grammatik	instr.	instrumental/instrumenti
Bsp.	Beispiel	InstrA	instrumentales Adverbiale
BW	Bezugswort/Bezugselement	InstrE	instrumentale Ergänzung
Dat./dat.	Dativ/dativus	IntA	Adverbiale des Interesses
DatO	Dativobjekt	IntE	Ergänzung des Interesses
DcI	dativus cum infinitivo	intr.	intransitiv
Def.	Definition	ion.	ionisch
Dekl.	Deklination	Ipf.	Imperfekt
Dep.	Deponens	ital.	italienisch
dur.	durativ	iter.	iterativ
eff.	effektiv	jmd(s/m/n).	jemand(es/em/en)
eig.	eigentlich	K	Konnektor
ellip.	elliptisch	**K..**	Lektion Lehrbuch Kantharos
Engl./engl.	Englisch/englisch	Kasuskonstr.	Kasuskonstruktion
erg.	ergänze	kaus.	kausal
Erg.	Ergänzung	KausA	kausales Adverbiale
evtl.	eventuell	KausE	kausale Ergänzung
f	folgend	Klass./klass.	Klassisch/klassisch
Fem.	Femininum	kond.	konditional
ff	folgende	KondA	konditionales Adverbiale
fin.	final	KondE	konditionale Ergänzung
flgd.	folgend	Konj.	Konjunktiv
frz.	französisch	Konjn.	Konjunktion(al)
Fut.	Futur	kons.	konsekutiv
GcI	genitivus cum infinitivo	KonsA	konsekutives Adverbiale
GcP	genitivus cum participio	KonsE	konsekutive Ergänzung
Gen./gen.	Gcnitiv/genitivus	konst.	konstatierend-komplexiv
gen. abs.	genitivus absolutus	konz.	konzessiv
gen. obi.	genitivus obiectivus	KonzA	konzessives Adverbiale

KonzE	konzessive Ergänzung
Lat./lat.	Lateinisch bzw. Latinismus/lateinisch
lok.	lokal
LokA	lokales Adverbiale
LokE	lokale Ergänzung
LXX	Septuaginta
m.	mit
Mask.	Maskulinum
Med.	Medium
MHT	Moulton-Howard-Turner, Grammatik
mod.	modal
ModA	modales Adverbiale
ModE	modale Ergänzung
nachklass.	nachklassisch
NcI	nominativus cum infinitivo
NcP	nominativus cum participio
Neg.	Negation
Nom.	Nominativ
notw.	notwendig
NS	Nebensatz
NT	Neues Testament
ntl.	neutestamentlich
Ntr.	Neutrum
o.ä.	oder ähnlich
Obj.	Objekt
Obj.-Präd.	Objektsprädikativ
od.	oder
Opt.	Optativ
Par./par.	Parallele/parallel
part. coni.	participium coniunctum
Pass./(-)pass.	Passiv/(-)passiv(isch)
Pers.	Person/Personal-
Pf.	Perfekt
Pl.	Plural
pleon.	pleonastisch
Plsqpf.	Plusquamperfekt
poet.	poetisch
Präd./präd.	Prädikat(s-)/prädikativ
Präd.-Nom.	Prädikatsnomen
Präp.	Präposition/Präpositional-
PräpO	Präpositionalobjekt
Präs./präs.	Präsens/präsentisch

Pron./-pron.	Pronomen/-pronomen
Ptz.	Partizip
punkt.	punktuell
R...	»Regel« Lehrbuch Kantharos
Redupl.	Reduplikation
Rel./rel.	Relativum bzw. Relativ-/relativisch
resp.	respectus
result.	resultativ
S.	Seite
s.	siehe
s.a.	siehe auch
Sem./sem.	Semitismus/semitisch
Sg.	Singular
s.o.	siehe oben
sog.	so genannt
St.	Stamm
s.u.	siehe unten
Subj.	Subjekt
Subst./subst.	Substantiv/substantivisch bzw. substantiviert
temp.	temporal/temporis
TempA	temporales Adverbiale
TempE	temporale Ergänzung
tr.	transitiv
u.	und
übertr.	übertr.
umschrieb.	umschriebenes
unatt.	unattisch
unbest.	unbestimmt
unflekt.	unflektiert
unklass.	unklassisch
unregelm.	unregelmäßig
V.	Vers
v.	von
Var.	Textvariante
viell.	vielleicht
Vok.	Vokativ
vorklass.	vorklassisch
wörtl.	wörtlich(er)
Wz.	Wurzel
Zahlw.	Zahlwort
z.Zt.	zur Zeit

Einleitung

Unter »neutestamentlichem Griechisch« versteht man die von den Verfassern des Neuen Testaments verwendete mehr oder weniger stark hebraisierende bzw. aramaisierende Varietät der hellenistischen Volkssprache, der so genannten Koine. Die Koine diente von ca. 300 v. Chr. bis ca. 550 n. Chr. als Verkehrssprache des Vorderen Orients und des Mittelmeerraumes. Grundlage dieser Sprache bildet das Attische, der Dialekt Athens und dessen Landschaft (Attika), auch (nach der literarischen Klassik von etwa 450 bis 323 v. Chr.) als »klassisches Griechisch« bekannt. Die Koine wurde daneben auch von den übrigen altgriechischen Dialekten beeinflusst, besonders vom Ionischen, das im mittleren Teil der kleinasiatischen Westküste und auf den meisten ägäischen Inseln gesprochen wurde.

Mit den vorklassischen und klassischen Hauptdialekten des Griechischen (Ionisch-Attisch; Arkadisch-Kyprisch; Äolisch; Dorisch-Nordwestgriechisch) – ca. 800 bis 330 v. Chr. – fasst man die Koine unter dem Begriff »Altgriechisch« zusammen. Eine Vorstufe des Altgriechischen ist das mykenische Griechisch, das durch Tontafeltexte in Silbenschrift (»Linear B«) aus der Zeit von ca. 1400 bis 1200 v. Chr. (in Knossos, Pylos, Mykene und Theben gefunden) bezeugt ist.

Weiterentwicklungen des Altgriechischen sind das Mittelgriechische (556 bis 1453 n. Chr.) und das Neugriechische (seit 1453 n. Chr.).

Das Griechische ist ein Zweig der indogermanischen Sprachfamilie, zu der die meisten europäischen und ein paar asiatische Sprachen gehören. Zu den Hauptzweigen zählen z.B. auch das Italische (vor allem Latein und Tochtersprachen) und das Germanische (Tochtersprachen Deutsch, Englisch usw.).

In der vorliegenden Kurzgrammatik werden zunächst die für die Lektüre des Neuen Testaments wichtigen Elemente von Laut-, Schrift- und Formenlehre dargestellt. Darauf folgt ein systematischer Abriss der Syntax. Die wichtigeren Unterschiede zum klassischen Griechisch werden dabei regelmäßig genannt. Für zusätzliche Details sei grundsätzlich auf die große *Griechische Grammatik zum Neuen Testament* (H-S) bzw. auf BDR und MHT verwiesen. Die 2011 erschienene Neubearbeitung und Erweiterung von H-S enthält neu je ein Kapitel zur Textgrammatik (§297-354) und zur Wortbildungslehre (§357-371). Im Anhang des vorliegenden Werks finden sich zudem eine Reihe von Spezialübersichten sowie Beispiele für eine mögliche graphische Darstellung von syntaktischen Strukturanalysen.

Erster Teil: Schrift- und Lautlehre

(H-S §1-20; BR §1-28)

A. Das Alphabet

1 Das nachfolgende (heute für moderne und antike Texte übliche) Alphabet geht im Wesentlichen auf die in byzantinischer Zeit (vom 4. Jh. n. Chr. an) aufkommende Minuskelschrift zurück. Der angegebene Lautwert entspricht der deutschen Schulaussprache (s.a. §3-7). Im Übrigen s. Standardwerke.

Zeichen		Umschrift/ Lautwert	Name	Zeichen		Umschrift/ Lautwert	Name
A	α	ă ā	Alpha	**N**	ν	n	Nȳ
B	β	b	Bēta	**Ξ**	ξ	x (ks)	Xī
Γ	γ	g	Gamma	**O**	ο	o	Omīkron
Δ	δ	d	Delta	**Π**	π	p	Pī
E	ε	ĕ	Epsīlon	**P**	ρ	r	Rhō
Z	ζ	z (ds)	Zēta	**Σ**	σ ς	s	Sigma
H	η	ē/ā̆	Ēta	**T**	τ	t	Tau
Θ	θ	th	Thēta	**Y**	υ	ў ȳ	Ypsīlon
I	ι	ĭ ī	Iōta	**Φ**	φ	ph (f)	Phī
K	κ	k	Kappa	**X**	χ	ch	Chī
Λ	λ	l	Lambda	**Ψ**	ψ	ps	Psī
M	μ	m	Mȳ	**Ω**	ω	ō (offen)	Ōmĕga

2 Anmerkungen:

1. Die **Großbuchstaben** (Majuskeln) finden sich in den heutigen Textausgaben vor allem im Anlaut von Namen und Abschnitten. In der NT-Überlieferung begegnen wir den **Kleinbuchstaben** (Minuskeln) erst seit dem 9. Jh. (davor durchweg Majuskeln ohne Wortzwischenraum: *scriptio continua*).

2. Lautwert des γ vor γ, κ, ξ oder χ: /ng/ wie deutsches *n* vor *k*: ἄγγελος *Engel* /**ang**-gelos/, ἄγκυρα wie *nk* in *Anker* usw.

3. Lautwert des ι nie wie *j*, sondern immer wie *i*: Ἰουδαῖος *Jude* /**I**-ūdaios/.

4. Das ς steht im Auslaut, das σ im An- und Inlaut: σεισμός *Erdbeben*; stimmlos (wie in *Haus*, nicht wie in *sagen*) und vor Konsonant getrennt auszusprechen: σταυρός *Kreuz* /**s**-tauros/, σχῆμα *Gestalt* /**s**-chēma/.

5. Die deutsche Schulaussprache von θ, φ, χ ist inkonsequent: wie in *Tat*, *Philosophie* und *ich* oder *Bach* (klass. wie in *Tat*, *Papier* und *Kampf*; nachklass. wie in [engl.] *thing*, *Philosophie* und *ich* oder *Bach*).

6. In vorklassischer Zeit gab es auch den Buchstaben ϝ, »Digamma« (Doppelgamma) genannt, mit dem Lautwert des engl. *w*. Für den in manchen Wortformen vorauszusetzenden ursprünglichen Laut *j* (Jod) ist kein Buchstabe bezeugt. Vgl. §27.

Zur Funktion der Buchstaben als Zahlzeichen s. §101f.

B. Die Laute

I. Die Vokale

Einfache Vokale   **3**

immer **kurz**		immer **lang**		**kurz** oder **lang**	
Zeichen	Aussprache wie in	Zeichen	Aussprache wie in	Zeichen	Aussprache wie in
ε	*Bett*	η	*fair, Bär*	ă/ā	*hat/Bad*
ο	*Gott*	ω	*Lord* (ohne *r*)	ĭ/ī	*bin/Wien*
				ŭ/ū	*Küsse/Grüße*

Diphthonge (Doppellaute)   **4**

Kurzdiphthonge (1. Teil Kurzvokal)		**Langdiphthonge** (1. Teil Langvokal)	
Zeichen	Aussprache wie in	Zeichen	Aussprache wie in
αι	*Hai*	ᾳ/Αι	= ā[1]
αυ	*Haus*	ῃ/Ηι	= η[1]
ει	*made*[2]	ῳ/Ωι	= ω[1]
ευ	/ö-i/[3], eig. /ĕ+u/	ηυ	/ö-i/[3], eig. /ē+u/
οι	*boy*	Bei Kleinbuchstaben ι darunter geschrieben (»**Iota subscriptum**«),[4] bei Großbuchstaben daneben (»**Iota adscriptum**«).	
ου	*Roulett*		
υι	*nuit* (/ü-i/)		

Merke: Diphthonge sind **lang**. Doch auslautendes αι und οι gelten in der Flexion als **5** kurz (außer im Opt. und als Kontraktionssilbe). S. §51; 139f; 144.

---

[1] So nachklass.; früher als eig. Diphthong ausgesprochen.

[2] Zur Zeit des NT wie in *Wien*. In nachklass. Zeit wurden schließlich ι, ει, η, (ῃ), οι, υ, (υι) alle als /i/ wie in *Wien* bzw. *bin* ausgesprochen (»Itazismus«) und αι und ε als /e/ wie in *Bett*.

[3] Deutsche Schulaussprache.

[4] Erst seit dem 12. Jh. n. Chr.

II. Die Konsonanten

6

Nach Artikulationsstelle ↓	Nach Artikulationsart					
	Verschlusslaute (Mutae [Sg. Muta])			**Dauerlaute**		
	stimmlos (Tenuis, Pl. -ues)	stimmhaft (Media, Pl. -iae)	behaucht (Aspirata, Pl. -tae)	Reibelaut	Nasallaut	Liquida (Pl. -dae)
Labiale/ P-Laute (Lippenlaute)	π wie *P* in *Psi*	β wie *b* in *bin*	φ (eig. *P* wie in *Post*)		μ wie *m* in *mir*	
Dentale/ T-Laute (Zahnlaute)	τ wie *t* in *etwas*	δ wie *d* in *du*	θ (eig. *T* wie in *Tat*)	σ wie *s* in *Aas*	ν wie *n* in *nur*	λ ρ wie *l/r* in *lau/rau*[5]
Gutturale/ K-Laute (Kehllaute)	κ wie *k* in *Akt*	γ wie *g* in *gern*	χ (eig. *K* wie in *Kilo*)		γ vor γ/κ/χ/ξ /ng/ (§2)	

7 Anmerkungen:

1. Die Aspiratae sind nachklass. Reibelaute: φ wie *F* in *Foto*, θ wie *th* in **thing**, χ wie *ch* in **ich** oder *Bach* (dazu und zur deutschen Schulaussprache s. §2,5).

2. Als Liquidae fasst man auch **μ, ν, λ** und **ρ** zusammen.

3. Dazu kommen auch der Hauchlaut ʿ /h/ (s. §9) sowie die Zwiekonsonanten ξ /ks/ (wie *x* in *boxen*), ψ /ps/ (wie in **psychisch**) und ζ /ds/ (wie *z* in ital. *azzurro*).[6]

C. Die Lesezeichen

8 Wahrscheinlich gehen unsere Lesezeichen letztlich auf den alexandrinischen Grammatiker Aristophanes von Byzanz (um 220 v. Chr.) zurück. Erst seit der mittelbyzantinischen Zeit (ab 8. Jh. n. Chr.) finden sie stärkere Verbreitung. So sind auch die frühen NT-Handschriften zumeist ohne Lesezeichen.

I. Die Spiritus und Akzente

1. Die Spiritus

9 Die Spiritūs (Hauchzeichen) stehen bei anlautenden Vokalen und bei ρ und zeigen an, ob diese behaucht (mit /h/) oder unbehaucht (ohne /h/) sind:

---

[5] Gerolltes Zungenspitzen-R.

[6] Vielleicht aber klass. /sd/.

Wortanlaut	Zeichen	Name	Beispiel
Vokal **mit** Hauchlaut oder ρ	῾	(der) **spiritus asper** (»rauer Hauch«)	ὑγρός /**hygros**/ *feucht* ῥήτωρ /**rhētor**/ *Redner*
Vokal **ohne** Hauchlaut	᾽	(der) **spritus lenis** (»weicher Hauch«)	ἐγώ /**egō**/ *ich*

2. Die Akzente

Die drei gebräuchlichen Akzentzeichen, der **Akut** (´), der **Gravis** (`) und der   **10**
Zirkumflex (῀) bezeichneten ursprünglich die relative Tonhöhe (´ den steigenden, ` den
fallenden und ῀ den steigenden und fallenden Ton), später (seit der ausgehenden Koine-
Zeit), so auch in der deutschen Schulaussprache, den Wortdruck (die Betonung).
Sie werden nach folgenden **Hauptregeln** gesetzt (s.a. §51; 125ff: auch §78; 99):   **11**

Vokallänge der Ton-silbe kann sein:	Ist drittletzte Silbe möglich? (Bsp. 1)	Ist zweitletzte Silbe möglich? (Bsp. 2)	Ist letzte Silbe möglich? (Bsp. 3)
´	kurz oder lang	ja, aber nur, wenn Vokal der letzten Silbe kurz	ja	ja, aber nur vor Satzzeichen oder Enklitikon (§15f)
`	kurz oder lang	–	–	ja, statt ´, außer vor Satzzeichen
῀	lang	–	ja, sogar obligato-risch, wenn diese Silbe betont und Vokal der letzten Silbe kurz ist	ja

Beispiele:
   1. ἄνθρωπον, ἀνθρώπῳ *(den/dem) Menschen* (Lk 23,14).
   2. τοῦ αἰῶνος τῶν αἰώνων *der »Ewigkeit der Ewigkeiten«* (Eph 3,21).
   3. παρακαλῶ δὲ ὑμᾶς, ἀδελφοί· *ich bitte euch, Brüder:* (1Kor 16,15).

3. Stellung von Spiritus und Akzenten:

a)   bei **Kleinbuchstaben** darüber, bei **Großbuchstaben** davor: **12**
        ἐν ἡμέραις Ἡρῴδου *in den Tagen des Herodes* (Mt 2,1);
b)   bei **Diphthongen** beim zweiten Buchstaben:
        Αἰθίοψ εὐνοῦχος *ein Äthiopier, ein Eunuch* (Apg 8,27);
c)   der **Spiritus** steht vor dem Akut oder Gravis, aber unter dem Zirkumflex:
        ἄχρι οὗ ἂν ἥξω *bis ich komme* (Apk 2,25).

II. Atona und Enklitika

1. Atona

13 Atona (Sg. Atonon: »tonloses [Wort]«; auch Proklitikon »sich vorwärts, d.h. zum nächsten Wort neigendes [Wort]« [Pl. Proklitika]) sind Wörter ohne Akzent:

> 1. der Artikel Nom. Mask. und Fem.: ὁ, ἡ und οἱ, αἱ (§50);
> 2. die Präpositionen ἐκ/ἐξ *aus*, εἰς *in – hinein*, ἐν *in*;
> 3. die Partikeln εἰ *wenn/ob*, ὡς *wie/als*, οὐ/οὐκ/οὐχ *nicht*.

14 Doch vor einem Enklitikon haben sie einen Akut (´), ebenso οὐ vor einem Satzzeichen:

> εἴ τις ... *wenn jemand* (Mt 4,23);
> ἔξεστιν ... δοῦναι ἢ οὔ; *Ist es erlaubt ... zu geben oder nicht?* (Lk 20,22).

2. Enklitika

15 Enklitika (Sg. Enklitikon »sich anlehnendes [Wort]«) sind tonanlehnende Wörter: Sie geben   R4
ihren Akzent möglichst an das vorangehende Wort ab (Regeln s. §16). Zu ihnen zählen:

> 1. die unbetonten Pers. Pron. 1. und 2. Sg. μου *meiner*, μοι *mir*, με *mich*, σου *deiner*,
> σοι *dir*, σε *dich* (§92);
> 2. Ind. Präs. von εἰμί *sein* und φημί *sagen*, außer der 2. Sg. (§166);
> 3. das Indefinitpronomen τις *(irgend)jemand* (§99);
> 4. die unbestimmten Adverbien που *irgendwo*, πως *irgendwie* usw. (§100);
> 5. die Partikeln γε *wenigstens/sogar* und τε *und* (§450).[7]

16 **Regeln:**   R4

> 1. **Einsilbige** Enklitika sind **ohne** Akzent (doch s.u. Punkt 4): Bsp. 1-5.
>
> 2. **Zweisilbige** Enklitika tragen auf der letzten Silbe einen Akzent, vorausgesetzt,
> dass das davor stehende Wort auf der zweitletzten Silbe einen Akut (´) hat (doch s.a.
> unten Punkt 4): Bsp. 7.
>
> 3. Das **vorausgehende** Wort verhält sich wie folgt:
> a) Es bleibt **unverändert, wenn** auf der zweitletzten Silbe ein Akut (´) oder auf der
> letzten ein Zirkumflex (˜) steht: Bsp. 2, 4, 7 und 9.
> b) In allen **anderen Fällen** bekommt die **letzte Silbe** einen Akut (´), entweder
> zusätzlich oder anstelle des Gravis (`): Bsp. 1, 3, 5, 6, 8 und 10. Vgl. §14.
>
> 4. **Enklitika behalten** ihren **Akzent** (s.a. Punkt 3 oben)
> a) wenn der Vokal der Silbe, auf die ihr Akzent fallen müsste, ausgestoßen ist

[7] Att. auch τοι *gewiss*, νυν *also*, περ *durchaus*, πω *je, irgendwie*.

(vgl. §9): Bsp. 11;
b) am Satzanfang: Bsp. 12;
c) vor anderem Enklitikon: Bsp. 13.

Beispiele:

1. ἀδελφός τις *ein Bruder*;
2. ἵππος τις *ein Pferd*;
3. κύριός τις *ein Herr*;
4. τοῦ θεοῦ μου *meines Gottes*;
5. τὸ δῶρόν μου *meine Gabe*;

6. ἀδελφοί τινες *einige Brüder*;
7. ἵπποι τινές *einige Pferde*;
8. κύριοί τινες *einige Herren*;
9. τοῦ θεοῦ ἐστιν *ist Gottes*;
10. τὸ δῶρόν ἐστιν *die Gabe ist*;

11. ἀλλ' εἰσὶν ἐξ ὑμῶν ... *Aber es gibt in eurer Mitte ...* (Jh 6,64);
12. εἰσὶν ἡμῶν ἄνδρες τέσσαρες *Wir haben vier Männer* (Apg 21,23);
13. φίλοι μού ἐστε *ihr seid meine Freunde* (Jh 15,14).

III. Weitere Lesezeichen

1. Das **Trēma** (Trennungspunkte) ¨ über ι oder υ zeigt an, dass dieses als einzelner   **17**
Vokal und nicht als Diphthongteil zu lesen ist:
> πραΰτης /pra-ytes/ *Sanftmut* (Gal 5,23).

R12 2. Der **Apostroph**, der das Ausstoßen eines kurzen Endvokals vor vokalischem Anlaut   **18**
(»Elision«) kennzeichnet, hat dieselbe Form wie der spiritus lenis:
> ἀπ' ἀρχῆς statt ἀπὸ ἀρχῆς *von Anfang* (Jh 15,27).

R34 3. Die **Korōnis** (»Häkchen«), äußerlich ebenfalls dem spiritus lenis gleich, ist das   **19**
Zeichen der Verschmelzung zweier Wörter (»Krāsis«: vokalischer oder diphthongischer
Auslaut und Anlaut werden verschmolzen):[8]
> κἀγώ (< καὶ ἐγώ) *auch/und ich*.

4. **Interpunktion**   **20**

Griechisch	·	;	,	.
Deutsch	; :	?	,	.

Beispiel:
> εἶπεν δέ· τίς εἶ, κύριε; *Da sprach er: »Wer bist du, Herr?«* (Apg 9,5).

D. Einige wichtige Lautregeln

Die Gesetzmäßigkeiten, nach denen sich Laute im Laufe der Sprachgeschichte verändern, nennt man   **21**
»Lautgesetze«. Davon abweichende Veränderungen erklären sich durch »Analogie«, d.h. ein Wort oder
eine Wortform ist nach dem Vorbild anderer Wörter oder Formen gebildet. In der Formenlehre wird
verschiedentlich auf Lautgesetze verwiesen. Hier seien nur die allerwichtigsten kurz genannt.

---

[8] Beim ersten der beiden Wörter handelt es sich vorwiegend um Artikel (§52), Relativpronomen (§98),
καί *und* und πρό *vor*. Der Krasis begegnet man im NT nur in wenigen festen Verbindungen, im Att. be-
sonders in der Umgangssprache und in der Poesie.

I. Veränderungen der Vokale

1. Ablaut

22   Von »Ablaut« spricht man beim Vokalwechsel innerhalb einer Wortfamilie oder   K8
Formengruppe, von **»qualitativem«** Ablaut, wenn die Klangfarbe wechselt (z.B. λέγω
[»E-Stufe«] *sagen*, λόγος [»O-Stufe«] *Wort*), von **»quantitativem«** Ablaut, wenn die
Länge des Vokals betroffen ist (z.B. πατήρ [»Dehnstufe«] *Vater* [Nom.], πατέρα
[»Grundstufe« oder »Vollstufe«] *Vater* [Akk.], πατρός [»Schwundstufe«] *[des] Vaters*
[§73f]). Der Ablaut ist ein lautliches Phänomen, das mit der Wortbildung oder Flexion
zusammenhängt, und nicht wie die übrigen Lautveränderungen (die Lautgesetze) eine
lautgeschichtliche Erscheinung im eig. Sinn.

2. Wichtige lautgesetzliche Vokalveränderungen

23   a)   **Altes ā** erscheint im Attischen als η, außer nach ε, ι, ρ (»Arie-Regel«; im Ionischen
ausnahmslos), z.B. τιμήσω *werde ehren*, aber ἰάσομαι *werde heilen*. S. §141.

24   b)   Beim **»Quantitätentausch«** (»metathesis quantitatum«) wird ηο oder ηα durch εω
bzw. εᾱ ersetzt (Länge+Kürze > Kürze+Länge). S. §78-80.

25   c)   Von **»Ersatzdehnung«** spricht man, wenn ein kurzer Vokal als Ersatz für
ausgefallene Konsonanten gedehnt wird, z.B. *ἤγγελσα > ἤγγειλα *meldete*. S. §153.

26   d)   **»Kontraktion«** ist die Zusammenziehung zweier Vokale (bzw. Diphthonge) zu
einem Langvokal oder Diphthong, z.B. ζή-ει > ζῇ *er lebt*. S. §141f (Regeln).

II. Veränderungen der Konsonanten

1. Spuren von ϝ und j

27   Wichtige Beispiele für Spuren dieser schon im Klass. nicht mehr erhaltenen Laute:
ϝ > υ vor Konsonant und im Auslaut, z.B. βασιλεϝς > βασιλεύς *König*. S. §77.
Die auffällige Form des Präsensstammes der meisten verba muta und liquida, z.B.
*φυλακjω > φυλάσσω *bewache*. S. §146; 151; für Nomina vgl. §53f; 77-79.

2. Ausfall von Konsonanten

Wichtigste Fälle:

28   a)   Ausfall von **T**-Laut und **ντ** (s.a. §32f)

Veränderung	Beispiel
T-Laut + σ > σ	*ἐλπιδ·ς > ἐλπίς *Hoffnung* (§69)

ντ + σ > σ mit Ersatzdehnung	*ἄρχοντ·σιν > ἄρχουσιν *Herrschern* (§71)

b) Ausfall des (ursprünglichen) σ   **29**

1. im **Anlaut**, meist durch Aspiration ersetzt	*σι·στημι > ἵ·στημι *stelle* (§159)
2. im **Inlaut** zwischen Vokalen	*γενεσ·ος > γενε·ος > γένους *Geschlechts* (§75)
3. **zwischen Konsonanten**	*τεταχ·σθε > τεταχ·θε *seid geordnet* (Pf. Pass.) (§148; 150; 155)
4. im **Stammauslaut vor σ**	*γενεσ·σιν > γενε·σιν *Geschlechtern* (§75)
5. im Inlaut **nach Nasal/Liquida** (μσ, νσ, λσ, ρσ) **vor Vokal** (mit Ersatzdehnung)	*ἐ·κρῑν·σα > ἔ·κρῑν·α *richtete* (§153)

3. Assimilation und Dissimilation

R50 Wird ein Konsonant dem nachfolgenden angeglichen, spricht man von »**Assimilation**«, **30** z.B. ν+π > μπ (Nasal an den P-Laut assimiliert); ähnlich auch beim Hauchlaut: ἀφ' ὑμῶν (< ἀπ' ὑμῶν < ἀπὸ ὑμῶν [vgl. §18]) *von euch*.

R75 Bei der »**Dissimilation**« werden zwei ähnliche Laute »unähnlich« gemacht. Am **31** wichtigsten ist die sog. »**Hauchdissimilation**«: Wenn zwei aufeinander folgende Silben mit einer Aspirata (θ, φ, χ) beginnen müssten, so wird gewöhnlich die erste in die entsprechende Tenuis (τ, π, κ) verwandelt – die Behauchung fällt weg, z.B. *ἐθύθη > ἐτύθη *er wurde geopfert* (Aor. Pass. von θύω [§167,13]).

4. Überblick über die Veränderungen beim Zusammentreffen von Konsonanten

Veränderungen durch Ausfall (§28f), Assimilation und Dissimilation (§30f):

a) **Mutae** + Konsonanten   **32**

Muta + Konsonant	+μ	+σ	+τ	+θ
P-Laut (π, β, φ)	μμ	ψ	πτ	φθ
K-Laut (κ, γ, χ)	γμ	ξ	κτ	χθ
T-Laut (τ, δ, θ)	σμ	σ	στ	σθ

Merke: Konsonant + σ + Konsonant > Konsonant + Konsonant (§29) mit obigen Veränderungen.

33   b)   **Nasale/Liquidae** + Konsonanten

ν	+ **K**-Laut			+ **P**-Laut			+ **Liquida**		+ **Nasal**
	κ	γ	χ	π	β	φ	λ	ρ	μ
	γκ	γγ	γχ	μπ	μβ	μφ	λλ	ρρ	μμ

Merke: Nasal/Liquida + **σ** (μσ, νσ, λσ, ρσ) verlieren im Inlaut vor Vokal das σ mit Ersatzdehnung (§25).

III. Auslautregeln

1. Das Auslautgesetz

34   Im Auslaut griech. Wörter ist kein anderer Konsonant als **ν**, **ρ** oder **σ** (einschließlich ξ und ψ) möglich (»**Νηρεύς**-Regel«). Dies kann bei der Flexion zum Wegfall des Stammauslautes führen, z.B. *γραμματ > γράμμα als Nom./Akk. Sg. des Wortes τὸ γράμμα γράμματος *der Buchstabe* (vgl. §69).

Ausnahmen zu dieser Regel: ἐκ *aus* und οὐκ/οὐχ *nicht* sowie im NT semitische Namen wie Ἀβραάμ, Ναζαρέτ usw.

2. Bewegliche Endkonsonanten

35   a)   Ein **bewegliches** (angehängtes) **ν**, besonders vor Vokalen und am Satzende nach auslautendem ε und ῐ, haben vor allem

Verbformen der **3. Sg.** und **Pl.** auf -ε und –σι (§115)	ἐπαίδευσε(**ν**) *er erzog* εἰσί(**ν**) *sie sind*
Dative auf **-σι** (§66)	πᾶσι(**ν**) *allen*

36   b)   Ein **bewegliches** σ bzw. einen beweglichen **Guttural** haben οὐ *nicht* und ἐκ *aus*:   R11

Vor Konsonant:	οὐ ἐκ	οὐ πιστεύει *er glaubt nicht* ἐκ τοῦ οἴκου *aus dem Haus* ἐκβάλλω *werfe hinaus*
Vor Vokal:	οὐκ ἐξ	οὐκ ἀκούει *er hört nicht* ἐξ οἴκου *aus (dem) Haus* ἐξέβαλον *warf hinaus*
Vor Hauchlaut:	οὐχ ἐξ	οὐχ ἡμεῖς *nicht wir* ἐξ ὕδατος *aus (dem) Wasser* ἐξαιρέω (eig. ἐξ-αἱρέω) *nehme heraus*

Zweiter Teil: Formenlehre

A. Wortbestandteile und Wortarten

I. Wortbestandteile (H-S §21; BR §297)

Hauptunterscheidungen z.B. von **κρίσις** *Gericht*, **διάκρισις** *Unterscheidung*:

1. **(-)κρι-:** »**Wurzel**«, Grundform, von der alle Glieder einer Wortfamilie gebildet sind **37** und deren Grundbedeutung ihnen gemeinsam ist, vgl. **κρί·νω** *richten*, **κρι·τής** *Richter* usw.

2. **-σι-:** »**Suffix**« (hier »Wortbildungssuffix«: es dient der Wortbildung), eine Wurzel- **38** erweiterung (»Affix«: am Anfang der Wurzel »Präfix« [δια- oben]; im Innern »Infix«; am Ende »Suffix«).

3. **(-)κρισι-:** »**Stamm**«, Grundform, von der alle Formen eines Wortes (beim Verb **39** auch eines Tempus [dann »Tempusstamm«, s. §108]) gebildet werden (oft mit der Wur- zel identisch), vgl. **κρίσι·ν** *Gericht* (Akk. Sg.).

4. **-ς:** »**Endung**«, Schlussteil eines Wortes, durch den Kasus, Person usw. unterschie- **40** den werden, vgl. auch κέκρι·**μαι** *ich bin gerichtet*, κέκρι·**σαι** *du bist gerichtet* usw. (§65; 108; 115).

5. **-ις:** »**Ausgang**«, Stammauslaut zusammen mit der Endung, der bei der Flexion ver- **41** änderliche Wortteil (Gegensatz: Wortstock), vgl. auch λέγ·**ο·μεν** *wir sagen*: μεν En- dung, ομεν Ausgang (§77; 108).

6. **(-)κρισ-:** »**Wortstock**«, der Teil des Wortes, der bei der Flexion unverändert bleibt **42** (Gegensatz: Ausgang), vgl. **κρίσ·εως** *(des) Gerichtes*, **κρίσ·ιν** *Gericht* (Akk. Sg.; §77).

7. **διάκρισις:** »**Kompositum**« (Pl. Komposita), zusammengesetztes Wort (Bestandteil **43** meist auch als selbständiges Wort gebraucht, hier διά und κρίσις), im Gegensatz zu »**Simplex**« (Pl. Simplexe oder Simplicia), nicht zusammengesetztes Wort, wie κρίσις.

Übersicht (vgl. auch §108)   **44**

Stamm			Endung
Wurzel	Suffix		
κρι	σ	ι	ς
Wortstock		Ausgang	

II. Wortarten

(H-S §22)

45

Wortart	Hauptfunktionen	
	semantische (Sprecher/Schreiber bezeichnet damit:)	syntaktische (s.a. §208) (beim Satzbau gebraucht als:)
1. flektierbare Wortarten		
a) konjugierbare Wortart (§104-167; Syntax: §338-438)		
Verb	Tätigkeiten, z.B. γράφω *schreiben* Vorgänge, z.B. ξηραίνω *vertrocknen* Zustände, z.B. πλουτέω *reich sein*	vor allem Präd. (Ptz. und Inf. wie Subst. und Adj.)
b) deklinierbare (nominale) Wortarten (§46-103; Syntax: §233-337)		
Substantiv	Lebewesen, z.B. ἄνθρωπος *Mensch* Sachen/Dinge, z.B. τράπεζα *Tisch* Abstrakta/Begriffe, z.B. ψῦχος *Kälte*	Subj., Präd.-Nom., Obj., Obj.-Präd., Adverbiale, Attr.;
Adjektiv	Eigenschaften, z.B. ἀγαθός *gut*	Attr., Präd.-Nom., Obj.-Präd., Adverbiale;
Zahlwort	Anzahl, z.B. δύο *zwei* (Kardinalzahlen; nur z.T. flektiert) Rang, z.B. πρῶτος *erster* (Ordinalzahlen)	grundsätzlich wie Adj. (Zahlwort im Grunde Zahl*adjektiv*);
Pronomen	Verweis, z.B. ὅς *welcher* nähere Bestimmung, z.B. οὗτος *dieser*	Attr., Subst.-Stellvertreter mit entsprechender Funktion;
Artikel	Determination (als Begleiter des Subst.), z.B. ὁ (οἶκος) *das (Haus)* Verweis, z.B. ὁ δέ *er/dieser*	grundsätzlich wie Pron.;
2. Partikeln (Sg. die Partikel): unflektierbare Wortarten (§317-337; 439-450)		
Adverb **Präposition** **Konjunktion**	nähere Umstände, z.B. πάντοτε *immer* Verhältnisse/Beziehungen, z.B. ἐν *in* (»Wo?«) logische, zeitliche, kausale, modale u.ä. Verknüpfung, z.B. ὅτι *weil*,	Adverbiale, Attr.; grundsätzlich wie Kasus; als Konnektor zur Verbindung, Unterordnung, Einleitung von Sätzen (HS/NS) oder Satzteilen;
Interjektion	Empfindungen, Gefühle, Stellungnahmen, z.B. οὐά *Ach!* (Mk 15,29)	meist außerhalb des eig. Satzverbandes;
andere (schwer klassifizierbare Partikeln)	u.a. ναί *ja*	

B. Nominale Flexionsmuster (Deklination) (H-S §23-63; BR §29-75)

I. Allgemeines

1. Kategorien der Nominalflexion

a) Drei **Genera** (Sg. das Genus; s.a. §234; Kongruenz: §224ff)   46

Kategorie	bezeichnet hauptsächlich
Maskulinum, Mask. (Pl. Maskulina)	männliche Wesen; Flüsse, Winde; Abstrakta
Femininum, Fem. (Pl. Feminina)	weibliche Wesen; Bäume, Länder, Inseln, Städte; Abstrakta
Neutrum, Ntr. (Pl. Neutra)	Phänomene ohne natürliches Geschlecht; als Verkleinerungsform (»Diminutivum«) auch männliche oder weibliche Wesen (z.B. κοράσιον *Mädchen*); Abstrakta

b) Zwei **Numeri** (Sg. Numerus; s.a. §235; 341; Kongruenz: §223ff)   47

Singular, Sg.	Einzahl; seltener Mehrzahl (Kollektiva [§230])
Plural, Pl.	Mehrzahl; seltener scheinbar Einzahl (§235)

R120   Beachte: Der klass. Dual (für die Zweizahl) ist in der Koine nicht mehr gebräuchlich.[1]

c) Fünf **Kasus** (s.a. §273ff; Kongruenz: §224ff)   48

(Nom.: casus rectus [»gerader Kasus«]; die übrigen: casus obliqui/oblique Kasus [»schräge Kasus«])

Nominativ, Nom.	Antwort auf Frage »Wer oder was?« (§274f)
Genitiv, Gen.	Antwort auf Frage »Wessen/Von wem oder was?« (§285ff)
Dativ, Dat.	Antwort auf Frage »Wem/Für/Durch wen oder was?« (§305ff)
Akkusativ, Akk.	Antwort auf Frage »Wen oder was?« (§277ff)
Vokativ, Vok./»(ὦ)«	angeredete Person (§276)

Beachte bei der Formenbildung: 49

– **Vok.** im Pl. immer = Nom., im Sg. oft;

– **Ntr.** Nom. = Akk. = Vok.; im Pl. stets -ᾰ (bei den σ-Stämmen: > η [§75]).

2. Deklinationsarten

Man unterscheidet **drei** Deklinationsarten: 50

– die erste oder A-Deklination (§53-57),

---

[1] Z.B. δύο νεανίσκω *zwei junge Männer* (Xenophon, Anabasis 4.3.10), τὼ πόλει τούτω *diese beiden Städte* (Isokrates 12.156). Vgl. §106 für den Dual beim Verb.

– die zweite oder O-Deklination (§58-63),
– die dritte Deklination (konsonantische und vokalische Stämme [§64-81]).

3. Akzent der Nominalflexion

51 a) Er bleibt **grundsätzlich** auf der Tonsilbe des **Nom. Sg.**, solange dies nach den Akzentregeln möglich ist (§11), wobei -αι und -οι als kurz gelten (§5). Für Ausnahmen s. §56 Anm. 3; §57; 67f.

b) Betonte, lange **Gen.**- und **Dat.**-Ausgänge haben den **Zirkumflex.**

4. Der Artikel

52 Das Griech. hat lediglich einen **bestimmten Artikel**[2] (s. auch §236ff). Die vier mit spiritus asper anlautenden Formen ὁ, ἡ, οἱ, αἱ sind Atona (§13). Eine Vokativform gibt es nicht (vgl. §276).

		Mask.	Fem.	Ntr.			
Sg.	Nom.	ὁ	ἡ	τό	der	die	das
	Gen.	τοῦ	τῆς	τοῦ	des	der	des
	Dat.	τῷ	τῇ	τῷ	dem	der	dem
	Akk.	τόν	τήν	τό	den	die	das
Pl.	Nom.	οἱ	αἱ	τά	die		
	Gen.	τῶν	τῶν	τῶν	der		
	Dat.	τοῖς	ταῖς	τοῖς	den		
	Akk.	τούς	τάς	τά	die		

II. Erste oder A-Deklination

53 Der Stamm lautet auf -ᾱ oder -ᾰ aus; im Sg. wird in bestimmten Fällen aus dem -α ein -η (zum [alten] ᾱ s. §23; zu jᾰ > ᾰ vgl. §27). Die meisten Wörter sind Feminina; bei den Substantiven gibt es auch Maskulina.

1. Substantive

54 a) **Kasusausgänge** (in Klammern Sonderausgänge der Maskulina)

	Nom.	Gen.	Dat.	Akk.	Vok.	eig. St.-Auslaut	ε ι ρ davor?	Beispiel §56
Sg.	-η (-ης)	-ης (-ου)	-ῃ	-ην	-η (-η/ᾰ)	ᾱ	nein	1f(4f)
	-α (-ᾱς)	-ᾱς (-ου)	-ᾳ	-αν	-α (-ᾱ)	ᾱ/jᾰ (ᾱ)	ja	6-8(9)
	-ᾰ	-ης	-ῃ	-ᾰν	-ᾰ	jᾰ	nein	3

---

[2] Also ὁ οἶκος *das Haus,* οἶκος *Haus* oder *ein Haus.*

Pl.	-αι (kurz §51)	-ῶν (immer endbetont[!]: < -αων [§26])	-αις -ᾱς -αι			1-9

Beachte: **55**

1. Gelegentlich im NT (Koine): α > η im Gen./Dat. Sg. nach ρ oder ι, z.B. die Genitive Sg. μαχαίρης (Nom. μάχαιρα) *(des) Schwertes* (Lk 21,24) und -ειδυίης (Nom. -ειδυῖα; Ptz. Fem. von οἶδα) *-wissend* (Apg 5,2).

2. Es gibt (griech. und nichtgriechische) **Eigennamen** auf -ᾱς mit »**dorischem**« **Gen.** (und Dat.): -α, -ᾳ (Bsp. 10, §56).

3. Man begegnet auch einzelnen **Kontrakta** (Stammauslaut -ᾱ wird mit vorausgehendem Vokal kontrahiert εᾱ > ῆ, αᾱ > ᾶ, vgl. §26):

K10
γῆ (<γεᾱ)	γῆς	γῇ	γῆν	γῆ	*Erde*
μνᾶ (<μναᾱ)	μνᾶς	μνᾷ	μνᾶν		*Mine*
μναῖ	μνῶν	μναῖς	μνᾶς		(Maßeinheit)

K2-4   b) **Beispiele**   **56**

K23

	τιμᾱ- **1 Ehre**	νῑκᾱ- **2 Sieg**	γλωσσᾰ- **3 Zunge**		τελωνᾱ- **4 Zöllner**	προφητᾱ- **5 Prophet**
ἡ	τιμή	νίκη	γλῶσσᾰ	ὁ	τελώνης	προφήτης
τῆς	τιμῆς	νίκης	γλώσσης	τοῦ	τελώνου	προφήτου
τῇ	τιμῇ	νίκῃ	γλώσσῃ	τῷ	τελώνῃ	προφήτῃ
τὴν	τιμήν	νίκην	γλῶσσᾰν	τὸν	τελώνην	προφήτην
(ὦ)	τιμή	νίκη	γλῶσσᾰ	(ὦ)	τελώνη	προφῆτᾰ[3]
αἱ	τιμαί	νῖκαι	γλῶσσαι	οἱ	τελῶναι	προφῆται
τῶν	τιμῶν	νικῶν	γλωσσῶν	τῶν	τελωνῶν	προφητῶν
ταῖς	τιμαῖς	νίκαις	γλώσσαις	τοῖς	τελώναις	προφήταις
τᾱς	τιμάς	νίκᾱς	γλώσσᾱς	τοὺς	τελώνᾱς	προφήτᾱς
	γενεᾱ- **6 Geschlecht**	χωρᾱ- **7 Land**	ἐνεργειᾱ- **8 Wirkung**		νεανιᾱ- **9 Jüngling**	Λουκᾱ- **10 Lukas**
ἡ	γενεά	χώρᾱ	ἐνέργειᾰ	ὁ	νεανίᾱς	Λουκᾶς
τῆς	γενεᾶς	χώρᾱς	ἐνεργείᾱς	τοῦ	νεανίου	Λουκᾶ
τῇ	γενεᾷ	χώρᾳ	ἐνεργείᾳ	τῷ	νεανίᾳ	Λουκᾷ
τὴν	γενεάν	χώρᾱν	ἐνέργειᾰν	τὸν	νεανίᾱν	Λουκᾶν
(ὦ)	γενεά	χώρᾱ	ἐνέργειᾰ	(ὦ)	νεανίᾱ	Λουκᾶ
αἱ	γενεαί	χῶραι	ἐνέργειαι	οἱ	νεανίαι	
τῶν	γενεῶν	χωρῶν	ἐνεργειῶν	τῶν	νεανιῶν	
ταῖς	γενεαῖς	χώραις	ἐνεργείαις	τοῖς	νεανίαις	
τᾱς	γενεάς	χώρᾱς	ἐνεργείᾱς	τοὺς	νεανίᾱς	

1

---

[3] Vok. Sg. der Mask. ohne ς; bei Wörtern auf -της und Völkernamen auf -ης: ᾰ (manchmal Akzentrückzug, z.B. δεσπότης *Herr:* δέσποτᾰ, vgl. §51).

2. Andere nominale Wortarten

57 Adjektive (soweit das Fem. nicht dem Mask. gleich ist, s. §82; 84), Partizipien (§82; 84) und ein Teil der Zahlwörter (§101) sowie die meisten Pronomina (§92-100) haben im Fem. grundsätzlich dasselbe Flexionsmuster wie die femininen Substantive der A-Deklination. Eine Ausnahme bildet der **Akzent** im **Nom.** und **Gen. Pl.** der nichtendbetonten Wörter, für den Folgendes gilt (vgl. §82; 84; 86; 94):

Mask./Ntr. O-Dekl.?	Akzent Nom./Gen. Pl.	Beispiele Mask.	Fem.	
ja	gemäß Mask.	ἅγιοι/ἁγίων	ἅγιαι/ἁγίων	*heilig*
		λυόμενοι/λυομένων	λυόμεναι/λυομένων	*sich lösend*
		ἀλλήλων	ἀλλήλων	*einander*
nein	gemäß Subst. (Nom. Pl. = Sg.; Gen.Pl. -ῶν)	ἡδεῖς/ἡδέων	ἡδεῖαι/ἡδειῶν	*süß*
		λύοντες/λυόντων	λύουσαι/λυουσῶν	*lösend*

Beachte: μέγας *groß* gehört zur ersteren Gruppe (§87).

III. Zweite oder O-Deklination

58 Der Stamm lautet auf -o aus. Die meisten Wörter sind Maskulina (-ος) oder Neutra (-ον). Eine Anzahl Substantive auf -ος sind Feminina. Bei einer Adjektivklasse (vor allem Komposita, §86) sind die Formen auf -ος sowohl Mask. als auch Fem.

59 Die sog. »attische« zweite Deklination (ὁ νεώς, νεώ, νεῴ, νεών; νεῴ, νεών, νεώς, νεώς *Tempel*) ist in der Koine nicht mehr gebräuchlich.

1. Substantive

60 a) **Kasusausgänge**

		Nom.	Gen.	Dat.	Akk.	Vok.
Sg.	Mask./(Fem.)	-ος	-ου	-ῳ	-ον	-ε
	Ntr.	-ον	-ου	-ῳ	-ον	-ον
Pl.	Mask./(Fem.)	-οι (kurz, §51)	-ων	-οις	-ους	-οι
	Ntr.	-ᾰ	-ων	-οις	-ᾰ	-ᾰ

61 Beachte:

1. Selten sind im NT die **Kontrakta** (Stammauslaut -o wird mit vorausgehendem Vokal kontrahiert: **K39** oo/oou > ου, oω > ῳ, ooι > οι, oω > ω, vgl. §26; 141f): ὁ νοῦς, νοῦ, νῷ, νοῦν (νοῖ, νῶν, νοῖς, νοῦς) *Sinn*; im NT gehen Gen./Dat. Sg. nach der 3. Dekl. (§65): νοός, νοΐ.

2. Dat. Pl. von τὸ σάββατον *Woche* und τὸ δάκρυον *Träne* gemäß 3. Dekl. (§69; 77): σάββασι(ν), δάκρυσι(ν).

3. Flexion von *Jesus*: Ἰησοῦς, Ἰησοῦ, Ἰησοῦ, Ἰησοῦν, (ὦ) Ἰησοῦ (vgl. §55).

b) Beispiele   62

K1f	υἱο- *Sohn*	κυριο- *Herr*	δουλο- *Knecht*		ἀμπελο- *Weinstock*		πλοιο- *Schiff*
R30	ὁ υἱός	κύριος	δοῦλος	ἡ	ἄμπελος	τό	πλοῖον
K13	τοῦ υἱοῦ	κυρίου	δούλου	τῆς	ἀμπέλου	τοῦ	πλοίου
	τῷ υἱῷ	κυρίῳ	δούλῳ	τῇ	ἀμπέλῳ	τῷ	πλοίῳ
	τόν υἱόν	κύριον	δοῦλον	τήν	ἄμπελον	τό	πλοῖον
	(ὦ) υἱέ	κύριε	δοῦλε	(ὦ)	ἄμπελε	(ὦ)	πλοῖον
	οἱ υἱοί	κύριοι	δοῦλοι	αἱ	ἄμπελοι	τά	πλοῖα
	τῶν υἱῶν	κυρίων	δούλων	τῶν	ἀμπέλων	τῶν	πλοίων
	τοῖς υἱοῖς	κυρίοις	δούλοις	ταῖς	ἀμπέλοις	τοῖς	πλοίοις
	τούς υἱούς	κυρίους	δούλους	τάς	ἀμπέλους	τά	πλοῖα

2

2. Andere nominale Wortarten

Die übrigen nach der O-Deklination flektierten Wortarten haben grundsätzlich dasselbe   **63** Muster wie das Substantiv. Eine kleine Ausnahme bilden die Formen des Ntr. Nom./Akk. Sg. des Artikels und eines Großteils der Pronomina sowie des Mask. Nom. Sg. des Artikels (und des davon abgeleiteten Demonstrativpronomens ὅδε, §96):

	Subst. (§62)	Art. (§52)	Pron. (§92ff)	Beispiele			
Ntr. Nom./ Akk. Sg.	-ov	τό	-ο	τὸ πλοῖον *das Schiff*	τόδε *diese*	αὐτό *selbst*	ὅ *welches*
Mask. Nom. Sg.	-ος	ὁ	-ος	ὁ υἱός *der Sohn*	ὅδε *dieser*	αὐτός *selbst*	ὅς *welcher*

IV. Dritte Deklination

1. Allgemeines

a) *Stämme*

Alle konsonantischen Stämme gehören hierher (§69-76), ebenso die vokalischen bzw.   **64** diphthongischen auf -ι, -υ, -ευ und -ου (§77-80). Der Stamm lässt sich in den meisten Fällen durch Abtrennung der Endung -ος des Gen. Sg. leicht erkennen, z.B. bei ὁ φύλαξ *der Wächter:*

τοῦ φύλακ·ος *des Wächters* (Gen. Sg.) – Stamm **φύλακ-**

Man begegnet allen drei Genera; nicht immer lassen sie sich bestimmten Stammtypen zuordnen.

b) Kasusendungen

65

	Sg.		Pl.	
	Mask./Fem.	Ntr.	Mask./Fem.	Ntr.
Nom.	-ς oder –	–	-ες	-ᾰ
Gen.	-ος	-ος	-ων	-ων
Dat.	-ῐ	-ῐ	-σῐ(ν)	-σῐ(ν)
Akk.	-ᾰ oder (nach Vokal) -ν	–	-ᾱς oder (nach Vokal) -(ν)ς	-ᾰ
Vok.	= Nom. oder –	–	= Nom.	= Nom.

66 Beachte:

1. Nom. Sg. Mask./Fem. entweder mit -ς (»sigmatisch«), z.B. πόλις *Stadt* (§77), oder ohne ς (»asigmatisch«), aber mit gedehntem Stammvokal (Dehnstufe [§22]), z.B. ποιμήν *Hirte* (St.: ποιμεν-, §71).

2. Nom./Akk./Vok. Sg. Ntr. meist = Stamm, soweit nach Auslautgesetz möglich (§34).

3. Vok. Sg. Mask./Fem. = Nom. oder Stamm, soweit nach Auslautgesetz möglich (§34).

4. Dat. Pl.: bewegliches **ν** (§35).

c) Besonderheiten der Akzentsetzung (vgl. §51)

67 1. Einsilbige Stämme der dritten Deklination:

a) Regel: Im Gen. und Dat. Sg. und Pl. wird die Endung betont, z.B. ὁ μήν *Monat*, τοῦ μηνός, τῷ μηνί, τὸν μῆνα usw.

b) Ausnahmen:

– παῖς παιδός *Kind/Knecht*, τὸ οὖς ὠτός *Ohr*, τὸ φῶς φωτός *Licht* betonen im Gen. Pl. **K12** die Stammsilbe, z.B. τῶν παίδων *der Kinder/Knechte*;

– πᾶς *jeder* (§84) hat im Pl. Mask./Ntr. den Akzent durchweg auf der Stammsilbe, **K12** z.B. πάντων *aller* (aber παντός *jedes*).

– Die einsilbigen Partizipien betonen durchweg die Stammsilbe, z.B. ὤν ὄντος usw. von εἰμί *sein* (§165).

68 2. Im Vok. Sg. wird der Akzent vereinzelt zurückgezogen (d.h. er steht nicht auf derselben Silbe wie im Nom. Sg., sondern auf einer früheren; vgl. §51): σῶτερ *Retter* (Nom. σωτήρ), πάτερ *Vater* (Nom. πατήρ), ἄνερ *Mann* (Nom. ἀνήρ, §73f), γύναι *Frau* (Nom. γυνή, §81).

2. Konsonantische Stämme

a) Muta-Stämme

Der Stamm lautet auf eine Muta aus, d.h. auf einen Labial/P-Laut (π, β, φ), einen **69** Guttural/K-Laut (κ, γ, χ) oder einen Dental/T-Laut (τ, δ, θ). Das Zusammentreffen mit σ führt zu den üblichen lautgesetzlichen Veränderungen (§32).

10-12

Labial-stämme	Guttural-stämme	Dentalstämme T-Laut + σ > σ			
P-Laut + σ > ψ	K-Laut + σ > ξ	endbetont	nicht endbe-tont auf -ις	Neutrum	*3*
κωνωπ-	φυλακ-	ἐλπιδ-	χαριτ-	σωματ-	
Mücke	*Wächter*	*Hoffnung*	*Gnade*	*Körper*	
ὁ κώνωψ	φύλαξ	ἡ ἐλπίς	χάρις	τὸ σῶμα (§34)	
τοῦ κώνωπος	φύλακος	τῆς ἐλπίδος	χάριτος	τοῦ σώματος	
τῷ κώνωπι	φύλακι	τῇ ἐλπίδι	χάριτι	τῷ σώματι	
τὸν κώνωπα	φύλακα	τὴν ἐλπίδα	χάριν	τὸ σῶμα	
οἱ κώνωπες	φύλακες	αἱ ἐλπίδες	χάριτες	τὰ σώματα	
τῶν κωνώπων	φυλάκων	τῶν ἐλπίδων	χαρίτων	τῶν σωμάτων	
τοῖς κώνωψι(ν)	φύλαξι(ν)	ταῖς ἐλπίσι(ν)	χάρισι(ν)	τοῖς σώμασι(ν)	
τοὺς κώνωπας	φύλακας	τὰς ἐλπίδας	χάριτας	τὰ σώματα	

Beachte: **70**

K11f 1. Nichtendbetonte Dentalstämme auf -ις bilden den Akk. Sg. auf -ιν wie die ι-Stämme (§77). Im NT (Koine) kommt aber gelegentlich statt χάριν χάριτα vor.

2. Vereinzelt haben Neutra einen sigmatischen Nom./Akk. Sg.: τὸ τέρας τέρατος *Wunder*, τὸ φῶς φωτός *Licht*.

3. Dentalstämme auf -μα(τ) sind Neutra, die vorwiegend das Ergebnis einer Handlung bezeichnen (»nomina rei actae«), z.B. τὸ γράμμα γράμματος *Buchstabe* (zu γράφω *schreiben*).

4. Dentalstämme auf -της sind feminine Abstrakta, z.B. ἡ ἁγιότης ἁγιότητος *Heiligkeit*.

5. Zu den Dentalstämmen zählt auch das Ptz. Pf. Akt. Mask./Ntr.: λελυκώς/ός -ότος *gelöst habend* (§84).

b) Nasal- (ν-) und ντ-Stämme

K10f Der Stammauslaut sowohl der Stämme auf -ν als auch derjenigen auf -ντ fällt im Dat. **71** Pl. aus, bei den ν-Stämmen ohne, bei den ντ-Stämmen mit (§28) Ersatzdehnung.
K14 Letzteres geschieht auch beim sigmatischen Nom. Sg. der ντ-Stämme.

4/5

	ν-Stämme		ντ-Stämme	
	(Dat. Pl. ohne Ersatzdehnung)		(ντ + σ > σ mit Ersatzdehnung [§28])	
	Dehnstufe (§22)		Nom. Sg.	Nom. Sg.
	Nom. Sg. Mask.	durchgängig	asigmatisch	sigmatisch
	ποιμεν-	ἀγων-	ἀρχοντ-	ὀδοντ-
	Hirte	*Kampf*	*Herrscher*	*Zahn*
ὁ	ποιμήν	ἀγών	ἄρχων (§34)	ὀδούς
τοῦ	ποιμένος	ἀγῶνος	ἄρχοντος	ὀδόντος
τῷ	ποιμένι	ἀγῶνι	ἄρχοντι	ὀδόντι
τὸν	ποιμένα	ἀγῶνα	ἄρχοντα	ὀδόντα
οἱ	ποιμένες	ἀγῶνες	ἄρχοντες	ὀδόντες
τῶν	ποιμένων	ἀγώνων	ἀρχόντων	ὀδόντων
τοῖς	ποιμέσι(ν)	ἀγῶσι(ν)	ἄρχουσι(ν)	ὀδοῦσι(ν)
τοὺς	ποιμένας	ἀγῶνας	ἄρχοντας	ὀδόντας

72 Beachte:

1. ν-Stämme mit sigmatischem Nom. haben Ersatzdehnung, z.B. μέλᾱς μέλᾰνος *schwarz* (Fem. μέλαινα, Ntr. μέλαν [§84]).

2. Der Nom./Akk. Ntr. der adjektivischen und Partizipialstämme entspricht dem reinen Stamm, soweit vom Auslautgesetz her möglich (§66): σώφρων/σῶφρον σώφρονος usw. *vernünftig* (§86), λύων/λῦον λύοντος usw. *lösend* (§84).

3. Die Komparative auf -ιων/-ων (§86) sowie τίς/τις usw. *wer/irgendwer* (§99), εἷς usw. *eins* und οὐδείς usw. *keiner* (§103) zählen ebenfalls zu den ν-Stämmen.

c) Liquidastämme

73 Der Stamm lautet auf -ρ (außerhalb des NT auch auf -λ) aus. Der Auslaut bleibt in allen Formen erhalten.

K10

K15

6

	»Normale« Stämme		Stämme mit drei Ablautstufen (§22)				
	Dehnstufe (§22)						
	Nom. Sg.	durchgängig					
	ῥητορ-	σωτηρ-	ἀνερ-	πατερ-			μητερ-
	Redner	*Retter*	*Mann*	*Vater*			*Mutter*
ὁ	ῥήτωρ	σωτήρ	ἀνήρ	πατήρ		ἡ	μήτηρ
τοῦ	ῥήτορος	σωτῆρος	ἀνδρ·ός	πατρ·ός		τῆς	μητρ·ός
τῷ	ῥήτορι	σωτῆρι	ἀνδρ·ί	πατρ·ί		τῇ	μητρ·ί
τὸν	ῥήτορα	σωτῆρα	ἄνδρ·α	πατέρ·α		τὴν	μητέρ·α
(ὦ)	ῥῆτορ	σῶτερ !	ἄνερ	πάτερ		(ὦ)	μῆτερ

οἱ	ῥήτορες	σωτῆρες	ἄνδρ·ες	πατέρ·ες	αἱ	μητέρ·ες
τῶν	ῥητόρων	σωτήρων	ἀνδρ·ῶν	πατέρ·ων	τῶν	μητέρ·ων
τοῖς	ῥήτορσι(ν)	σωτῆρσι(ν)	ἀνδρά·σι(ν)	πατρά·σι(ν)	ταῖς	μητρά·σι(ν)
τοὺς	ῥήτορας	σωτῆρας	ἄνδρ·ας	πατέρ·ας	τὰς	μητέρ·ας

Beachte: **74**

1. Der Vok. Sg. von σωτήρ ist unregelmäßig (-ερ statt -ηρ). Zum Vok. vgl. auch §68.

2. Wie πατήρ und μήτηρ wird auch ἡ θυγάτηρ θυγατρός *Tochter* flektiert.

3. Bei den Formen der Schwundstufe von ἀνήρ ist ein δ eingeschoben (aus Bemühen um Deutlichkeit).

4. Im Dat. Pl. der Stämme mit drei Ablautstufen erscheint nach dem ρ ein α als Stützvokal (geht auf ein indogermanisches »silbisches r« zurück [BR §28]).

d) σ-Stämme

K34 Der Stammauslaut -σ fällt zwischen Vokalen aus (§29); die Vokale werden fast immer   **75**
kontrahiert (§26; vgl. §141f). Vor der Endung des Dat. Pl. -σι(v) schwindet das σ
ebenfalls (§29). Die Substantive sind neutrisch; die Adjektive haben zwei Endungen
(vgl. §86).

	γενος	(O-Stufe [§22])	ἀληθε(σ)-		
	γενε(σ)-	(E-Stufe [§22])	*wahr*		
	Geschlecht		Mask./Fem.	Ntr.	
τὸ	γένος		ἀληθής	ἀληθές	
τοῦ	γένους	<γενε(σ)ος	ἀληθοῦς <ἀληθε(σ)ος		
τῷ	γένει	<γενε(σ)ι	ἀληθεῖ <ἀληθε(σ)ι		
τὸ	γένος		ἀληθῆ <ἀληθε(σ)α	ἀληθές	
τὰ	γένη	<γενε(σ)α	ἀληθεῖς <ἀληθε(σ)ες	ἀληθῆ <ἀληθε(σ)α	
τῶν	γενῶν	<γενε(σ)ων	ἀληθῶν <ἀληθε(σ)ων		
τοῖς	γένεσι(ν)	<γενε(σ)σι(ν)	ἀληθέσι(ν) <ἀληθε(σ)σι(ν)		
τὰ	γένη	<γενε(σ)α	ἀληθεῖς (= Nom.)	ἀληθῆ <ἀληθε(σ)α	

7

Beachte: **76**

K34 1. Nicht kontrahiert: Gen. Pl. von τὸ ὄρος *Berg* (ὀρέων) und τὸ χεῖλος *Lippe* (χειλέων).

2. Vereinzelte Stämme auf -οσ- und -ασ-: ἡ αἰδώς αἰδοῦς (<αἰδο[σ]ος) usw. *Scham-haftigkeit* bzw. τὸ κρέας κρέως (<κρεα[σ]ος) usw., Nom./Akk. Pl. κρέᾱ (<κρεα[σ]α) *Fleisch(stücke)*.

3. Die Betonung der Adj. ist durchweg auf der letzten Stammsilbe (Ausnahme: πλήρης *voll* [z.T. undekliniert verwendet!]). – Vgl. §87 (b).

4. Att.: Adj. Ntr. Pl. -ᾱ statt -η, wenn vor -εσ- ein Vokal steht (z.B. ὑγιᾶ zu ὑγιής *ge-sund*), im NT (Koine) jedoch -ῆ (also ὑγιῆ). Vgl. §23.

5. σ-Stämme sind auch die Alternativformen der Komparative auf -(ι)ων (§86).

3. Vokalische bzw. diphthongische Stämme

77 Der Stamm lautet auf -ι, -υ oder einen Diphthong wie -ει (<-εj, vgl. §27), -ευ (<-εϝ, vgl. §27) oder -ου (<-οϝ, vgl. §27) aus.

	ι-Stämme		υ-Stämme	εὐ-Stämme		ου-Stämme	
8	Dehnstufe Gen. Sg. πολῑ- und πολε(j)- *Stadt*		reine υ- Stämme ἰχθυ- *Fisch*	Dehnstufe Gen. Sg. πηχυ- und πηχε(ϝ)- *Elle*	Dehnstufe Gen./Akk. Sg. βασιλευ- und βασιληυ(ϝ)- *König*	βου- und βο(ϝ)- *Rind*	K18 K35 K38
ἡ	πόλις	ὁ	ἰχθύς	πῆχυς	βασιλεύς	βοῦς	
τῆς	πόλεως !	τοῦ	ἰχθύος	πήχεως !	βασιλέως	βοός	
τῇ	πόλει	τῷ	ἰχθύι	πήχει	βασιλεῖ	βοΐ	
τὴν	πόλιν	τὸν	ἰχθύν	πῆχυν	βασιλέᾱ	βοῦν	
(ὦ)	πόλι			πῆχυ	βασιλεῦ	(βοῦ)	
αἱ	πόλεις	οἱ	ἰχθύες	πήχεις	βασιλεῖς	βόες	
τῶν	πόλεων !	τῶν	ἰχθύων	πήχεων !	βασιλέων	βοῶν	
ταῖς	πόλεσι(ν)	τοῖς	ἰχθύσι(ν)	πήχεσι(ν)	βασιλεῦσι(ν)	βουσί(ν)	
τὰς	πόλεις	τοὺς	ἰχθύας	πήχεις	βασιλεῖς	βόας	

Beachte:

78 1. Bei den ι-Stämmen:

a) Die meisten (nichtendbetonten) Wörter auf -ις sind Fem. und bezeichnen Handlung (»nomina actionis«), z.B. ἡ πρᾶξις *Tat* (zu πράσσω *tun*).

b) Gen. Sg./Pl.: Die Akzentsetzung ist ungewöhnlich (ω als »kurz« behandelt, vgl. §11): πόλεως < (Quantitätentausch [§24]) πό**η**ος (Dehnstufe [§22]) < *πολη[j]ος; πόλεων ist an den Sg. angeglichen.

c) Der Akk. Pl. ist an den Nom. Pl. (πόλεις < *πολε[j]ες) angeglichen.

79 2. Bei den υ-Stämmen:

a) Der Typus πῆχυς hat dasselbe Muster wie πόλις (zwischenvokalisches j/ϝ schwindet).

b) Das Att. verwendet im Akk. Pl. ἰχθῦς statt ἰχθύας.

c) Das Flexionsmuster der Adjektive auf -υ (immer mit drei Genera, fast immer endbetont) richtet sich nach dem von πῆχυς (im Gegensatz zum Att. [-έος] auch im Gen. Sg. -έως), z.B. ἡδύς, ἡδεῖα, ἡδύ *süß, angenehm* (§84).

80 3. Bei den ευ- und ου-Stämmen:[1]

a) Alle Wörter auf -εύς sind Mask. und endbetont und stellen fast immer Berufs- oder Standesbezeichnungen dar.

---

[1] Im Att. wichtig sind auch:

Ζεύς	*Zeus*	Διός	Διΐ	Δία	(Vok. Ζεῦ)			K23
ναῦς ἡ	*Schiff*	νεώς	νηΐ	ναῦν	νῆες	νεῶν	ναυσί(ν)	ναῦς (!).

b) -έως und -έᾱ < (Quantitätentausch [§24]) -ῆος und -ῆᾱ (so noch bei Homer); -έων < -ήων (Kürzung des Langvokals vor anderem Langvokal, BR §13,3).

K18
K23
c) Akk. Pl.: In der Koine sind att. βασιλέᾱς und βοῦς (sowie die att. Nebenform des Nom. Pl. βασιλῆς) nicht mehr gebräuchlich.

4. Wichtige Substantive der dritten Deklination mit Besonderheiten

τὸ **γάλα** γάλακτος *Milch*: Dat. Pl. ohne Dental (§28): γάλαξι(ν).   81

τὸ **γόνυ** γόνατος *Knie*: Dentalstamm mit ungewöhnlichem Nom. Sg.

K15
ἡ **γυνή** γυναικός *Frau*: Nom. Sg.: γυνή; Vok. Sg.: **γύναι** (§68); sonst mit dem Stamm γυναικ- (γυναικός, γυναικί, γυναῖκα; γυναῖκες, γυναικῶν, γυναιξί[ν], γυναῖκας).

ἡ **θρίξ** τριχός *Haar*: St. θριχ > τριχ (§31), außer im Nom. Sg. und Dat. Pl. (θριξί[ν]).

K10
ὁ **κύων** κυνός *Hund*: Nom. Sg.: κύων; Vok. Sg.: κύον, sonst wie §71 (Akzent: §67).

ὁ **μάρτυς** μάρτυρος *Zeuge*: Nom. Sg. und Dat. Pl. Stamm ohne ρ (μάρτυσι[ν]).

ἡ **νύξ** νυκτός *Nacht*: Nom. Sg. und Dat. Pl. Stamm ohne Dental (νυξί[ν]; §28).

τὸ **οὖς** ὠτός *Ohr*: Dentalstamm mit ungewöhnlichem Nom. Sg. (§65f; s.a. §67).

ὁ **πούς** ποδός *Fuß*: Dentalstamm mit ungewöhnlichem Nom. Sg. (§65f).

τὸ **ὕδωρ** ὕδατος *Wasser*: Dentalstamm mit ungewöhnlichem Nom. Sg. (§65f).

ἡ **χείρ** χειρός *Hand*: Dat. Pl. ε statt ει: χερσί(ν).

V. Übersicht über Adjektive und Partizipien

1. Adjektive und Partizipien mit drei Endungen

Mask. und Ntr. haben denselben Stamm; das Fem. folgt immer der A-Deklination (§54-57).

a) **Mask. und Ntr.: Stamm auf -o** (Flexion: §60; 62f); Fem.: Stamm auf -ᾱ (Flexion: **82** §54-57; Nom./Gen. Pl.: Akzent gemäß Mask. [§57]): die meisten Adjektive (z.T. Zahl- wörter, §101) sowie die Partizipien auf -μενος, auch die Komparative auf -τερος und alle Superlative (§88ff); vgl. auch die meisten Pronomina (§92-100); Beispiele:

K6

ἅγιο-, ἁγιᾱ- *heilig*			καινο-, καινᾱ- *neu*		
ἅγιος	ἁγίᾱ	ἅγιον	καινός	καινή	καινόν
ἁγίου	ἁγίας	ἁγίου	καινοῦ	καινῆς	καινοῦ
ἁγίῳ	ἁγίᾳ	ἁγίῳ	καινῷ	καινῇ	καινῷ
ἅγιον	ἁγίᾱν	ἅγιον	καινόν	καινήν	καινόν
ἅγιε	ἁγίᾱ	ἅγιον	καινέ	καινή	καινόν
ἅγιοι	ἅγιαι	ἅγια	καινοί	καιναί	καινά
ἁγίων	ἁγίων	ἁγίων	καινῶν	καινῶν	καινῶν
ἁγίοις	ἁγίαις	ἁγίοις	καινοῖς	καιναῖς	καινοῖς
ἁγίους	ἁγίᾱς	ἅγια	καινούς	καινάς	καινά

9

λυομενο-, λυομενᾱ- *sich lösend,* Ptz. Präs. Med./Pass. (§140)			K12
λυόμενος	λυομένη	λυόμενον	
λυομένου	λυομένης	λυομένου	
λυομένῳ	λυομένῃ	λυομένῳ	
λυόμενον	λυομένην	λυόμενον	
λυόμενε	λυομένη	λυόμενον	
λυόμενοι	λυόμεναι	λυόμενα	
λυομένων	λυομένων	λυομένων	
λυομένοις	λυομέναις	λυομένοις	
λυομένους	λυομένᾱς	λυόμενα	

83 Beachte: Ganz selten sind die kontrahierten Stämme: Mask. und Ntr. auf -(o/ε)o- (Flexion: §61); Fem. auf K44
-(ε)ᾱ- (Flexion: Sg. wie γῆ [nach ρ wie μνᾶ], Pl. wie μνᾶ [§55]), am wichtigsten im NT ist χρυσοῦς
golden (St. χρυσεο-/χρυσεᾱ-):

χρυσ·οῦς	-οῦ	-ῷ	-οῦν	-οῖ	-ῶν	-οῖς	-οῦς
χρυσ·ῆ	-ῆς	-ῇ	-ῆν	-αῖ	-ῶν	-αῖς	-ᾶς
χρυσ·οῦν	-οῦ	-ῷ	-οῦν	-ᾶ	-ῶν	-οῖς	-ᾶ

84 b) **Mask. und Ntr.: 3. Deklination** (Flexion: τ-St.: §69f; ν-St. und ντ-St.: §77; 79);
Fem.: A-Deklination (Flexion: §54-57; Nom./Gen. Pl. wie Subst. [§57]): bestimmte
Adj.-Typen sowie alle Partizipien, die nicht auf -μενος auslauten. Zu den (seltenen) ν-
Stämmen zählt μέλας μέλαινα μέλαν *schwarz* (§71f). Häufig sind die ντ-Stämme (alle
Ptz.-Stämme außer denjenigen auf -μενος und denjenigen des Pf. Akt.; einige
Adjektive). τ-Stämmen begegnen wir beim Flexionsmuster des Pf. Akt. Vgl. auch
Zahlwörter »1-4« (§103):

παντ-, πᾶσα- *jeder, ganz, alle* (Akzent: §67)			λυοντ-, λυουσα- *lösend,* Ptz. Präs. Akt. (§139)			K12 K14
πᾶς	πᾶσα	πᾶν	λύων	λύουσα	λῦον	
παντός	πάσης	παντός	λύοντος	λυούσης	λύοντος	
παντί	πάσῃ	παντί	λύοντι	λυούσῃ	λύοντι	
πάντα	πᾶσαν	πᾶν	λύοντα	λύουσαν	λῦον	
πάντες	πᾶσαι	πάντα	λύοντες	λύουσαι	λύοντα	
πάντων !	πασῶν	πάντων !	λυόντων	λυουσῶν	λυόντων	
πᾶσι(ν) !	πάσαις	πᾶσι(ν) !	λύουσι(ν)	λυούσαις	λύουσι(ν)	
πάντας	πάσᾱς	πάντα	λύοντας	λυούσᾱς	λύοντα	

10

K20

λυσαντ-, λυσασα- *lösend,* Ptz. Aor. Akt. (§139)			λυθεντ- λυθεισα- *gelöst werdend,* Ptz. Aor. Pass. (§140)		
λύσᾱς	λύσασα	λῦσαν	λυθείς	λυθεῖσα	λυθέν
λύσαντος	λυσάσης	λύσαντος	λυθέντος	λυθείσης	λυθέντος
λύσαντι	λυσάσῃ	λύσαντι	λυθέντι	λυθείσῃ	λυθέντι
λύσαντα	λύσασαν	λῦσαν	λυθέντα	λυθεῖσαν	λυθέν
λύσαντες	λύσασαι	λύσαντα	λυθέντες	λυθεῖσαι	λυθέντα
λυσάντων	λυσασῶν	λυσάντων	λυθέντων	λυθεισῶν	λυθέντων
λύσᾱσι(ν)	λυσάσαις	λύσᾱσι(ν)	λυθεῖσι(ν)	λυθείσαις	λυθεῖσι(ν)
λύσαντας	λυσάσᾱς	λύσαντα	λυθέντας	λυθείσᾱς	λυθέντα

K37

ἡδυ- und ἡδε- (<ἡδεϝ-), ἡδεια- *süß, angenehm* (vgl. §79)			λελυκοτ-, λελυκυια- *gelöst habend,* Ptz. Pf. Akt. (§139)		
ἡδύς	ἡδεῖα	ἡδύ	λελυκ·ώς	-υῖα	-ός
ἡδέως[1]	ἡδείᾱς	ἡδέως[1]	λελυκ·ότος	-υίας[2]	-ότος
ἡδεῖ	ἡδείᾳ	ἡδεῖ	λελυκ·ότι	-υίᾳ	-ότι
ἡδύν	ἡδεῖαν	ἡδύ	λελυκ·ότα	-υῖαν	-ός
ἡδεῖς	ἡδεῖαι	ἡδέα !	λελυκ·ότες	-υῖαι	-ότα
ἡδέων	ἡδειῶν	ἡδέων	λελυκ·ότων	-υιῶν	-ότων
ἡδέσι(ν)	ἡδείαις	ἡδέσι(ν)	λελυκ·όσι(ν)	-υίαις	-όσι(ν)
ἡδεῖς	ἡδείᾱς	ἡδέα !	λελυκ·ότας	-υίᾱς	-ότα

Beachte: **85**
1. Analog gehen die Ptz.-Formen auf -ῠς (-ύντος), -ῦσα (-ύσης), -ύν (-ύντος) wie δεικνῠς (§161) usw. *zeigend* (Dat. Pl. Mask./Ntr.: -ῦσι[ν]).

K36 2. Der klass. Adj.-Typus auf -εις (-εντος), -εσσα (-εσσης), -εν (-εντος) wie χαρίεις usw. *anmutig* (Dat. Pl. Mask./Ntr.: -εσι[ν]) fehlt im NT.

2. Adjektive mit zwei Endungen

Mask. und Fem. haben eine gemeinsame Form. Dazu zählen: **86**
a) Adjektive der O-Deklination (§60; 62f), grundsätzlich Komposita, vereinzelt auch Simplexe;
b) Adjektive mit Stämmen auf -ν (§71f) oder -σ (§75).

K13 Beispiele (für ein Beispiel mit σ-St., ἀληθής *wahr* s. §75):

o-Stamm ἀδικο- *ungerecht*				*11*
ἄδικος		ἄδικον	ἄδικοι	ἄδικα
	ἀδίκου			ἀδίκων
	ἀδίκῳ			ἀδίκοις
ἄδικον		ἄδικον	ἀδίκους	ἄδικα
ἄδικε		ἄδικον	Vok. = Nom.	

---

[1] Att. ἡδέος (s. §79).
[2] In der Koine daneben auch -υίης (ebenso das einzige NT-Beispiel [s. §55]).

v-Stamm: gewöhnliches Adj. σωφρον- *verständig*			
σώφρων	σῶφρον	σώφρονες	σώφρονα
σώφρονος		σωφρόνων	
σώφρονι		σώφροσι(ν)	
σώφρονα	σῶφρον	σώφρονας	σώφρονα
σῶφρον	σῶφρον	Vok. = Nom.	

K30

v-Stamm bzw. σ-Stamm: Komparativ auf -(ι)ων bzw. -οσ- (vgl. §75f) μειζον-, μειζοσ- *größer*			
μείζων	μεῖζον	μείζονες od. μείζους <o(σ)ες	μείζονα od. μείζω <o(σ)α
μείζονος		μειζόνων	
μείζονι		μείζοσι(ν)	
μείζονα od. μείζω <o(σ)α	μεῖζον	μείζονας od. μείζους (= Nom.)	μείζονα od. μείζω <o(σ)α
μεῖζον	μεῖζον	Vok. = Nom.	

3. Adjektive mit Besonderheiten

87 a) Adjektive mit zwei Stämmen

12

μεγα-	(Mask./Ntr. Nom./Akk. Sg.)	πολυ-	(Mask./Ntr. Nom./Akk. Sg.)
μεγαλο-	(übrige Formen Mask./Ntr.)	πολλο-	(übrige Formen Mask./Ntr.)
μεγαλᾱ-	(Fem.)	πολλα-	(Fem.)
groß		*viel*	

K18

μέγας	μεγάλη	μέγα	πολύς	πολλή	πολύ
μεγάλου	μεγάλης	μεγάλου	πολλοῦ	πολλῆς	πολλοῦ
μεγάλῳ	μεγάλῃ	μεγάλῳ	πολλῷ	πολλῇ	πολλῷ
μέγαν	μεγάλην	μέγα	πολύν	πολλήν	πολύ
μεγάλε	μεγάλη	μέγα			
μεγάλοι	μεγάλαι	μεγάλα	πολλοί	πολλαί	πολλά
μεγάλων	μεγάλων	μεγάλων	πολλῶν	πολλῶν	πολλῶν
μεγάλοις	μεγάλαις	μεγάλοις	πολλοῖς	πολλαῖς	πολλοῖς
μεγάλους	μεγάλᾱς	μεγάλα	πολλούς	πολλάς	πολλά

b) Einziges Adj. mit *einer* Endung im NT (dabei subst.): πένης πένητος *arm*.

C. Komparation (H-S §50-53; BR §59-63)

88 Kennzeichen der in Vergleichen (bei der Komparation) verwendeten Adj.- und Adv.-Formen sind die Ausgänge -(εσ-)τερος oder -(ι)ων (Komparativ) und -(εσ-)τατος oder -ιστος (Superlativ). Beispiel: σοφώ-τερος *weiser*, σοφώ-τατος *(der) weiseste*. Zum Gebrauch s. §248ff.

I. Komparation der Adjektive

K9	Positiv	Komparativ	Superlativ	89

a) **gebräuchlichere** Formen (Komparativ und Superlativ sind Adjektive mit drei Endungen [§82])

häufiger (auslautendes -o- > -ω-, meist, wenn Vokal der vorausgehenden Silbe kurz):

μωρό·ς *töricht*	μωρό·τερος	μωρό·τατος
σοφό·ς *weise*	σοφώ·τερος	σοφώ·τατος
βαθύ·ς *tief*	βαθύ·τερος	βαθύ·τατος

K19 | bei Adj.-**Stämmen auf -ων/-ον**:

σώφρων *verständig*	σωφρον·έσ·τερος	σωφρον·έσ·τατος
(Stamm σωφρον-)		

K30 | b) **seltenere bzw. unregelmäßige** Formen (Komparativ mit zwei Endungen nach §86 flektiert, Superlativ mit drei Endungen nach §82)[1]

ἀγαθός *gut*	κρείσσων/κρείττων	κράτιστος
	βελτίων	(att. βέλτιστος)
κακός *schlecht*	χείρων/ἥσσων/(att. ἥττων)	–
μέγας *groß*	μείζων	μέγιστος
μικρός[2] *klein, gering*	ἐλάσσων/ἐλάττων	ἐλάχιστος
ὀλίγος *wenig, gering*	ἐλάσσων/ἐλάττων	ἐλάχιστος
πολύς *zahlreich*	πλείων (Ntr. πλεῖον/πλέον)	πλεῖστος

II. Beispiele von Adverbien adjektivischer Herkunft

K21	Adjektiv Nom. Sg.	Gen. Pl.	Adverb Positiv -ως	Komparativ = Adj. Ntr. Akk. Sg.	Superlativ = Adj. Ntr. Akk. Pl.	90
	δίκαιος *gerecht*	δικαίων	δικαίως	δικαιό·τερον	δικαιότατα	
	σώφρων *verständig*	σωφρόνων	σωφρόνως	σωφρονέστερον	σωφρονέστατα	
	ἡδύς *gern*	ἡδέων	ἡδέως	ἥδιον	ἥδιστα	
	ταχύς *schnell*	ταχέων	ταχέως	τάχιον	τάχιστα	

Beachte: 91
a) Manchmal dient der Akk. Ntr. (vgl. §284) des Adjektivs als Adv., z.B. ταχύ *schnell*.
b) Andere Adverbausgänge: -ω, z.B. ἔξω *draußen* (vgl. ἐκ *aus*); -θεν, z.B. ἐκεῖθεν *von dort* (vgl. ἐκεῖ *dort*). S.a. §100.

---

[1] Neben diesen im NT wichtigen Formen verwendet das Att. eine Reihe weiterer, z.B. zu ἀγαθός auch ἀμείνων und ἄριστος, zu κακός auch κακίων und κάκιστος, zu ὀλίγος auch μείων und ὀλίγιστος; im Übrigen s. z.B. BR §60f.

[2] Daneben sind die regelmäßigen Formen gebräuchlich.

D. Pronomina (H-S §54-61; BR §64-72)

I. Nichtreflexives Personalpronomen

92 Beachte: 3. Sg. Ntr. Nom./Akk.: -ó (nicht -óv); vgl. §63. Zu den enklitischen Formen der 1./2. Sg. (§15f) vgl. §257; zur 3. Nom. vgl. §258; zur Syntax s. §256ff.

ἐγώ	*ich*	σύ	*du*	αὐτός	αὐτή	αὐτό	*er sie es*	K4
ἐμοῦ μου	*meiner*	σοῦ σου	*deiner*	αὐτοῦ	αὐτῆς	αὐτοῦ	*seiner ihrer seiner*	R58
ἐμοί μοι	*mir*	σοί σοι	*dir*	αὐτῷ	αὐτῇ	αὐτῷ	*ihm ihr ihm*	
ἐμέ με	*mich*	σέ σε	*dich*	αὐτόν	αὐτήν	αὐτό	*ihn sie es*	
ἡμεῖς	*wir*	ὑμεῖς	*ihr*	αὐτοί	αὐταί	αὐτά	*sie*	
ἡμῶν	*unser*	ὑμῶν	*euer*	αὐτῶν	αὐτῶν	αὐτῶν	*ihrer*	
ἡμῖν	*uns*	ὑμῖν	*euch*	αὐτοῖς	αὐταῖς	αὐτοῖς	*ihnen*	
ἡμᾶς	*uns*	ὑμᾶς	*euch*	αὐτούς	αὐτάς	αὐτά	*sie*	

(13)

II. Reflexives (rückbezügliches) Personalpronomen

93 Es setzt sich aus dem (nichtreflexiven) Pers.-Pron. (3. Pers. das alte ἕ) und αὐτός mit der Bedeutung *selbst* (§258) zusammen. Das NT verwendet im Pl. fast durchweg für alle drei Personen dieselbe Form (eig. die der 3. Pers.; vgl. §260).[1] Zur Syntax s. §259f.   R118

ἐμαυτοῦ -ῆς	*meiner*	σεαυτοῦ -ῆς	*deiner*	ἑαυτοῦ -ῆς -οῦ	*seiner ihrer seiner*
ἐμαυτῷ -ῇ	*mir*	σεαυτῷ -ῇ	*dir*	ἑαυτῷ -ῇ -ῷ	*sich*
ἐμαυτόν -ήν	**mich** *(selbst)*	σεαυτόν -ήν	**dich** *(selbst)*	ἑαυτόν -ήν -ό	**sich** *(selbst)*
ἑαυτῶν -ῶν -ῶν		*unser = euer = ihrer*		*(selbst)*	
ἑαυτοῖς -αῖς -οῖς		*uns = euch = sich*		*(selbst)*	
ἑαυτούς -άς -ά		**uns = euch = sich**		**(selbst)**	

K25
K31

(14)

III. ἄλλος und das Reziprokpronomen (wechselbezügliches Pronomen)

94 Wie αὐτός flektiert ἄλλος -η -ο *ein anderer*. Durch Stammverdoppelung ist das Reziprokpronomen gebildet (nur Gen., Dat., und Akk. Pl. gebraucht); flektiert wird es wie ein Adj. mit drei Endungen (§82; zum Gen. Fem. vgl. §57). Zur Syntax s. §261.

ἀλλήλων	ἀλλήλων	ἀλλήλων	*einander/gegenseitig*
ἀλλήλοις	ἀλλήλαις	ἀλλήλοις	
ἀλλήλους	ἀλλήλᾱς	ἄλληλα	

---

[1] Bezogen auf das Subj. der übergeordneten Konstruktion verwendet das Att.: οὗ/οὔ *seiner*, οἷ/οἵ *ihm*, ἕ/ἑ *ihn;* Pl. σφεῖς *sie*, σφῶν *ihrer*, σφίσι(ν) *ihnen*, σφᾶς *sie.*

IV. Possessivpronomen (besitzanzeigendes Pronomen)

Flexion wie ein Adj. mit drei Endungen (§82); zur Syntax s. §262f.   **95**

ἐμός	ἐμή	ἐμόν	*mein*	Für *sein, ihr*
σός	σή	σόν	*dein*	(3. Sg. und Pl.):
ἡμέτερος	ἡμετέρα	ἡμέτερον	*unser*	Gen. von αὐτός
ὑμέτερος	ὑμετέρα	ὑμέτερον	*euer*	usw. (§92; 262).

V. Demonstrativpronomen (hinweisendes Pronomen)

R67 ὅδε, ἥδε, τόδε *dieser da* (im NT selten; Flexion wie Art. [§52], aber durchgängig mit Akzent);   **96**
οὗτος, αὕτη, τοῦτο *dieser* (Flexion s.und §97);
ἐκεῖνος, ἐκείνη, ἐκεῖνο *jener* (Flexion wie αὐτός [§92]).[2] Syntax: §264f.

K25 Flexionsmuster (Syntax des Demonstrativpronomens: §264f) von οὗτος (Anlaut und   **97**
erster Diphthong entsprechend dem Anlaut des Art. [§52]; vgl. auch §57 und 63):[3]

οὗτος	αὕτη	τοῦτο	οὗτοι	αὗται	ταῦτα	
τούτου	ταύτης	τούτου	τούτων	τούτων	τούτων	
τούτῳ	ταύτῃ	τούτῳ	τούτοις	ταύταις	τούτοις	*15*
τοῦτον	ταύτην	τοῦτο	τούτους	ταύτᾱς	ταῦτα	

VI. Relativpronomen (bezügliches Pronomen)

K7 ὅς, ἥ, ὅ *welcher; der, der; wer* (individuelles Rel.-Pron.);   **98**
K22 ὅστις (ὅς + τις), ἥτις, ὅ τι *wer auch immer; jeder, der*; Pl. *alle, die* (generelles Rel.-
K43 Pron.); Syntax: §266f.
Flexionsmuster (vgl. §57 und 63 sowie §99):[4]

ὅς	ἥ	ὅ	*welcher*	ὅστις	ἥτις	ὅ τι	*jeder, der*	
οὗ	ἧς	οὗ		οὗτινος	ἧστινος	οὗτινος		
ᾧ	ᾗ	ᾧ		ᾧτινι	ᾗτινι	ᾧτινι		*16*
ὅν	ἥν	ὅ		ὅντινα	ἥντινα	ὅ τι		
οἵ	αἵ	ἅ		οἵτινες	αἵτινες	ἅτινα		
ὧν	ὧν	ὧν		ὧντινων	ὧντινων	ὧντινων		
οἷς	αἷς	οἷς		οἷστισι(ν)	αἷστισι(ν)	οἷστισι(ν)		
οὕς	ἅς	ἅ		οὕστινας	ἅστινας	ἅτινα		

---

[2] An ὅδε, ἥδε, τόδε schließen die (im NT nicht bezeugten) τοσόσδε, τοσήδε (Akzent!), τοσόνδε *so groß*
und τοιόσδε, τοιάδε (Akzent!),τοιόνδε *so beschaffen* an.

[3] Ebenso flektieren die übrigen auf -οῦτος usw. (§100) auslautenden Demonstrativa (Ntr. Sg. z.T. -ο oder
-ον).

[4] Die übrigen Relativa auf -ος usw. (§100) flektieren wie Adjektive mit drei Endungen (§82).

VII. Interrogativ- und Indefinitpronomina (fragende und unbestimmte Pronomina)

99   τίς; τί; *Wer/Welche(r)? Was/Welches?* (durchweg **Akut** auf Stammsilbe);   K19

τις, τι *irgendeine(r)/jemand, irgendein/etwas* (enklitisch [§15f]); Syntax: §268ff;   K43

Flexionsmuster (v-Stamm, vgl. §71f):

τίς;	τί;	τίνες;	τίνα;	τις	τι	τινές	τινά
τίνος;		τίνων;		τινός		τινῶν	
τίνι;		τίσι(ν);		τινί		τισί(ν)	
τίνα;	τί;	τίνας;	τίνα;	τινά	τι	τινάς	τινά

17

Beachte: S.a. §100 für andere Interrogativa und Indefinita; diejenigen auf -ος flektieren wie Adjektive mit drei Endungen (§82).

VIII. Korrelative Pronomina und (»Pronominal-«) Adverbien

100

18

Interrogativa (Flexion: §98f)		Indefinita (Flexion: §98f;	Demonstrativa (Flexion: §96f)	Relativa (Flexion: §98f)		K43
direkt u. indirekt (§456/465)	indirekt (§465)	enklitisch [§15f]) im NT selten[5]		individuell	generell	
St. πο-	ὁπο-	πο-	(το-)	ὁ-	ὁπο-	
a) Pronomina						
τίς; *Wer?*	(ὅστις) (*wer*)	τις *irgendwer*	ὅδε/ *dieser* οὗτος ἐκεῖνος *jener*	ὅς *der*	ὅστις *wer auch immer*	
ποῖος; *Wie (beschaffen)?*	ὁποῖος *wie (beschaffen)*	(ποιός) (*irgendwie [beschaffen]*)	τοιοῦτος *so (beschaffen)*	οἷος *wie (beschaffen)*	ὁποῖος *wie (beschaffen) auch immer*	K29
πόσος; *Wie groß?*	(ὁπόσος) (*wie groß*)	(ποσός) (*irgendwie groß*)	τοσοῦτος *so groß*	ὅσος *wie groß*	(ὁπόσος) (*wie groß auch immer*)	
πόσοι; *Wie viele?*	(ὁπόσοι) (*wie viele*)	(ποσοί) (*irgendwie viele*)	τοσοῦτοι *so viele*	ὅσοι *wie viele*	(ὁπόσοι) (*wie viele auch immer*)	K29
πηλίκος; *Wie groß/ bedeutend?*			τηλικοῦτος *so groß/ bedeutend*	ἡλίκος *wie groß/ bedeutend*		

---

[5] Mit Ausnahme von τις usw.

b) (»Pronominal«-)Adverbien

ποῦ; Wo(hin)?	ὅπου wo(hin)	που irgend- wo(hin)	ἐνθάδε/ὧδε hier(her) ἐκεῖ dort(hin) αὐτοῦ dort/hier ἐκεῖσε dorthin	οὗ wo(hin)	ὅπου wo(hin) auch immer
πόθεν; Woher?	(ὁπόθεν) (woher)	(ποθέν) (irgend- woher)	ἐντεῦθεν/ ἔνθεν von hier ἐκεῖθεν von dort	ὅθεν woher	(ὁπόθεν) (woher auch immer)
πότε; Wann?	(ὁπότε) (wann)	ποτέ irgendwann	τότε dann, damals νῦν/νυνί jetzt	ὅτε als, nachdem, wenn	ὁπότε wann auch immer
ποσάκις; Wie oft?				ὁσάκις so oft wie	
πῶς; Wie?	ὅπως wie	πως irgendwie	οὕτως so	ὡς/ὥσπερ wie	ὅπως wie auch immer

Beachte: Die klass. Reihen πότερος; *Wer von beiden?* usw., ποῖ; *Wohin?* usw., πῇ; *Wie/Wo/Wohin?* (Demonstrativa τῇδε *hier/so,* ταύτῃ *dort/so*) usw. fehlen im NT. ποῦ; usw. nicht nur wie klass. *Wo?* usw., sondern auch *Wohin?* usw.

E. Zahlwörter <small>(H-S §62f; BR §73f)</small>

(Gebrauch: §272)

I. Kardinalzahlen, Ordinalzahlen und Zahladverbien

	Ziffern		Kardinalzahlen *eins* usw. (Flexion »1-4«: §103)	Ordinalzahlen *der erste* usw. (Flexion: §82)	Zahladverbien *einmal* usw.	
K57						**101**
	α′	1	εἷς μία ἕν	πρῶτος	ἅπαξ	*19*
	β′	2	δύο	δεύτερος	δίς	
	γ′	3	τρεῖς τρία	τρίτος	τρίς	
	δ′	4	τέσσαρες τέσσαρα	τέταρτος	τετράκις	
	ε′	5	πέντε	πέμπτος	πεντάκις	
	ϛ′	6	ἕξ	ἕκτος	ἑξάκις	
	ζ′	7	ἑπτά	ἕβδομος	ἑπτάκις	
	η′	8	ὀκτώ	ὄγδοος	ὀκτάκις	
	θ′	9	ἐννέα	ἔνατος	ἐνάκις	
	ι′	10	δέκα	δέκατος	δεκάκις	

ια′	11	ἕνδεκα	ἑνδέκατος	ἑνδεκάκις
ιβ′	12	δώδεκα	δωδέκατος	usw.
ιγ′	13	δεκατρεῖς -τρία	τρισκαιδέκατος	
ιδ′	14	δεκατέσσαρες -ρα		
ιε′	15	δεκαπέντε		
ις′	16	δεκαεξ (Var.)		
ιζ′	17	δεκαεπτά		
ιη′	18	δεκαοκτώ		
ιθ′	19	δεκαεννέα		
κ′	20	εἴκοσι	εἰκοστός	
λ′	30	τριάκοντα	τριακοστός	
μ′	40	τεσσεράκοντα	τεσσερακοστός	
ν′	50	πεντήκοντα	πεντηκοστός	
ξ′	60	ἑξήκοντα	usw.	
ο′	70	ἑβδομήκοντα		ἑβδομηκοντάκις
π′	80	ὀγδοήκοντα		
ϙ′	90	ἐνενήκοντα		
ρ′	100	ἑκατόν		
ρνγ′	153	ἑκατὸν πεντήκοντα τρεῖς (vgl. Jh 21,11)		
σ′	200	διακόσιοι -αι -α		
σος′	276	διακόσιοι ἑβδομήκοντα ἕξ (vgl. Apg 27,37)		
τ′	300	τριακόσιοι -αι -α		
υ′	400	τετρακόσιοι -αι -α		
φ′	500	πεντακόσιοι -αι -α		
χ′	600	ἑξακόσιοι -αι -α		
χξς′	666	ἑξακόσιοι ἑξήκοντα ἕξ (Apk 13,18)		
ψ′	700	ἑπτακόσιοι -αι -α		
ω′	800	ὀκτακόσιοι -αι -α		
ϡ′	900	ἐνακόσιοι -αι -α		
͵α	1.000	χίλιοι -αι -α, vgl. auch ἡ χιλιάς χιλιάδος *das Tausend*		
͵β	2.000	δισχίλιοι -αι -α		
͵γ	3.000	τρισχίλιοι -αι -α		
͵δ	4.000	τετρακισχίλιοι -αι -α		
͵ε	5.000	πεντακισχίλιοι -αι -α oder χιλιάδες πέντε		
͵ι	10.000	μύριοι -αι -α oder δέκα χιλιάδες vgl. auch ἡ μυριάς μυριάδος *das Zehntausend*		
͵ιβ	12.000	δώδεκα χιλιάδες		
͵κ	20.000	εἴκοσι χιλιάδες		
͵ν	50.000	μυριάδες πέντε		

K57   Beachte: Als **Ziffern/Zahlzeichen** dienen (seit 5. - 3. Jh. v. Chr.) die Buchstaben mit beigesetztem Strich,   **102**
ergänzt durch die älteren ς (»Stigma«, Zeichen für /st/, früher für Ϝ, vgl. hebr. Waw) für 6, ϙ (»Koppa«,
vgl. hebr. Qof) für 90 und ϡ (»Sampi«) für 900. In den geläufigen Grundtextausgaben (und in vielen,
auch frühesten Handschriften) des NT werden die Zahlen nicht in Ziffern, sondern durchweg in Zahlwör-
tern geschrieben.

II. Flexion der Kardinalzahlen eins bis vier

K31

eins (§71f)			zwei	drei		vier		103
εἷς	μία	ἕν	δύο	τρεῖς	τρία	τέσσαρες	τέσσαρα	*20*
ἑνός	μιᾶς	ἑνός	δύο		τριῶν		τεσσάρων	
ἑνί	μιᾷ	ἑνί	δυσί(ν)		τρισί(ν)		τέσσαρσι(ν)	
ἕνα	μίαν	ἕν	δύο	τρεῖς	τρία	τέσσαρας	τέσσαρα	

Beachte: Wie εἷς usw. flektieren οὐδείς, οὐδεμία, οὐδέν und μηδείς, μηδεμία, μηδέν
(<οὐδὲ/μηδὲ εἷς usw.) *keiner* (Gebrauch: vgl. §440ff).

F. Flexionsmuster des Verbs (Konjugation)

(H-S §64-125; BR §76-142)

I. Allgemeines

1. Kategorien des Verbalsystems

a) Drei Diathesen (für »Diathese« auch »genus verbi«) – Handlungsrichtungen (s.a.   **104**
§343ff)

Kategorie	bezeichnet hauptsächlich
Aktiv	»Handlung« mit Subj. als »Handelndem«, z.B. ἔλυσα *ich löste* (§344)
Medium	(wie Akt., aber) »Handlung« als stärker mit dem Subj. verbunden, z.B. ἐλυσάμην *ich löste für mich* (§350ff)
Passiv	»Handlung« mit Subj. als Größe, die davon betroffen wird, z.B. ἐλύθην *ich wurde gelöst* (§345ff)

Beachte: Verben, denen ein Akt. fehlt, heißen »**Deponentia**« (Sg. das Deponens), »de-
ponentia media«, wenn sie mit einem Aor. Med. verbunden sind, »deponentia passiva«,
wenn der Aor. im Pass. steht.

b) Vier sog. »**Tempora**« (vgl. §106, dd; s.a. §355ff) entsprechend den vier Arten von   **105**
Tempusstämmen (§110), davon:

aa) drei **Aspekte** – Betrachtungsweisen (s.a. §356) (nur im Ind. Zeitbedeutung [s. §106]!)

Präsens, Präs.: durativer Aspekt	»Handlung« als etwas Andauerndes, z.B. λύεσθαι *(ständig) gelöst werden* (§359ff)
Aorist, Aor.: »punktueller« Aspekt	»Handlung« als etwas zum Vollzug Kommendes, z.B. λυθῆναι *gelöst werden* (§362ff)
Perfekt, Pf.: resultativer Aspekt	»Handlung« als etwas im Ergebnis Vorliegendes, z.B. λελύσθαι *gelöst sein* (§365)

bb) ein eig. Tempus (Zeitform: alle Verbformen mit Zeitbedeutung [s.a. §106])

Futur, Fut.	»Handlung« als etwas Zukünftiges bzw. auf ein anderes Geschehen Folgendes (§355; 380ff), z.B. λύσειν *künftig lösen*

106 c) Kategorien des **finiten Verbs** (»verbum finitum«, konjugierte Verbformen):
aa) drei Personen (s.a. §209f; 340-342)

1. Person, 1. (Pers.)	sprechende Person
2. Person, 2. (Pers.)	angesprochene Person
3. Person, 3. (Pers.)	besprochene Person oder Sache

bb) zwei **Numeri** (Sg. Numerus; s.a. §235; 341; Kongruenz: §223ff)

Singular, Sg.	Einzahl
Plural, Pl.	Mehrzahl

Beachte: Der klass. Dual (für die Zweizahl) ist in der Koine nicht mehr gebräuchlich (vgl. §47).[1]

R120

cc) vier **Modi** (Sg. Modus; s.a. §385) – Aussageweisen

Indikativ, Ind.	als Normalmodus meist die Wirklichkeit (z.T. auch die Nichtwirklichkeit), z.B. ἔλυσα *ich löste* (§386)
Konjunktiv, Konj.	ein Wollen oder eine subjektive Erwartung, z.B. ἵνα λύσωμεν *damit wir lösen* (§387ff)
Optativ, Opt.	einen erfüllbaren Wunsch oder eine nur gedachte Möglichkeit, z.B. λύσαι *Möge er lösen!* (§392ff)
Imperativ, Imp.	eine Aufforderung an 2. oder 3. Pers., z.B. λῦσον *Löse!* (§397ff)

dd) sechs **Tempora** (Sg. das Tempus) im eig. Sinne – Zeitformen (vgl. §105): außer beim Fut., nur Formen des Ind.! (vgl. §357 sowie §366ff)

---

[1] Z.B. δύο … προσελθόντε (Ptz. [starker] Aor. Akt. Nom.) … διελεγέσθην (3. Pers. Dual Ipf. Med./Pass.) *… zwei kamen herzu und beredeten …* (Thukydides 5.59). Vgl. §47 für den Dual bei den Nominalformen.

(1) drei **Haupttempora** (augmentlose **Indikativ**formen)	
Präsens, Präs. (Ind.)	»Gegenwart«, z.B. λύομαι *ich werde gelöst* (§366ff)
Futur, Fut. (Ind.)	»Zukunft«, z.B. λυθήσομαι *ich werde gelöst werden* (§380ff)
Perfekt, Pf. (Ind.)	»gegenwärtigen« Zustand, z.B. λέλυμαι *ich bin gelöst* (376ff)
(2) drei **Nebentempora** (augmentierte **Indikativ**formen – daher auch »Augmenttempora« genannt)	
Imperfekt, Ipf. (Ind.) (Augmentform des Präs.!)	durative »Vergangenheit«, z.B. ἐλυόμην *ich wurde (ständig) gelöst* (§371ff)
Aorist, Aor. (Ind.)	als (»punktuelle«) Normalform die »Vergangenheit«, z.B. ἐλύθην *ich wurde gelöst* (§374f)
Plusquamperfekt, Plsqpf. (Ind.) (Augmentform des Pf.!)	Zustand in der »Vergangenheit«, z.B. ἐλελύμην *ich war gelöst* (§379)

Beachte: Zur umschreibenden Konjugation s. §383f.

d) Zwei Formen des **infiniten Verbs** (»verbum infinitum« oder »Verbalnomen«) –   **107**
nicht konjugierte Verbformen; als nichtindikativische Formen ohne Zeitbedeutung
(§357)

Infinitiv, Inf. (ohne Flexionsendung, s. aber §414ff)	»Handlung«, lediglich in Bezug auf Diathese und Aspekt (vgl. §104f) bestimmt, z.B. Inf. Aor. λῦσαι *lösen,* λύσασθαι *für sich lösen,* λυθῆναι *gelöst werden;* Inf. Präs. λύειν *(ständig) lösen* usw. (§401ff)
Partizip, Ptz. (mit nominaler Flexion wie ein Adj., §82; 84)	»Handlung«, bestimmt in Bezug auf Diathese und Aspekt (vgl. §104ff), dargestellt als (aktuelle oder potenzielle) »Eigenschaft« eines Lebewesens oder einer Sache, z.B. Ptz. Aor. ὁ λύσας/λυσάμενος/λυθείς ἀνήρ *der Mann, der löst(e)/für sich löst(e)/gelöst wird (wurde),* Ptz. Präs. ὁ λύων ... ἀνήρ *der Mann, der (ständig) löst(e) ...* usw. (§417ff)

R115   Beachte: Das im Att. verbreitete Verbaladjektiv[2] ist in der Sprache des NT nicht mehr
lebendig.

---

[2] Z.B. φυλακ·τός *bewacht, bewachbar* und φυλακ·τέος *ein zu bewachender.* Letzteres bezeichnet dabei
häufig (oft verbunden mit dat. auctoris [§309]) ein Müssen: ποταμὸς ἡμῖν ἐστι διαβατέος *ein Fluss muss
von uns überquert werden* (wörtl. »ein Fluss ist ein von uns zu überquerender« [»persönliche« Passivkon-
struktion]; Xenophon, Anabasis 2.4.6); πειστέον τάδε (AkkO) (σοι) *du musst diesem gehorchen* (wörtl.
»[vorhanden ist für dich] ein diesem zu Gehorchendes« [»unpersönliche« Passivkonstruktion]; Sophokles,
Philoktet 994).

2. Übersicht über die Bestandteile des finiten Verbs

108	Aug-ment: §116ff	Tempusstamm (Aspektstamm): §110					Ausgang: §115	
		Redupli-kation: §121ff	Verbal-stamm: §109	Tempus-zeichen: §110	Kenn-vokal: §112	Thema-vokal: §111	Personalendung: §115	
				(Bildesilbe §113)				
	ἐ-		παιδεύ-			-ο-	-μεν	*wir erziehen*
	ἐ-		παιδεύ-			-ο-	-μεν	*wir erzogen*
		πε-	παιδεύ-	-κ-	-α-		-μεν	*wir haben erzogen*
	ἐ-	πε-	παιδεύ-	-κ-	-ει-		-μεν	*wir hatten erzogen*

S.a. Moduszeichen unter §114.

3. Verbalstamm und Tempusstämme

109 a) Der **Verbalstamm** ist die Grundform, von der alle Formen eines Verbes gebildet sind (manchmal mit der Wurzel [vgl. §37; 39] identisch). Nach ihrem Auslaut unterscheidet man vokalische Stämme (z.B. λύ·ω *lösen*) und konsonantische Stämme (z.B. μέν·ω *bleiben*). S. §129.

110 b) Sechs **Tempusstämme** (z.T. eig. besser »Aspektstämme« [vgl. §355f]) werden vom Verbalstamm abgeleitet (dieser wird häufig unverändert übernommen):

Tempusstamm	(normales) Tempus-zeichen	Beispiel	
1. **Präsensstamm** (Akt./Med./Pass.)	–	λύ·ω	*löse*
2. **aktiver und medialer Futurstamm**	σ	λύσ·ω	*werde lösen*
3. **aktiver und medialer Aoriststamm**	σ	ἔ·λυσ·α	*löste*
4. **aktiver Perfektstamm**	κ	λέλυκ·α	*habe gelöst*
5. **mediopassiver Perfektstamm**	–	λέλυ·μαι	*bin gelöst*
6. **passiver Aoriststamm**	θ(η)	ἐ·λύθ·ην	*wurde gelöst*
[hiervon abgeleitet der passive Futurstamm	θ(ησ)	λυθήσ·ομαι	*werde gelöst werden*]

4. Thema- und Kennvokal

Zwischen Tempusstamm (§110) und eigentlicher Personalendung (§115) steht öfter ein Vokal (bzw. Diphthong):

a) Beim Präs. der ω-Konjugation sowie bei allen Futurformen und beim starken Aor. **111** Akt. und Med. (§129) spricht man von einem »**Themavokal**«:

Themavokal	vor	Beispiel	
o	μ und ν sowie im Opt.	λύ·**o**·μεν	*wir lösen*
ε	σ, τ (und Vokalen sowie /–/)	λύ·**ε**·τε	*ihr löst*

b) »**Kennvokal**« nennen wir den für andere Tempora charakteristischen Vokal: **112**

Kennvokal	Tempus	Beispiel	
α	schwacher Aor. Akt./Med.	ἐ·λύσ·**α**·μεν	*wir lösten*
	Pf. Akt.	λελύκ·**α**·μεν	*wir haben gelöst*
ει	Plsqpf. Akt.	ἐ·λελύκ·**ει**·μεν	*wir hatten gelöst*
η, vor Vokal	Aor. Pass.	ἐ·λύθ·**η**·μεν	*wir wurden gelöst*
oder ντ **ε**			

c) Tempuszeichen und Thema- bzw. Kennvokal kann man unter dem Begriff »**Bilde-** **113** **silbe**« zusammenfassen: -σε/-σο: Fut. Akt./Med.; -σα: Aor. Akt./Med.; -κα: Pf. Akt.; -κει: Plsqpf. Akt.; -θη/-θε: Aor. Pass.; -θησε/-θησο: Fut. Pass.

5. Moduszeichen

Konj. und Opt. unterscheiden sich vom Ind. durch ein vokalisches Element, das »Mo- **114** duszeichen«:

Modus	Moduszeichen	Beispiel	
Konj.	**ω** vor μ und ν	λύ·**ω**·μεν (Präs.)	*(damit) wir lösen*
	η vor σ, τ (und vor Vokal	λύσ·**η**·τε (Aor.)	*(damit) ihr löst*
	sowie /–/)	λύσ·**ωσι**(ν) (Aor.)	*(damit) sie lösen*
	(ersetzt Thema-/Kennvokal)	(< -ωνσι(ν) [§115])	
Opt.	**ιη** oder **ῑ**, verbindet sich mit	λυθ·**είη**·μεν (Aor.)	*mögen wir gelöst*
	dem vorhergehenden Vokal		*werden*
	zu ειη/ει, οιη/οι, αιη/αι	λύσ·**αι**·μεν (Aor.)	*mögen wir lösen*

6. Endungen und Ausgänge

115

		Aktiv (auch Aor. Pass.)				Medium/Passiv (außer Aor. Pass.)		
Personalendungen (bzw. Ausgänge des finiten Verbs)								
Formen		ohne Augment (außer Opt.)		mit Aug.; auch Opt.[3]	Imp.	ohne Aug. (außer Opt.)	mit Aug.; auch Opt.	Imp.
Sg.	1.	-ω[4]	od. -μι	-ν[5]		-μαι	-μην	
	2.	-εις[4]	od. -ς	-ς[5]	-/-θι/-ς[6]	-σαι[7]	-σο[7]	-(σ)ο[6/7]
	3.	-ει[4]	od. -σι(ν)[8]	-[5]	-τω	-ται	-το	-σθω
Pl.	1.	-μεν		-μεν		-μεθα	-μεθα	
	2.	-τε		-τε	-τε	-σθε	-σθε	-σθε
	3.	-σι(ν)[8]		-ν!	-τωσαν	-νται	-ντο	-σθωσαν
		(<-νσι [§33])		-σαν	(att. -ντων)			(att. -σθων)
Endungen bzw. Ausgänge des infiniten Verbs								
Inf.		**-ειν** (Themavokal ε + εν), **-(έ)ναι,** Aor. 1 -αι				**-σθαι**		
Ptz.		**-ντ-**, Pf. **-οτ-/-υια-** (§84)				**-μενος, -μενη, -μενον** (§82)		

Zur ω-Konjugation s. §139ff, zur μι-Konjugation §156ff.

7. Augment

116 Das Augment (augmentum »Zuwachs«) steht als Zeichen der Vergangenheit vor dem Tempusstamm (im Ipf., Ind. Aor. sowie [NT/Koine nur selten:] Plsqpf.: »Neben«- oder »Augment«-Tempora [§106]), **K7**

117 a) als »**syllabisches**«(silbenbildendes) Augment ε vor konsonantischem Anlaut (anlautendes ρ wird nach ε verdoppelt) **K7**

ἐ·παίδευον *erzog* (Ipf.)	zu παιδεύω *erziehen*
ἔ·ρριπτον *warf* (Ipf.)	zu ῥίπτω *werfen*

---

[3] Opt. 1. Sg. jedoch meist –μι.

[4] Themavokal (§111) mitenthalten. Endungen des Pf. Ind.: -(α)-, -(α)ς, -(ε[ν])-.

[5] Aor. 1 Ind.: -(α)-, -(α)ς, -(ε[ν])-.

[6] Aor. 1: -σον (Akt.) bzw. -σαι (Med.).

[7] Durch Ausfall des σ (§29) und Kontraktion (§26 und 141f) meist -ε(σ)αι > -η, -ε(σ)ο > -ου, -α(σ)ο > -ω.

[8] Bewegliches ν (§35); 3. Pl. der μι-Verben meist –ᾱσι(ν) (§156ff).

K7 b) als **Dehnungsaugment** (auch »temporales« Augment) bei vokalischem bzw. di- **118**
phthongischem Anlaut (Bsp. Ipf.):

η	<	α, ε	z.B. ἦγον *führte*	zu ἄγω *führen*
ῃ	<	ᾳ, αι, (ει)	z.B. ἦρον *hob*	zu αἴρω *heben*
ηυ	<	αυ, selten ευ	z.B. ηὔξανον *vermehrte*	zu αὐξάνω *vermehren*
ω	<	ο	z.B. ὠνόμαζον *nannte*	zu ὀνομάζω *nennen*
ῳ	<	οι	z.B. ᾠκοδόμησα (Aor.) *baute*	zu οἰκοδομέω *bauen*
ῑ, ῡ	<	ῐ, ῠ	z.B. ἴσχυον *war stark*	zu ἰσχύω *stark sein*

K7 c) **unbezeichnet** bei Langvokalen, bei ου, meist bei ευ und εἰ: **119**

ὠφέλουν *nützte* (Ipf.)	zu ὠφελέω *nützen*
εὐδόκησα *habe Wohlgefallen gefunden* (Aor.)	zu εὐδοκέω *Wohlgefallen haben*
ἐν·είλησεν *wickelte ein* (Aor.)	zu ἐν·ειλέω *einwickeln*

K7 d) Beachte: **120**

aa) Manchmal steht ει- als Augment zu ε- (öfter < σε- oder ϝε- [vgl. §27; 29]), z.B.
εἶχον (< ἔσεχον) *hatte* zu ἔχω *haben* (§167,189).

bb) Einzelne Verben haben scheinbar doppeltes Augment, z.B. ἑώρων *sah* zu ὁράω
sehen (§167,192).

8. Reduplikation

K44 Die Reduplikation (Verdoppelung) ist das **Kennzeichen** des aktiven und mediopassiven **121**
Perfektstammes (Pf. und Plsqpf.); im Gegensatz zum Augment ist sie fester Bestand-
teil aller Formen. In anderen Tempusstämmen ist die Reduplikation selten, so bei eini-
gen Verben im Präs. (Reduplikationsvokal ι), z.B. δί·δωμι *geben* (§159), vereinzelt im
Aor., z.B. ἀγ·αγεῖν (Inf.) *führen* zu ἄγω:

Anlaut des Verbalstammes	Reduplikation
a) **einfacher Konsonant** (außer ρ)	**Anlaut + ε** (+ Stamm)
παιδεύω *erziehen*	πε·παίδευκα *habe erzogen* Hauchdissimilationsregel beachten (§31):
φανερόω *offenbaren*	πε·φανέρωκα *habe geoffenbart*
θεάομαι *anschauen*	τε·θέαμαι *habe angeschaut*
χωρίζω *absondern*	κε·χώρισμαι *bin abgesondert*
b) **muta cum liquida** (Muta + Liquida)	**Muta + ε** (+ Stamm)
γράφω *schreiben*	γέ·γραφα *habe geschrieben*
κλείω *schließen*	κέ·κλεικα *habe geschlossen*

c) **alle anderen Fälle** (mehrere **Konsonanten** [außer muta cum liquida], **Zwiekonsonant, ρ oder Vokal**)	= **Augment** (§116ff)
στρέφω *drehen*	ἔ·στροφα *habe gedreht*
ζητέω *suchen*	ἐ·ζήτηκα *habe gesucht*
ῥίπτω *werfen*	ἔ·ρριφα *habe geworfen*
ἀγαπάω *lieben*	ἠγάπηκα *habe geliebt*

122 Beachte: K44

aa) Einige Verben reduplizieren gegen diese genannten Regeln, z.B. ἔ·γνωκα *habe erkannt* zu γινώσκω *erkennen* (Stamm γνω- [§167,166]) oder Verben mit »attischer« Reduplikation wie ἀκ·ήκοα *ich habe gehört* zu ἀκούω *hören* (§167,2).

bb) Bei vokalischer Reduplikation ist das Plsqpf. stets ohne Augment, z.B. zu ἔστροφα *habe gedreht* ἐστρόφειν *hatte gedreht*.

9. Augment und Reduplikation bei Komposita

123 a) Komposita mit einem **präpositionalen** Präfix augmentieren und reduplizieren in der   K7
Regel das Simplex. Dabei bekommen ἐν und σύν ihre ursprüngliche Gestalt wieder (vgl.   K44
§33); vokalisch auslautende Präpositionen, außer περί und πρό,[9] verlieren ihren
Endvokal:

προσ·κυνέω *anbeten*	προσ·ε·κύνησα (Aor.) *betete an*
ἐκ·βάλλω *austreiben* (s. §36)	ἐξ·έ·βαλε(ν) (Aor.) *trieb aus*
ἐμ·βλέπω *ansehen*	ἐν·έ·βλεψα (Aor.) *sah an*
συλ·λαμβάνω *ergreifen*	συν·έ·λαβον (Aor.) *ergriff*
ἀπο·λύω *loslösen*	ἀπ·έ·λυον (Ipf.) *löste los*
προ·ορίζω *im Voraus bestimmen*	προ·ώ·ρισε(ν) (Aor.) *bestimmte im Voraus*
περι·λάμπω *umleuchten*	περι·έ·λαμψε(ν) (Aor.) *umleuchtete*

124 b) Komposita mit **nichtpräpositionalem** Präfix augmentieren und reduplizieren in der   K7
Regel am Anfang: K44

ἀ·δικέω *Unrecht zufügen*	ἠ·δίκησε(ν) (Aor.) *fügte Unrecht zu*
ψευδο·μαρτυρέω *falsches Zeugnis* *ablegen*	ἐ·ψευδο·μαρτύρουν *legten falsches Zeugnis ab*

Vgl. aber z.B. εὐ·αγγελίζομαι *eine gute Nachricht überbringen*: εὐ·ηγγελι-σάμην *überbrachte eine gute Nachricht*.

---

[9] προ- vor ε (Aug./Redupl.) kam im Altgriechischen auch mit Krasis (§19) vor, also: **προ-έβαλον** oder **προὔβαλον** *warf vor.*

10. Der Akzent beim Verb

a) Beim **finiten Verb** steht der Akzent so weit vom Wortende entfernt wie möglich (s.   **125**
§11; -αι und -οι gelten nur im Opt. als lang [§5]), in der Regel auf der drittletzten Silbe,
doch nie vor Augment oder Reduplikation, z.B. ὑπ·άγω *ich gehe*, ὕπ·αγε *geh!*, ὑπ·ῆγον
(Ipf.) *ich ging.*

b) Bei den kontrahierten Verbformen (§141ff) hat diejenige Silbe den Akzent, die ihn   **126**
nach der genannten Regel in der unkontrahierten Form bekäme; die Kontraktionssilbe
erhält einen Akzent, wenn einer der beiden zu kontrahierenden Vokale einen hätte, und
zwar, soweit möglich (§11), einen Zirkumflex, z.B. τιμᾶτε (< τιμάετε) *ihr ehrt*, τιμάτω
(< τιμαέτω) *er soll ehren!*, τίμα (< τίμαε) *ehre!*

c) Abweichend betont wird der Imp. 2. Sg. Aor. 2 im Med. aller Verben, z.B. βαλοῦ   **127**
wirf für dich! (§131 sowie §140), ebenso im Akt. einiger Verben, z.B. ἐλθέ *geh!* (zu
ἔρχομαι/ἦλθον *gehen* [§167,187; vgl. 167,152.162.191f]); bei Komposita dieser Verben
verhält er sich allerdings »normal«, z.B. εἴσ-ελθε, *geh hinein!*

d) Für das **infinite Verb** gilt: **128**
aa) **Akt.** (und Aor. Pass.):
Der Inf. hat grundsätzlich den Akzent auf der vorletzten Silbe, der Aor. 2 jedoch auf der
letzten, die dazugehörigen Partizipien an der gleichen Wortstelle, z.B. παιδεύειν (Präs.)
erziehen, παιδεύων (Präs.) *erziehend*, aber βαλεῖν (Aor. 2) *werfen*, βαλών (Aor. 2)
werfend.
bb) **Medium/Passiv** (außer Aor. Pass.):
Der Akzent steht, soweit möglich (§11), auf der drittletzten Silbe; beim (Inf. und Ptz.)
Pf. und beim Inf. (nicht beim Ptz.) Aor. 2 ist er auf der vorletzten Silbe, z.B. παιδεύε-
σθαι (Präs.) *erzogen werden*, παιδευόμενος (Präs.) *erzogen werdend*; aber πεπαιδεῦσθαι
(Pf.) *erzogen sein*, πεπαιδευμένος (Pf.) *erzogen*, βαλέσθαι (Aor. 2) *für sich werfen*,
βαλόμενος (Aor. 2) *für sich werfend.*
Zu den Partizipien s.a. §82; 84.

Zu den Komposita einzelner Wurzelpräsentien s. §166.

11. Unterteilungen der Verbalflexion

Zunächst wird unterteilt in   **129**
1. die thematische oder ω-Konjugation (Ind. Präs. mit Themavokal [§111] bzw. 1. Sg.
Akt. auf -ω [§115]) und
2. die athematische oder μι-Konjugation (Ind. Präs. ohne Themavokal [§111] bzw.
1. Sg. Akt. auf -μι [§115]).
Weitere Unterteilungen richten sich hauptsächlich nach dem Auslaut des Verbalstammes:

1. Thematische Konjugation (§139ff)

a) verba vocalia (mit vokalischem Auslaut)
    (1) verba vocalia non-contracta (nicht kontrahiert) (§139f; 167,1-15)
    (2) verba vocalia contracta (im Präs. kontrahiert) (§141ff; 167,16-39)
b) verba muta (Auslaut eine Muta) (§145ff; 167,40-109)
c) verba liquida (Auslaut λ, ρ, μ oder ν) (§151ff; 167,110-138)
d) »Unregelmäßige« Verben (z.B. mit ungewöhnlicher Präsensbildung) (§167,139-199)

2. Athematische Konjugation (§156ff)
a) Die Großen Vier auf -μι mit Präsensreduplikation (§160ff; 167,200-211) b) Verben auf -(ν)νυμι (§160ff; 167,212-228) c) Wurzelpräsentien auf -μι (§165f)

12. Schwache und starke Tempora

130 In bestimmten Zusammenhängen unterscheidet man zwischen »schwachen« und »starken« Tempora (oft durch den Zusatz »1« [schwach] bzw. »2« [stark] gekennzeichnet). Starke Tempora sind ohne das bei den schwachen anzutreffende Tempuszeichen (§110) aus dem Verbalstamm (bzw. der Verbalwurzel) gebildet. Außer dem immer starken Pf. Med./Pass. (§140) zählen dazu:

131 a) Der **thematische starke Aorist Aktiv/Medium**: Dem reinen Stamm werden die   **K24** thematischen Ausgänge des Präs.-Stammes angefügt (Flexion: §139f; Akzent: §127), z.B. zu βάλλω *werfen* ἔ·βαλον *ich warf*, βάλε *wirf* usw.

132 Beachte: Im NT (Koine) begegnet man vermehrt Aor.-2-Stämmen (Akt./Med.), die mit dem Kennvokal α (§112) und der Endung (§139f) des Aor. 1 gebildet sind, z.B. εἶπα statt εἶπον *ich sagte* usw.

133 b) Die **Wurzelaoriste**: Der Stamm (= Wurzel) lautet auf einen Langvokal aus; die   **K51** aktiven Endungen (!) werden unmittelbar (ohne Themavokal!) an den langen Vokal angehängt, z.B. γνῶ·τε *erkennt!* Der Vokal wird im Opt. und vor -ντ- gekürzt, z.B. γνό·ιη·ς *mögest du erkennen!*, γνό·ντι *einem, der erkennt*. Die Flexion entspricht der eines Aor. Pass. (s. §139f). Im NT am wichtigsten sind ἔ·βην *ich schritt* (zu βαίνω *schreiten*), ἔ·στην *ich trat hin* (zu ἵσταμαι *hintreten*), ἔ·γνων *ich erkannte* (zu γινώσκω *erkennen*). Sie haben ein mediales Fut. und ein aktives Pf. (vgl. §167,139/166/205).

134 c) Der **starke Aorist Passiv** und das von ihm gebildete Futur: Der Tempusstamm ist   **K39** ohne θ; es tritt also bloßes -ην bzw. -ήσομαι an den (konsonantisch auslautenden) Verbalstamm, z.B. zu κρύπτω *verbergen* ἐ·κρύβ·η *er wurde verborgen*, κρυβ·ήσεται *er wird verborgen werden* (167,57). Die Flexion ist dieselbe wie die des schwachen Tempus (§140); der Imp. 2. Sg. hat jedoch statt eines -τι ein -θι (die Hauchdissimilation [§31] erübrigt sich [§115]), z.B. κρύβη·**θι** *werde verborgen/lass dich verbergen!*

K45 d) Das **starke Perfekt** und Plusquamperfekt **Aktiv**: Der Tempusstamm ist ohne -κ,   **135**
z.B. γέγραφ·α ἐ·γεγράφ·ειν *ich habe/hatte geschrieben*. Die Flexion ist identisch mit der
des schwachen Tempus (§139).

K54 e) Die »Wurzelperfekte«: Ganz wenige aktive Perfekte haben neben schwachen For-   **136**
men auf -κα, -κειν usw. einzelne ältere, unmittelbar von dem Stamm (Wurzel) gebildete
Formen, im NT nur (für das Klass. s. BR §113):

aa) ἕστηκα *ich stehe* (zu ἵσταμαι *hintreten* [§167,205]): ἑστά·ναι *stehen* (Inf.), ἑστώς
ἑστῶτος, ἑστῶσα ἑστώσης, ἑστός/ἑστώς ἑστῶτος *stehend* (Ptz.);

bb) τέθνηκα *ich bin tot* (zu ἀποθνῄσκω *sterben* [§167,161]): τεθνά·ναι *tot sein* (Inf.).

f) **οἶδα** *ich weiß* (eig. »ich habe gesehen« zum Aor. εἶδον [§167,192]) ist ohne Redu-   **137**
plikation und wird als Präs./Ipf. gebraucht. Der Stamm wird in verschiedenen Ablaut-
stufen (§22) verwendet; daher das ungewöhnliche Flexionsmuster:

27

Pf. (Präs.) Ind.		Plsqpf. (Ipf.)		Konj.	Imp.
NT/Koine	att.	NT/Koine	att.		
οἶδα		ᾔδειν	ᾔδη	εἰδῶ	
οἶδας	οἶσθα	ᾔδεις	ᾔδησθα	εἰδῇς	ἴσθι
οἶδε(ν)		ᾔδει		εἰδῇ	ἴστω
οἴδαμεν	ἴσμεν	ᾔδειμεν	ᾔδεμεν	εἰδῶμεν	
οἴδατε	ἴστε (NT 1x)	ᾔδειτε	usw.	εἰδῆτε	ἴστε
οἴδασι(ν)	ἴσασι[ν] (NT 1x)	ᾔδεισαν		εἰδῶσι(ν)	ἴστωσαν
Opt.	εἰδείην εἰδείης usw.				
Ptz.	εἰδώς -ότος, εἰδυῖα -υίας (bzw. -υίης [vgl. §55]), εἰδός -ότος				
Inf.	εἰδέναι				
Fut.	εἰδήσω (att. εἴσομαι)				

K47
K58

13. Stammformenreihen

In der sog. »Stammformenreihe« werden die Tempusstämme (§110) meist in der jewei-   **138**
ligen 1. Sg. Ind. festgehalten; alle bei einem Verb möglichen Formen lassen sich davon
ableiten, z.B. für παιδεύω *erziehen*:
παιδεύω παιδεύσω ἐπαίδευσα πεπαίδευκα πεπαίδευμαι ἐπαιδεύθην.
Für eine Übersicht über die im NT wichtigen Stammformenreihen s. §167.

II. Thematische oder ω-Konjugation

1. Verba vocalia non-contracta – Beispiel παιδεύω *erziehen*[1]

Zur Unterteilung der Konjugation s. §129, zu den Stammformen §138, zu Endungen
bzw. Ausgängen §115. Auf den Seiten 44-47 folgen die Flexionsmuster des Aktivs
(§139) sowie des Mediums und Passivs (§140).

---

[1] Teilweise – als Beispiele für die starken Muster – auch βάλλω *werfen*, βαίνω *schreiten*, γινώσκω
erkennen und γράφω *schreiben*.

139   a) **Aktiv** (§104) παιδεύω *ich erziehe*

21

finites Verb (§106)

»Tempora« (§105; 110)	Indikativ ohne Aug.	mit Aug. (§116ff; 123f)	Konjunktiv Moduszeichen ω/η (§114)	
Präsens Themavokal ε/ο (§111)	*ich erziehe* usw. παιδεύω παιδεύεις παιδεύει παιδεύομεν παιδεύετε παιδεύουσι(ν)[1]	*ich erzog* usw. – **Ipf.** ἐπαίδευον ἐπαίδευες ἐπαίδευε(ν) ἐπαιδεύομεν ἐπαιδεύετε ἐπαίδευον[2]	*(damit) ich erziehe* usw. παιδεύω παιδεύῃς παιδεύῃ παιδεύωμεν παιδεύητε παιδεύωσι(ν)	K1 K4 K7 K32
Futur Tempuszeichen σ; Themavokal ε/ο (§110f)	*ich werde erziehen* usw. παιδεύσω παιδεύσεις usw., vgl. Präs.			K29
Aorist 1 Tempuszeichen σ; meist Kennvokal α (§110; 113)		*ich erzog* usw. ἐπαίδευσα ἐπαίδευσας ἐπαίδευσε(ν) ἐπαιδεύσαμεν ἐπαιδεύσατε ἐπαίδευσαν	*(damit) ich erziehe* usw. παιδεύσω παιδεύσῃς παιδεύσῃ παιδεύσωμεν παιδεύσητε παιδεύσωσι(ν)	K18 K32
Aorist 2 (thematisch) Ausgänge wie Präs.-St. (§131)	(Bsp. zu βάλλω *werfen*)	*ich warf* usw. ἔβαλον ἔβαλες usw., wie Ipf.	*(damit) ich werfe* usw. βάλω βάλῃς usw.	K24 K33
Wurzelaorist Flexion wie Aor. Pass. (§133)	(Bsp. zu βαίνω [St. βη-/βα-] *schreiten*) und zu γινώσκω [St. γνω-/ γνο-] *erkennen*)	*ich schritt/erkannte* usw. ἔβην ἔγνων ἔβης ἔγνως ἔβη ἔγνω ἔβημεν ἔγνωμεν ἔβητε ἔγνωτε ἔβησαν ἔγνωσαν	*(damit) ich schreite/erkenne* usw. βῶ (<ήω) γνῶ (<όω) βῇς γνῷς βῇ γνῷ βῶμεν γνῶμεν βῆτε γνῶτε βῶσι(ν) γνῶσι(ν)	K51
Perfekt 1 Reduplikation (§121ff); Tempuszeichen κ; meist Kennvokal α (§110; 113)	*ich habe erzogen* usw. πεπαίδευκα πεπαίδευκας πεπαίδευκε(ν) πεπαιδεύκαμεν πεπαιδεύκατε πεπαιδεύκασι(ν)[5]	*hatte e.* usw. – **Plsqpf. 1** (ἐ)πεπαιδεύκειν[3] (ἐ)πεπαιδεύκεις[3] (ἐ)πεπαιδεύκει (ἐ)πεπαιδεύκειμεν[4] (ἐ)πεπαιδεύκειτε[4] (ἐ)πεπαιδεύκεισαν[4]	att. *(damit) ich erzogen habe* usw. πεπαιδεύκω πεπαιδεύκῃς usw. oder πεπαιδευκὼς ὦ, ῇς usw.	K45
Perfekt 2 = Pf. 1, aber ohne κ (§135); Bsp. zu γράφω *schreiben*	*ich habe geschrieben* usw. γέγραφα γέγραφας usw.	*hatte g.* usw. – **Plsqpf. 2** (ἐ)γεγράφειν (ἐ)γεγράφεις usw.	att.: analog zum Pf. 1	K45

---

[1] -ουσιν < -ονσιν (§111; 115).   [2] Selten -οσαν.   [3] Att. z.T. auch -η, -ης.   [4] Att. Pl. -κε-.   [5] Selten -καν.

	infinites Verb (§107)	
Optativ Moduszeichen ι (ιη) (§114)	**Imperativ**	**Infinitiv u. Partizip** (Flexion des Ptz.: §84)

K3f
K14
K40
K42

Optativ	Imperativ	Infinitiv u. Partizip
Möge ich erziehen! usw. παιδεύοιμι παιδεύοις παιδεύοι παιδεύοιμεν παιδεύοιτε παιδεύοιεν	 παίδευε *Erziehe!* παιδευέτω *Er soll erziehen!* παιδεύετε *Erzieht!* παιδευέτωσαν[1] *Sie sollen e.!*	*erziehen* παιδεύειν *einer, der erzieht usw.* παιδεύων -οντος παιδεύουσα -ούσης παιδεῦον -οντος

K29
K40

| att.: παιδεύσοιμι
usw. | | *künftig erziehen*
παιδεύσειν
einer, der künftig erzieht usw.
παιδεύσων -σοντος usw. |

K18
K20
K40
K42

| *Möge ich erziehen!* usw.
παιδεύσαιμι
παιδεύσαις[2]
παιδεύσαι[2]
παιδεύσαιμεν
παιδεύσαιτε
παιδεύσαιεν[2] |

παίδευσον *Erziehe!*
παιδευσάτω *Er soll erziehen!*

παιδεύσατε *Erzieht!*
παιδευσάτωσαν[1] *Sie s. e.!* | *erziehen*
παιδεῦσαι (Akzent!)

einer, der erzieht usw.
παιδεύσᾱς -σαντος
παιδεύσασα -σάσης
παιδεῦσαν -σαντος |

K24
K40
K42

| *Möge ich werfen!* usw.
βάλοιμι
βάλοις
usw. |

βάλε *Wirf!* usw. | *werfen* βαλεῖν (Akzent!)
einer, der wirft usw.
βαλών (Akzent!) **-όντος,**
-οῦσα -ούσης, -όν -όντος |

K40
K42
K51

| *Möge ich schreiten/erkennen!* usw.
βαίην   γνοίην
βαίης   γνοίης
βαίη   γνοίη
βαίημεν[4]   γνοίημεν[4]
βαίητε[4]   γνοίητε[4]
βαίησαν[4]   γνοίησαν[4] | *Schreite/Erkenne!* usw.
βῆθι[3]   γνῶθι
βήτω[3]   γνώτω

βῆτε[3]   γνῶτε
βήτωσαν[1]   γνώτωσαν[1] | *schreiten/erkennen*
βῆναι   γνῶναι
einer, der schreitet/erkennt usw.
βάς βάντος   γνούς γνόντος
βᾶσα!   γνοῦσα!
βάσης   γνούσης
βάν βάντος   γνόν γνόντος |

K40
K45

| att. *Möge ich erzogen haben!*
usw.
πεπαιδεύκοιμι
usw. oder
πεπαιδευκὼς εἴην
usw. | | *erzogen haben*
πεπαιδευκέναι

einer, der erzogen hat usw.
πεπαιδευκώς -κότος
πεπαιδευκυῖα -κυίας[5]
πεπαιδευκός -κότος |

K40
K45

| att.: analog zum Pf. 1 | | *geschrieben haben* γεγραφέναι
einer, der geschrieben hat usw.
γεγραφώς -ότος,
-υῖα -υίας,[5] -ός -ότος |

---

[1] Att. -όντων/-σάντων bzw. βάντων/γνόντων. [2] Att. häufiger -σειας, -σειεν, (-σαιμεν, -σαιτε und) -σειαν. [3] In Komposita Imp. auch -βα, -βάτω, -βατε. [4] Att. im Pl. häufiger βαῖ/γνοῖ-μεν, -τε, -εν. [5] Oder -υίης.

140   b) **Medium und Passiv** (§104; 110) παιδεύομαι *ich erziehe für mich* (Med.) –

»Tempora« (§105; 110)	Indikativ ohne Aug.	mit Aug. (§116ff; 123f)	Konjunktiv Moduszeichen ω/η (§114)	
Präsens Med./Pass. Themavokal ε/ο (§111)	*ich erziehe für mich/ werde erzogen usw.* παιδεύομαι παιδεύῃ (z.T. -ει) παιδεύεται παιδευόμεθα παιδεύεσθε παιδεύονται	*ich erzog für mich/wurde erzogen usw.* – **Ipf.** ἐπαιδευόμην ἐπαιδεύου ἐπαιδεύετο ἐπαιδευόμεθα ἐπαιδεύεσθε ἐπαιδεύοντο	*(damit) ich für mich erziehe/ erzogen werde usw.* παιδεύωμαι παιδεύῃ παιδεύηται παιδευώμεθα παιδεύησθε παιδεύωνται	K5 K7f K32
Futur Med, Tempuszeichen σ; Themavokal ε/ο	*ich werde f. m. erziehen* παιδεύσομαι παιδεύσῃ usw.			K29
Futur Pass., Tempusz. θησ; Themavokal ε/ο	*ich werde erzogen werden* παιδευθήσομαι παιδευθήσῃ usw.			K29
Aorist 1 Med. Tempuszeichen σ; meist Kennvokal α (§110; 113)		*ich erzog für mich usw.* ἐπαιδευσάμην ἐπαιδεύσω ἐπαιδεύσατο ἐπαιδευσάμεθα ἐπαιδεύσασθε ἐπαιδεύσαντο	*(damit) ich f. m. erziehe usw.* παιδεύσωμαι παιδεύσῃ παιδεύσηται παιδευσώμεθα παιδεύσησθε παιδεύσωνται	K18 K32
Aorist 2 Med. Ausgänge wie Präs.-St. (§131)	(Bsp. zu βάλλω *werfen*)	*ich warf für mich usw.* ἐβαλόμην ἐβάλου usw.	*(damit) ich f. m. werfe usw.* βάλωμαι βάλῃ usw.	K24 K33
Aorist 1 Pass. Tempuszeichen θ; meist Kennvokal η/ε (§110; 112)		*ich wurde erzogen usw.* ἐπαιδεύθην ἐπαιδεύθης ἐπαιδεύθη ἐπαιδεύθημεν ἐπαιδεύθητε ἐπαιδεύθησαν	*(damit) ich erzogen werde usw.* παιδευθῶ (<θέω) παιδευθῇς παιδευθῇ παιδευθῶμεν παιδευθῆτε παιδευθῶσι(ν)	K27 K33
Aorist 2 Pass. = Aor. 1, aber ohne θ (§134)	(Bsp. zu γράφω *schreiben*)	*ich wurde geschrieben usw.* ἐγράφην ἐγράφης usw.	*(damit) ich g. werde usw.* γραφῶ (<έω) γραφῇς usw.	K33 K39
Perfekt Med./Pass. Reduplikation (§121ff); ohne Tempuszeichen (§130)	*habe f. m./bin erzogen usw.* πεπαίδευμαι πεπαίδευσαι πεπαίδευται πεπαιδεύμεθα πεπαίδευσθε πεπαίδευνται	*hatte f. m./war e.* – **Plsqpf.** (ἐ)πεπαιδεύμην (ἐ)πεπαίδευσο (ἐ)πεπαίδευτο (ἐ)πεπαιδεύμεθα (ἐ)πεπαίδευσθε (ἐ)πεπαίδευντο	att. *(damit) ich für mich erzogen habe/erzogen bin* usw. πεπαιδευμένος ὦ, ᾖς usw.	K44

finites Verb (§106)

(Seitenzahl am Rand: 22)

ich werde erzogen (Pass.) – Beachte: Med. und Pass. nur im Fut. und Aor. verschieden!

			infinites Verb (§107)
	Optativ Moduszeichen ι (ιη) (§114)	Imperativ	Infinitiv und Partizip (Flexion des Ptz.: §82; 84)
K5 **K8** **K12** **K40** **K42**	*Möge ich für mich erzie- hen/erzogen werden!* usw. παιδευ**οίμην** παιδεύ**οιο** παιδεύ**οιτο** παιδευ**οίμεθα** παιδεύ**οισθε** παιδεύ**οιντο**	*Erziehe für dich/ Werde erzogen!* usw. παιδεύ**ου** παιδευέ**σθω** παιδεύε**σθε** παιδευέ**σθωσαν**[1]	*für sich erziehen/erzogen werden* παιδεύ**εσθαι** *einer, der für sich erzieht/erzogen wird* usw. παιδευ**όμενος** παιδευ**ομένη** παιδευ**όμενον**
K29 **K40**	att.: παιδευσοίμην usw.		*künftig f. s. erziehen* παιδεύ**σεσθαι** *einer, der künftig f. s. erzieht* usw. παιδευ**σόμενος** usw.
K29 **K40**	att.: παιδευθησοίμην usw.		*künftig erzogen werden* παιδευ**θήσεσθαι** / *einer, der...wird* παιδευ**θησόμενος** usw.
K18 **K40** **K42**	*Möge ich f. m. erziehen!* usw. παιδευ**σαίμην** παιδεύ**σαιο** παιδεύ**σαιτο** παιδευ**σαίμεθα** παιδεύ**σαισθε** παιδεύ**σαιντο**	*Erziehe für dich!* usw. παίδευ**σαι** παιδευ**σάσθω** παιδεύ**σασθε** παιδευ**σάσθωσαν**[1]	*für sich erziehen* παιδεύ**σασθαι** *einer, der für sich erzieht* usw. παιδευ**σάμενος** παιδευ**σαμένη** παιδευ**σάμενον**
K24 **K40** **K42**	*Möge ich f. m. werfen!* usw. βαλ**οίμην** βάλ**οιο** usw.	*Wirf für dich!* usw. βαλ**οῦ** (Akzent!), βάλε**σθε** usw.	*für sich werfen* βαλ**έσθαι** (Akzent!) *einer, der für sich wirft* usw. βαλ**όμενος** usw.
K27 **K40** **K42**	*Möge ich erzogen werden!* usw. παιδευ**θείην** παιδευ**θείης** παιδευ**θείη** παιδευ**θείημεν**[2] παιδευ**θείητε**[2] παιδευ**θείησαν**[2]	*Werde erzogen!* usw. παιδεύ**θητι** (<θηθι [§31]) παιδευ**θήτω** παιδεύ**θητε** παιδευ**θήτωσαν**[1]	*erzogen werden* παιδευ**θῆναι** *einer, der erzogen wird* usw. παιδευ**θείς** -**θέντος** παιδευ**θεῖσα** -**θείσης** παιδευ**θέν** -**θέντος**
K39f **K42**	*Möge ich g. werden!* usw. γραφ**είην** γραφ**είης** usw.[2]	*Werde geschrieben!* usw. γράφ**ηθι**[3] usw.	*geschrieben werden* γραφ**ῆναι** *einer, der geschrieben wird* usw. γραφ**είς** -**έντος** usw.
K40 **K42** **K44**	att. *Möge ich für mich er- zogen haben/erzogen sein!* usw. πεπαιδευμένος εἴην, εἴης usw.	*Sei erzogen!* usw. πεπαίδευ**σο** πεπαιδεύ**σθω** πεπαίδευ**σθε**	*für sich erzogen haben/erzogen sein* πεπαιδεῦ**σθαι** (Akzent!) *einer, der für sich erzogen hat/erzo- gen ist* usw. πεπαιδευ**μένος** -**η** -**ον** (Akzent!)

---

[1] Att. -έσθων/-σάσθων/-(θ)έντων.   [2] Att. Pl. -(θ)εῖμεν, -(θ)εῖτε, (θ)εῖεν.   [3] -(η)θι, -(ή)τω, -(η)τε und
-(ή)τωσαν/-(έ)ντων (vgl. βῆθι usw. §139); nach φ (wie hier) aber meist -(η)τι.

2. Verba (vocalia) contracta (§129)

141   a)   Der Stammauslaut ᾱ, ε oder ο wird im Präsensstamm mit dem Anlaut des Ausgangs   **K32**
kontrahiert (§26); in den außerpräsentischen Tempusstämmen wird er normalerweise   **K56**
gedehnt: α > η (außer nach ε ι ρ [§23]), ε > η, ο > ω, z.B.

τιμάω *ehren*	τιμήσω	ἐτίμησα	τετίμηκα	τετίμημαι	ἐτιμήθην
ἰάομαι *heilen*	ἰάσομαι	ἰᾱσάμην		ἴᾱμαι	ἰάθην
ποιέω *tun*	ποιήσω	ἐποίησα	πεποίηκα	πεποίημαι	ἐποιήθην
δηλόω *zeigen*	δηλώσω	ἐδήλωσα	δεδήλωκα	δεδήλωμαι	ἐδηλώθην

Die vereinzelten Verben auf **-ήω** haben auch außerpräsentisch ein η, z.B. ζήω *leben*,   **K17**
ζήσω usw.   **K25**

Für verba contracta mit Besonderheiten s. §167,20ff.

142   b)   **Kontraktionsregeln**

Verben auf **-άω**:	ω (ῳ)		< α + O-Laut	**K16**
	ᾱ (ᾳ)		< α + E-Laut	
23 Verben auf **-έω**:	**Langvokal/Diphthong**		< ε + Langvokal/Diphthong	**K17**
	ει	auch	< ε + ε	
	ου	auch	< ε + ο	
Verben auf **-όω**:	ου		< ο + ε, ο, ου	**K56**
	οι		< ο + ι-Diphthong	
	ω		< ο + ω, η	
Verben auf **-ήω**:	ω (ῳ)		< η + O-Laut	**K25**
	η (ῃ)		< η + E-Laut	

143   Beachte: Die meisten einsilbigen Stämme auf -έω kontrahieren nur in -ει, also z.B. χεῖ   **K16**
er gießt, aber χέομεν *wir gießen,* δεῖται *er bittet,* aber δεόμεθα *wir bitten* (doch δέω   **K23**
binden wie ποιέω!).

Zum Akzent s. §126.

144   c)   **Flexionsmuster des Präsensstammes**

		τιμάω *ehren*	ποιέω *tun*	δηλόω *zeigen*	**K16f**
Ind.	ω	τιμῶ	ποιῶ	δηλῶ **Aktiv**	**K32**
24 ohne	εις	τιμᾷς	ποιεῖς	δηλοῖς	**K56**
Aug.	ει	τιμᾷ	ποιεῖ	δηλοῖ	
	ομεν	τιμῶμεν	ποιοῦμεν	δηλοῦμεν	
	ετε	τιμᾶτε	ποιεῖτε	δηλοῦτε	
	ουσι(ν)	τιμῶσι(ν)	ποιοῦσι(ν)	δηλοῦσι(ν)	
Ind.	ον	ἐτίμων	ἐποίουν	ἐδήλουν	
mit Aug.	ες	ἐτίμας	ἐποίεις	ἐδήλους	
	ε !¹	ἐτίμα	ἐποίει	ἐδήλου	
Ipf.	ομεν	ἐτιμῶμεν	ἐποιοῦμεν	ἐδηλοῦμεν	
	ετε	ἐτιμᾶτε	ἐποιεῖτε	ἐδηλοῦτε	
	ον	ἐτίμων	ἐποίουν	ἐδήλουν	

---

¹ Ohne bewegliches -ν (§35)!

Konj.[1]	ω	τιμῶ	ποιῶ	δηλῶ
	ῃς	τιμᾷς	ποιῇς	δηλοῖς
	ῃ	τιμᾷ	ποιῇ	δηλοῖ
	ωμεν	τιμῶμεν	ποιῶμεν	δηλῶμεν
	ητε	τιμᾶτε	ποιῆτε	δηλῶτε
	ωσι(ν)	τιμῶσι(ν)	ποιῶσι(ν)	δηλῶσι(ν)
Imp.	ε	τίμα	ποίει	δήλου
	ετω	τιμάτω	ποιείτω	δηλούτω
	ετε	τιμᾶτε	ποιεῖτε	δηλοῦτε
	ετωσαν[2]	τιμάτωσαν	ποιείτωσαν	δηλούτωσαν
Inf.	ειν[3]	τιμᾶν	ποιεῖν	δηλοῦν
Ptz.	ων	τιμῶν	ποιῶν	δηλῶν
	οντος	τιμῶντος	ποιοῦντος	δηλοῦντος
	ουσα	τιμῶσα	ποιοῦσα	δηλοῦσα
	ουσης	τιμώσης	ποιούσης	δηλούσης
	ον	τιμῶν	ποιοῦν	δηλοῦν
	οντος	τιμῶντος	ποιοῦντος	δηλοῦντος
Ind. ohne Aug.	ομαι	τιμῶμαι	ποιοῦμαι	δηλοῦμαι Med./Pass.
	ῃ	τιμᾷ	ποιῇ	δηλοῖ
	εται	τιμᾶται	ποιεῖται	δηλοῦται
	ομεθα	τιμώμεθα	ποιούμεθα	δηλούμεθα
	εσθε	τιμᾶσθε	ποιεῖσθε	δηλοῦσθε
	ονται	τιμῶνται	ποιοῦνται	δηλοῦνται
Ind. mit Aug. **Ipf.**	ομην	ἐτιμώμην	ἐποιούμην	ἐδηλούμην
	ου	ἐτιμῶ	ἐποιοῦ	ἐδηλοῦ
	ετο	ἐτιμᾶτο	ἐποιεῖτο	ἐδηλοῦτο
	ομεθα	ἐτιμώμεθα	ἐποιούμεθα	ἐδηλούμεθα
	εσθε	ἐτιμᾶσθε	ἐποιεῖσθε	ἐδηλοῦσθε
	οντο	ἐτιμῶντο	ἐποιοῦντο	ἐδηλοῦντο
Konj.[1]	ωμαι	τιμῶμαι	ποιῶμαι	δηλῶμαι
	ῃ	τιμᾷ	ποιῇ	δηλοῖ
	ηται	τιμᾶται	ποιῆται	δηλῶται
	ωμεθα	τιμώμεθα	ποιώμεθα	δηλώμεθα
	ησθε	τιμᾶσθε	ποιῆσθε	δηλῶσθε
	ωνται	τιμῶνται	ποιῶνται	δηλῶνται
Imp.	ου	τιμῶ	ποιοῦ	δηλοῦ
	εσθω	τιμάσθω	ποιείσθω	δηλούσθω
	εσθε	τιμᾶσθε	ποιεῖσθε	δηλοῦσθε
	εσθωσαν[2]	τιμάσθωσαν	ποιείσθωσαν	δηλούσθωσαν
Inf.	εσθαι	τιμᾶσθαι	ποιεῖσθαι	δηλοῦσθαι
Ptz.	όμενος	τιμώμενος	ποιούμενος	δηλούμενος
	ομένη	τιμωμένη	ποιουμένη	δηλουμένη
	όμενον	τιμώμενον	ποιούμενον	δηλούμενον

K40 [1] Beachte: Der Opt. kommt im NT nicht vor; außerhalb des NT lauten die (in die Kontraktion einzubeziehenden) Akt.-Ausgänge im Sg. statt -οιμι, -οις und -οι häufiger -οίην, -οίης und -οίη; im Pl. herrschen die regelmäßigen Ausgänge -οιμεν, οιτε und -οιεν vor (nur in der 1. und 2. Pl. begegnen manchmal -οίημεν und -οίητε). [2] Att. -όντων/έσθων. [3] ει wird hier als E-Laut ohne ι behandelt (da -ειν < -εεν)!

3. Verba muta (§129)

145   a)   Die verba muta teilt man nach dem Auslaut des Verbalstammes ein in Labialstämme (auf -π, -β, -φ [P-Laut]), Gutturalstämme (auf -κ, -γ, -χ [K-Laut]) und Dentalstämme (auf -τ, -δ, -θ [T-Laut]).   **K18**

146   b)   Viele verba muta haben einen Präsensstamm, der durch ein j erweitert war; die ursprüngliche Lautfolge ist aber regelmäßig ersetzt worden, wie folgende Beispiele zeigen (§27):

Beispiel			Regel		**K18**
κλέπτω *stehle*	<*κλεπ**j**ω	(St. κλεπ-)	Labial + j	> πτ	
φυλάσσω *bewache*	<*φυλακ**j**ω	(St. φυλακ-)	κ/χ + j	> σσ	
(att. φυλάττω)				(att. ττ)	
ἐλπίζω *hoffe*	<*ἐλπιδ**j**ω	(St. ἐλπιδ-)	δ + j	> ζ	
κράζω *schreie*	<*κραγ**j**ω	(St. κραγ-)	γ + j	> ζ	

147   c)   Die Verben auf **-ίζω** mit zwei oder mehr Stammsilben haben im NT häufig (im Att. immer) ein **kontrahiertes Futur** Akt./Med. (»futurum contractum/Atticum«), das nach dem Muster des Präs. von ποιέω flektiert wird (§144), z.B. ἐλπίζω *hoffe*, Fut. ἐλπιῶ *werde hoffen*.   **K29**

148   d)   Trifft der Stammauslaut (in außerpräsentischen Formen) mit konsonantisch anlautenden Ausgängen zusammen, so wird er wie folgt verändert (§32):   **K18**

Muta + Konsonant	+μ	+σ	+τ	+(σ)θ	[+κ] (Pf. Akt.)
P-Laut (π, β, φ)	μμ	ψ	πτ	φθ	[φ]
K-Laut (κ, γ, χ)	γμ	ξ	κτ	χθ	[χ]
T-Laut (τ, δ, θ)	σμ	σ	στ	σθ	[κ]

Beachte: Der Auslaut des Pf. Akt. ist nicht wirklich durch das Zusammentreffen von Muta + κ entstanden; die angedeutete Formel ist also ohne lautgesetzliche Basis (daher in eckigen Klammern); dennoch ist sie als Faustregel durchaus brauchbar.

149   e)   Beispiele von **Stammformenreihen** (im Übrigen s. §167,40ff/59ff/88ff)

βλέπω *sehen*	St. βλεπ-	βλέψω	ἔβλεψα	βέβλεφα	βέβλεμμαι	ἐβλέφθην	**K18**
πλέκω *flechten*	St. πλεκ-	πλέξω	ἔπλεξα	πέπλεχα	πέπλεγμαι	ἐπλέχθην[1]	
πείθω *überreden*	St. πειθ-	πείσω	ἔπεισα	πέπεικα	πέπεισμαι	ἐπείσθην	

---

[1] Aor. Pass. dieses Verbs allerdings auch (so im NT) ἐπλάκην (Aor. 2).

f) Anwendung auf das **Flexionsmuster des Pf./Plsqpf. Med./Pass.** (vgl. §140)   **150**

K44

Ind. Pf.		Plsqpf.		Inf. und Ptz.	
μαι	βέβλεμμαι	μην	(ἐ)βεβλέμμην	σθαι	βεβλέφθαι
σαι	βέβλεψαι	σο	(ἐ)βέβλεψο		
ται	βέβλεπται	το	(ἐ)βέβλεπτο	μενος	βεβλεμμένος
μεθα	βεβλέμμεθα	μεθα	(ἐ)βεβλέμμεθα	μενη	βεβλεμμένη
σθε	βέβλεφθε	σθε	(ἐ)βέβλεφθε	μενον	βεβλεμμένον
	βεβλεμμένοι εἰσί(ν)		βεβλεμμένοι ἦσαν		
μαι	πέπλεγμαι	μην	(ἐ)πεπλέγμην	σθαι	πεπλέχθαι
σαι	πέπλεξαι	σο	(ἐ)πέπλεξο		
ται	πέπλεκται	το	(ἐ)πέπλεκτο	μενος	πεπλεγμένος
μεθα	πεπλέγμεθα	μεθα	(ἐ)πεπλέγμεθα	μενη	πεπλεγμένη
σθε	πέπλεχθε	σθε	(ἐ)πέπλεχθε	μενον	πεπλεγμένον
	πεπλεγμένοι εἰσί(ν)		πεπλεγμένοι ἦσαν		
μαι	πέπεισμαι	μην	(ἐ)πεπείσμην	σθαι	πεπεῖσθαι
σαι	πέπεισαι	σο	(ἐ)πέπεισο		
ται	πέπεισται	το	(ἐ)πέπειστο	μενος	πεπεισμένος
μεθα	πεπείσμεθα	μεθα	(ἐ)πεπείσμεθα	μενη	πεπεισμένη
σθε	πέπεισθε	σθε	(ἐ)πέπεισθε	μενον	πεπεισμένον
	πεπεισμένοι εἰσί(ν)		πεπεισμένοι ἦσαν		

25

Beachte:

1. σ fällt zwischen zwei Konsonanten aus (§29; 32).
2. Die 3. Pl. wird immer umschrieben, andere Personen häufig ebenso (§383).
3. Im NT kommt der Imp. (vgl. §140) nicht vor.

4. Verba liquida (§129)

K39 a) Die meisten verba liquida haben einen Präsensstamm, der durch ein j erweitert war;   **151**
die ursprüngliche Lautfolge ist aber regelmäßig ersetzt worden, wie folgende Beispiele
zeigen (§27):

Beispiel			Regel	
ἀγγέλλω *melde*	<*ἀγγελ**j**ω	(St. ἀγγελ-)	λ + j	> λλ
τείνω *spanne*	<*τεν**j**ω	(St. τεν-)	ρ/ν + j	> ρ/ν + Ersatzdeh-
κρίνω *richte*	<*κρῑ**ν**jω	(St. κρῑν-)		nung (§25) bzw. Ein-
καθαίρω *reinige*	<*καθαρ**j**ω	(St. καθαρ-)		schub eines ι (α > αι)

K39 b) Sie haben grundsätzlich ein **kontrahiertes Futur** Akt./Med. (»futurum contrac-   **152**
tum«), das nach dem Muster des Präs. von ποιέω flektiert wird (§144; vgl. §147), z.B.
ἀγγέλλω *melde*, ἀγγελῶ *werde melden*.

153 c) Im **Aor. Akt./Med.** fällt das Tempuszeichen σ weg, was zu einer Ersatzdehnung des   **K39**
Vokals der vorausgehenden Stammsilbe führt (§25), wobei ε zu ει gedehnt wird, und ᾰ
immer zu ᾱ (also [unatt.] nie zu η!). Beispiele:

ἀγγέλλω	*melde*	St. ἀγγελ-	ἤγγειλα statt *ἤγγελσα	*meldete*
φαίνω	*leuchte*	St. φᾰν-	ἔφᾱνα statt *ἔφᾰνσα (att. ἔφηνα)	*leuchtete*

154 d) Zu den **übrigen Tempusstämmen**; Bsp. μιαίνω *beflecken* und στέλλω *senden*:   **K39**

μιαίνω	St. μιαν-	μιανῶ	ἐμίᾱνα	μεμίαγκα	μεμίαμμαι	ἐμιάνθην
στέλλω	St. στελ-	στελῶ	ἔστειλα	ἔσταλκα	ἔσταλμαι	ἐστάλην

Beachte (vgl. §33):

1. ν + κ > γκ (Pf. Akt.);
2. ν + μ > μμ (att. oft > σμ) (Pf. Med./Pass.);
3. Einsilbige Stämme mit ε haben vom Pf. Akt. an ein α (Schwundstufe [§22] mit α als Stützvokal [vgl. §74]).

155 e) **Flexionsmuster des Pf./Plsqpf. Med./Pass.** (vgl. §140)

	Ind. Pf.		Plsqpf.		Inf. und Ptz.		(K44)
	μαι	ἤγγελμαι	**μην**	ἠγγέλμην	**σθαι**	ἠγγέλθαι	
26	**σαι**	ἤγγελσαι	**σο**	ἤγγελσο			
	ται	ἤγγελται	**το**	ἤγγελτο	**μενος**	ἠγγελμένος	
	μεθα	ἠγγέλμεθα	**μεθα**	ἠγγέλμεθα	**μενη**	ἠγγελμένη	
	σθε	ἤγγελθε	**σθε**	ἤγγελθε	**μενον**	ἠγγελμένον	
		ἠγγελμένοι εἰσί(ν)		ἠγγελμένοι ἦσαν			
	μαι	μεμίαμμαι	**μην**	(ἐ)μεμιάμμην	**σθαι**	μεμιάνθαι	
	σαι	(μεμίανσαι)	**σο**	([ἐ]μεμίανσο)			
	ται	μεμίανται	**το**	(ἐ)μεμίαντο	**μενος**	μεμιαμμένος	
	μεθα	μεμιάμμεθα	**μεθα**	(ἐ)μεμιάμμεθα	**μενη**	μεμιαμμένη	
	σθε	μεμίανθε	**σθε**	(ἐ)μεμίανθε	**μενον**	μεμιαμμένον	
		μεμιαμμένοι εἰσί(ν)		μεμιαμμένοι ἦσαν			

Beachte:

1. σ fällt zwischen zwei Konsonanten aus (§29; 32).
2. Die 3. Pl. wird immer umschrieben, andere Personen häufig ebenso (§383).
3. Im NT kommt der Imp. (vgl. §140) nicht vor.

III. Athematische oder μι-Konjugation

1. Vorbemerkungen

156 a) Der athematische Charakter (vgl. §129) tritt am reinsten im Ind. Präs. Akt. und   **K52f**
Med./Pass. hervor. Im Übrigen begegnet man dem Themavokal (§111) in einigen

Formen, u.a. beim Ipf. Akt., z.B. ἐ·δίδουν *ich gab* (vgl. ἐ·δήλουν [<-οον] *zeigte* [§144]), und bei der 2. Sg. Imp. Präs. Akt., z.B. δίδου *gib!* (vgl. δήλου [<-οε] *zeige!* [§144]).

K52f b) Beim Präs. Akt. Ind. ist der vokalische Stammauslaut im Sg. lang und im Pl. kurz, **157** z.B. τίθημι *ich setze,* τίθεμεν *wir setzen.*

K52f c) In der Koine drang die ω-Konjugation in verstärkterem Maß in den Bereich der μι- **158** Konjugation ein, was sich in folgender Weise ausdrückte:

aa) Man begegnet manchen thematischen Formen bei Verben, die sonst athematisch flektiert werden, so besonders bei solchen auf -(ν)νυμι (auch att.), z.B. δεικνύεις *du zeigst* statt δεικνύς (Jh 2,18), und allgemein beim Verb ἵημι *senden* (nur in Komposita), z.B. συνίουσι(ν) *sie verstehen* statt συνιᾶσι(ν) (Mt 13,13).

Vereinzelt ist in athematischen Formen im NT der Stammvokal durch einen Themavokal (§111) ersetzt, z.B. δι·εδίδετο *es wurde verteilt* statt δι·εδίδοτο in Apg 4,35.

bb) Athematische Verben werden durch thematische Nebenformen desselben Verbs oder andere thematische Verben mit gleicher Bedeutung ersetzt, z.B. ἵστημι *stellen* durch ἱστάνω bzw. πίμπλημι *füllen* durch πληρόω.

K52f d) Nach der Art des Präsensstammes hat man die athematischen Verben in drei Klassen **159** eingeteilt:

aa) Die Verben auf -μι mit Präsensreduplikation (mit ι als Reduplikationsvokal [vgl. §121])

		Verbalstamm	Präsensstamm
τίθη·μι	*setzen*	θη-/θε-	τιθη-/τιθε- (vgl. §31)
ἵη·μι	*senden*	ἡ-/ἑ-	ἱη-/ἱε-
δίδω·μι	*geben*	δω-/δο-	διδω-/διδο-
ἵστη·μι	*stellen*	στη-/στα-	ἱστη-/ἱστα- (<*σιστη/α- [§29])

bb) Die Verben auf -μι, deren Präsens durch eine nasale Erweiterung des Verbalstammes gekennzeichnet ist (-νυ- bzw. [nach Vokalen] -ννυ-), z.B.

δείκνυ·μι	*zeigen*	δεικ-	δεικνυ-

cc) Die »Wurzelpräsentien«, deren Präsensstamm mit dem Verbalstamm (Verbalwurzel) zusammenfällt, z.B. φη·μί *sagen.*

2. Die Großen Vier auf -μι und die Verben auf -(ν)νυμι

K52f Im Folgenden werden die Flexionsmuster zu den Formen aufgeführt, die (fast durch- **160** weg) athematisch flektiert werden. Die übrigen Formen richten sich nach den unter §139f angegebenen Mustern.

Zu den vollständigen Stammformenreihen dieser Verben s. §167,200ff.

Zu den Endungen und Ausgängen s. §115.

a) Aktiv Präsens und Aorist

161 Präsens

28		τίθημι *setzen* τιθη/τιθε-	ἵημι *senden* ἱη/ἱε-	δίδωμι *geben* διδω/διδο-	ἵστημι *stellen* ἱστη/ἱστα-	δείκνυμι *zeigen* δεικ-νῡ/νῠ-	K52f K55
	Ind. ohne Aug. (§157)	τίθημι τίθης τίθησι(ν) τίθεμεν τίθετε τιθέᾱσι(ν)	ἵημι ἵης¹ ἵησι(ν) ἵεμεν ἵετε ἱᾶσι(ν)²	δίδωμι δίδως δίδωσι(ν) δίδομεν δίδοτε διδόᾱσι(ν)	ἵστημι ἵστης ἵστησι(ν) ἵσταμεν ἵστατε ἱστᾶσι(ν)²	δείκνῡμι δείκνῡς δείκνῡσι(ν) δείκνυμεν δείκνυτε δεικνύασι(ν)	
	Ipf. Ind. mit Aug. (§156) NT auch	ἐτίθην ἐτίθεις ἐτίθει ἐτίθεμεν ἐτίθετε ἐτίθεσαν ἐτίθουν	ἵ·ειν ἵ·εις ἵ·ει ἵ·ε·μεν ἵ·ε·τε ἵ·ε·σαν	ἐδίδουν ἐδίδους ἐδίδου ἐδίδομεν ἐδίδοτε ἐδίδοσαν ἐδίδουν	ἵστην ἵστης ἵστη ἵσταμεν ἵστατε ἵστασαν	ἐδείκνῡν ἐδείκνῡς ἐδείκνῡ ἐδείκνυμεν ἐδείκνυτε ἐδείκνυσαν	
	Konj. Modus- zeichen ω/η (§114)	τιθῶ (<ηω) τιθῇς τιθῇ τιθῶμεν τιθῆτε τιθῶσι(ν)	ἱῶ (<ηω) ἱῇς ἱῇ ἱῶμεν ἱῆτε ἱῶσι(ν)	διδῶ (<ωω) διδῷς διδῷ διδῶμεν διδῶτε διδῶσι(ν)	ἱστῶ (<ηω) ἱστῇς ἱστῇ ἱστῶμεν ἱστῆτε ἱστῶσι(ν)	δεικνύω δεικνύῃς usw. wie §139	
	Opt. Modus- zeichen ιη (= Aor. Pass.)³	τιθείην τιθείης τιθείη τιθείημεν τιθείητε τιθείησαν	ἱείην ἱείης ἱείη ἱείημεν ἱείητε ἱείησαν	διδοίην διδοίης διδοίη διδοίημεν διδοίητε διδοίησαν	ἱσταίην ἱσταίης ἱσταίη ἱσταίημεν ἱσταίητε ἱσταίησαν	δεικνύοιμι δεικνύοις usw. wie §139	
	Imp. (2. Sg.: §156)	τίθει τιθέτω τίθετε τιθέτωσαν⁴	ἵει ἱέτω ἵετε ἱέτωσαν⁴	δίδου διδότω δίδοτε διδότωσαν⁴	ἵστη ἱστάτω ἵστατε ἱστάτωσαν⁴	δείκνυ δεικνύτω δείκνυτε δεικνύτωσαν⁴	
	Inf.	τιθέναι	ἱέναι	διδόναι	ἱστάναι	δεικνύναι	
	Ptz. (Flexion: §84f bzw. §71)	τιθείς τιθέντος τιθεῖσα τιθείσης τιθέν τιθέντος	ἱείς ἱέντος ἱεῖσα ἱείσης ἱέν ἱέντος	διδούς διδόντος διδοῦσα διδούσης διδόν διδόντος	ἱστάς ἱστάντος ἱστᾶσα ἱστάσης ἱστάν ἱστάντος	δεικνύς δεικνύντος δεικνῦσα δεικνύσης δεικνύν δεικνύντος	

---

¹ Att. auch ἵεις (> [ἀφ]εῖς, Apk 2,20). ² <*ἱέασιν/*ἱστάασιν. ³ Att. im Pl. häufiger ohne η. ⁴ Att. -ντων.

Aorist – Beachte: ἵστημι u. δείκνυμι haben einen regelmäßigen (schwachen)   **162**
Aor.: ἔστησα *ich stellte* u. ἔδειξα *ich zeigte* (Flexion: §139).

K52f
K55

	τίθημι *setzen* θη/θε-	ἵημι *senden* ἡ/ἑ-	δίδωμι *geben* δω/δο-	29
Ind. mit Aug.; Tempuszeichen κ; meist Kenn- vokal α (vgl. Pf. Akt. [§139])	ἔθηκα ἔθηκας ἔθηκε(ν) ἐθήκαμεν[1] ἐθήκατε[1] ἔθηκαν[1]	ἧ·κα ἧ·κας ἧ·κε(ν) ἥ·καμεν[1] ἥ·κατε[1] ἧ·καν[1]	ἔδωκα ἔδωκας ἔδωκε(ν) ἐδώκαμεν[1] ἐδώκατε[1] ἔδωκαν[1]	
Konj. = Präs. ohne Reduplikation	θῶ θῆς θῇ θῶμεν θῆτε θῶσι(ν)	ὧ ἧς ἧ ὧμεν ἧτε ὧσι(ν)	δῶ δῷς od. δοῖς[2] δῷ od. δοῖ[2]/δώῃ[2] δῶμεν δῶτε δῶσι(ν)	
Opt. = Präs. ohne Reduplikation[3]	θείην θείης θείη θείημεν θείητε θείησαν	εἴην εἴης εἴη εἴημεν εἴητε εἴησαν	δοίην od. δώην[4] δοίης od. δώῃς[4] δοίη od. δώῃ[4] δοίημεν δοίητε δοίησαν	
Imp. = Präs. ohne Reduplikation, doch 2. Sg. -ς!	θές θέτω θέτε θέτωσαν[5]	ἕς ἕτω ἕτε ἕτωσαν[5]	δός δότω δότε δότωσαν[5]	
Inf.	θεῖναι (<θεεναι)	εἶναι (<ἑεναι)	δοῦναι (<δοεναι)	
Ptz. = Präs. ohne Reduplikation	θείς θέντος θεῖσα θείσης θέν θέντος	εἵς ἕντος εἶσα εἴσης ἕν ἕντος	δούς δόντος δοῦσα δούσης δόν δόντος	

---

[1] Att. ἔθεμεν, ἔθετε, ἔθεσαν; εἷμεν, εἷτε, εἷσαν; ἔδομεν, ἔδοτε, ἔδοσαν.

[2] NT. [3] Att. im Pl. häufiger ohne η. [4] NT (ionisch). [5] Att. -ντων.

b) *Medium/Passiv Präsens und Medium Aorist*

163 **Präsens** (Med./Pass.)

		τίθημι *setzen* τιθε-	ἵημι *senden* ἱε-	δίδωμι *geben* διδο-	ἵστημι *stellen* ἱστα-	δείκνυμι *zeigen* δεικ-νῠ-	K52f K55
30	**Ind.** ohne Aug.	τίθεμαι τίθεσαι τίθεται τιθέμεθα τίθεσθε τίθενται	ἵεμαι ἵεσαι ἵεται ἱέμεθα ἵεσθε ἵενται	δίδομαι δίδοσαι δίδοται διδόμεθα δίδοσθε δίδονται	ἵσταμαι ἵστασαι ἵσταται ἱστάμεθα ἵστασθε ἵστανται	δείκνυμαι δείκνυσαι δείκνυται δεικνύμεθα δείκνυσθε δείκνυνται	
	Ipf. Ind. mit Aug.	ἐτιθέμην ἐτίθεσο ἐτίθετο ἐτιθέμεθα ἐτίθεσθε ἐτίθεντο	ἱέμην ἵεσο ἵετο ἱέμεθα ἵεσθε ἵεντο	ἐδιδόμην ἐδίδοσο ἐδίδετο[2] ἐδιδόμεθα ἐδίδοσθε ἐδίδοντο	ἱστάμην ἵστασο ἵστατο ἱστάμεθα ἵστασθε ἵσταντο	ἐδεικνύμην ἐδείκνυσο ἐδείκνυτο ἐδεικνύμεθα ἐδείκνυσθε ἐδείκνυντο	
	Konj. ω/η (§114; 161)	τιθῶμαι τιθῇ τιθῆται τιθώμεθα τιθῆσθε τιθῶνται	ἱῶμαι ἱῇ ἱῆται ἱώμεθα ἱῆσθε ἱῶνται	διδῶμαι διδῷ διδῶται διδώμεθα διδῶσθε διδῶνται	ἱστῶμαι ἱστῇ ἱστῆται ἱστώμεθα ἱστῆσθε ἱστῶνται	δεικνύωμαι δεικνύῃ usw. wie §140	
	Opt. ι (§114)	τιθείμην τιθεῖο τιθεῖτο τιθείμεθα τιθεῖσθε τιθεῖντο	ἱείμην ἱεῖο ἱεῖτο ἱείμεθα ἱεῖσθε ἱεῖντο	διδοίμην διδοῖο διδοῖτο διδοίμεθα διδοῖσθε διδοῖντο	ἱσταίμην ἱσταῖο ἱσταῖτο ἱσταίμεθα ἱσταῖσθε ἱσταῖντο	δεικνυοίμην δεικνύοιο usw. wie §140	
	Imp[1]	τίθεσο τιθέσθω τίθεσθε τιθέσθωσαν	ἵεσο ἱέσθω ἵεσθε ἱέσθωσαν	δίδοσο διδόσθω δίδοσθε διδόσθωσαν	ἵστασο ἱστάσθω ἵστασθε ἱστάσθωσαν	δείκνυσο δεικνύσθω δείκνυσθε δεικνύσθωσαν	
	Inf.	τίθεσθαι	ἵεσθαι	δίδοσθαι	ἵστασθαι	δείκνυσθαι	
	Ptz. (§82)	τιθέμενος τιθεμένη τιθέμενον	ἱέμενος ἱεμένη ἱέμενον	διδόμενος διδομένη διδόμενον	ἱστάμενος ἱσταμένη ἱστάμενον	δεικνύμενος δεικνυμένη δεικνύμενον	

---

[1] 3. Pl. att. -σθων. [2] Klass. ἐδίδοτο (§158).

Aorist (Med.) – Beachte: ἵσταμαι *treten* hat einen Wurzel-Aorist: ἔστην *ich trat* (Flexi- **164**
on wie ἔβην [§139]); δείκνυμι *zeigen* hat auch im Medium einen regelmäßigen (schwa-
chen) Aorist: ἐδειξάμην *ich zeigte für mich* (§140).

K52f **K55**	meist = Präs.- Stamm ohne Reduplikation	τίθημι *setzen* θε-	ἵημι *senden* ἑ-	δίδωμι *geben* δο-	*31*
	Ind.	ἐθέμην ἔθου (<εσο) ἔθετο ἐθέμεθα ἔθεσθε ἔθεντο	εἵ·μην εἷ·σο εἷ·το εἵ·μεθα εἷ·σθε εἷ·ντο	ἐδόμην ἔδου (<οσο) ἔδετο[1] ἐδόμεθα ἔδοσθε ἔδοντο	
	Konj.	θῶμαι θῇ θῆται θώμεθα θῆσθε θῶνται	ὧμαι ἧ ἧται ὥμεθα ἧσθε ὧνται	δῶμαι δῷ δῶται δώμεθα δῶσθε δῶνται	
	Opt.	θείμην θεῖο θεῖτο θείμεθα θεῖσθε θεῖντο	εἵμην εἷο εἷτο εἵμεθα εἷσθε εἷντο	δοίμην δοῖο δοῖτο δοίμεθα δοῖσθε δοῖντο	
	Imp.[2]	θοῦ (<θεσο) θέσθω θεσθε θέσθωσαν	οὗ (<ἑσο) ἔσθω ἔσθε ἔσθωσαν	δοῦ (<δοσο) δόσθω δόσθε δόσθωσαν	
	Inf.	θέσθαι	ἔσθαι	δόσθαι	
	Ptz.	θέμενος θεμένη θέμενον	ἕμενος ἑμένη ἕμενον	δόμενος δομένη δόμενον	

---

[1] Klass. ἔδοτο (§158). [2] 3. Pl. att. -σθων.

3. Die Wurzelpräsentien auf -μι

165   Vgl. §159; zu den Endungen u. Ausgängen s. §115.

32

	εἰμί *sein* ἐσ-	εἶμι *künftig gehen* εἰ/ἰ-	φημί *sagen* φη/φα-	κεῖμαι *liegen* κει-	κάθημαι *sitzen* καθη(σ)-	K11 K20 K29 K34 K40 K44 K49 K58
Ind. ohne Aug. (§157)	εἰμί εἶ ἐστί(ν) ἐσμέν ἐστέ εἰσί(ν)	(εἶμι) (εἶ) (εἶσι[ν]) (ἴμεν) (ἴτε) ἴᾱσι(ν)	φημί (φής/φής) φησί(ν) (φαμέν) (φατέ) φᾱσί(ν)	κεῖμαι (κεῖσαι) κεῖται κείμεθα (κεῖσθε) κεῖνται	κάθημαι κάθη (att. -ησαι) κάθηται (καθήμεθα) (κάθησθε) κάθηνται	
Ipf. Ind. mit Aug. (§156)	ἦ·μην[1] ἦ·ς[3]/ἦ·σθα ἦ·ν ἦ·μεν/ ἦ·μεθα[3] ἦ·τε ἦ·σαν	(ἦ·ειν/ἦ·α[2]) (ἦ·εις) ἦ·ει (ἦ·μεν) (ἦ·τε) ἦε·σαν[4]	(ἔφην) (ἔφησθα) ἔφη (ἔφαμεν) (ἔφατε) (ἔφασαν)	(ἐκείμην) (ἔκεισο) ἔκειτο (ἐκείμεθα) (ἔκεισθε) ἔκειντο	(ἐκαθήμην) (ἐκάθησο) ἐκάθητο (ἐκαθήμεθα) (ἐκάθησθε) ἐκάθηντο	
Konj. Modus- zeichen ω/η	ὦ (<ἔσω) ᾖς ᾖ ὦμεν ἦτε ὦσι(ν)	(ἴω) (ἴῃς) usw.	(φῶ) (φῇς) usw.		καθῶμαι καθῇ usw. (§114)	
Opt. Modus- zeichen ιη (§114)	(εἴην) (εἴης) εἴη usw. wie Aor. Pass. (§140)	(ἴοιμι) (ἴοις) usw.	(φαίην) (φαίης) usw.			
Imp.	ἴσθι ἔστω/ἤτω (ἔστε[5]) ἔστωσαν[6]	(ἴθι) (ἴτω) usw.	(φάθι) (φάτω) usw.	(κεῖσο) (κείσθω) usw.	κάθου (att. -ησο) (καθήσθω) usw.	
Inf.	εἶναι	ἰέναι	φάναι	κεῖσθαι	καθῆσθαι	
Ptz. (Flexion: §71/84f)	ὤν ὄντος οὖσα οὔσης ὄν ὄντος	(ἰών ἰόντος) usw.	φάσκων φάσκοντος usw.	κείμενος usw.	καθήμενος usw.	
Fut.	ἔσομαι usw., aber 3. Sg.: ἔσται		(φήσω) usw.	(κείσομαι) usw.	καθήσομαι (att. καθεδοῦμαι) usw.	

---

[1] Att. ἦν/ἦ   [2] *Ging.*   [3] Unatt.   [4] Att. ἦσαν.   [5] Dafür ἔσεσθε od. γίνεσθε   [6] Att. ἔστων.

Beachte: **166**

a) **εἰμί**:

R28 (1) Der Ind. Präs. (außer εἶ) ist enklitisch (§15f), wenn als Kopula (§212) gebraucht; als
K11 Vollverb (»da sein, existieren« o.ä.) jedoch ist er betont; im letzteren Fall sowie allge-
K58 mein nach οὐκ, ὡς, εἰ, καί, τοῦτ' und ἀλλ' lautet die 3. Sg.: ἔστι(ν).

(2) Die Komposita (immer betont) ziehen den Akzent nur im Ind. und Imp. zurück:
ἄπειμι *bin abwesend*, aber ἀπών *Abwesender*.

K44 (3) Für (οὐκ) ἔνεστι(ν) *es gibt (nicht)* steht auch (οὐκ) ἔνι.

b) **εἶμι**: Im NT kommt es nur als Kompositum (mit Präs.-Bdtg.) vor.

c) **φημί**: Der Ind. Präs. (außer 2. Sg.) ist enklitisch (§15f).

d) **κεῖμαι**:

(1) Es steht auch als Pf. Pass. zu τίθημι *setzen* (§167,200).

(2) Die Komposita ziehen nur im Ind. und Imp. den Akzent zurück: ἀντίκειται *es steht
entgegen*, aber ἐπικεῖσθαι *umdrängen*.

IV. Stammformenreihen wichtiger Verben

(vgl. §138)

Zu jedem Verb werden folgende Angaben gemacht (s. entsprechende Spalten; »—« **167**
weist auf das Fehlen einer Form hin):

33

- Präs. (z.B. παιδεύω *ich erziehe*), Hauptbedeutung des Verbs (*erziehen*),
- Verbalstamm (παιδευ-),
- Fut. Akt./Med. (παιδεύσω *ich werde erziehen*),
- Aor. Akt./Med. (ἐπαίδευσα *ich erzog*),
- Pf. Akt. (πεπαίδευκα *ich habe erzogen/bin Erzieher*),
- Pf. Med./Pass. (πεπαίδευμαι *ich habe für mich erzogen/ich bin erzogen*),
- Aor. Pass. (ἐπαιδεύθην *ich wurde erzogen*).
- Vereinzelte zusätzliche Hinweise sollen die formale Einordnung des Verbs ver-
  ständlicher machen (z.B. zu Nr. 21 das Verbaladj. χρηστός *gütig*); demselben Zweck
  dienen die eingeklammerten außerneutestamentlichen Formen.

(167)	Präsens bzw. Nennform	Verbalstamm	Futur	Aorist Akt./Med.

(33)
1. Verben der thematischen oder ω-Konjugation

a) verba vocalia

aa) verba vocalia non-contracta (§139f)

– einfaches Verb:

1	παιδεύω *erziehen*	παιδευ-	παιδεύσω	ἐπαίδευσα

– Verben mit **Besonderheiten**:

(1) mit σ im Passivstamm (teils ursprünglich, teils durch Analogie [»wucherndes« σ] entstanden)

2	ἀκούω *hören*	ἀκοϝ/ἀκου(σ)-	ἀκούσω	ἤκουσα
3	σείω *erschüttern*	σει(σ)-	σείσω	ἔσεισα
4	χρίω *salben*	χρῑ(σ)-	χρίσω	ἔχρισα
5	κελεύω *befehlen*	κελευ(σ)-	(κελεύσω)	ἐκέλευσα
6	κλείω *schließen*	κλει(σ)-	κλείσω	ἔκλεισα
7	κρούω *anklopfen*	κρου(σ)-	(κρούσω)	ἔκρουσα
8	ῥύομαι *retten*	ῥυ(σ)-	ῥύσομαι	ἐρρυσάμην
9	λούω *waschen*	λου(σ)-	λούσω/λούσομαι	ἔλουσα

(2) mit ursprünglichem ϝ-Stamm (ϝ > υ vor konsonantischen Ausgängen; Präs.-St.: αϝj > αι)

10	καίω *verbrennen*	καϝ/καυ-	κα**ύ**σω	ἔκα**υ**σα
11	κλαίω *weinen*	κλαϝ/κλαυ(σ)-	κλα**ύ**σω	ἔκλα**υ**σα

(3) mit Kürzung des Stammvokals vom Pf. Akt. an (quantitativer Ablaut [§22])

12	δύω/δύνω *versenken/versinken*	δῡ/δῠ-	(δύσω)	ἔδῡσα/(intr.:) **ἔδῡν**
13	θύω *opfern*	θῡ/θῠ-	(θύσω)	ἔθῡσα
14	λύω *lösen*	λῡ/λῠ-	λύσω	ἔλῡσα

(4) Präs. Akt. (att. Med.) mit aktivischem Aor. 2. Pass. (att. Wz.-Aor.)

15	φύω *wachsen*	φυ-	(φύσομαι)	

bb) verba vocalia contracta (§141ff)

– einfache Verben:

16	τιμάω *ehren*	τιμη-	τιμήσω	ἐτίμησα
17	ἰάομαι *heilen*	ἰᾱ-	ἰάσομαι	ἰασάμην
18	ποιέω *tun*	ποιη-	ποιήσω	ἐποίησα
19	δηλόω *zeigen*	δηλω-	δηλώσω	ἐδήλωσα

– Verben mit **Besonderheiten:**

(1) Verben auf -ηω (in Wörterbüchern und Grammatiken oft unter ζ**ά**ω bzw. χρ**ά**ομαι)

20	ζῶ *leben*	ζη-	ζήσω/ζήσομαι	ἔζησα/ἐβίωσα
21	χρῶμαι *gebrauchen*	χρη(σ)-	(χρήσομαι)	ἐχρησάμην

(2) Verben mit durchgängig kurzem Stammauslaut (z.T. mit σ und anderen Besonderheiten)

22	γελάω *lachen*	γελᾰ(σ)-	γελ**ά**σω	(ἐγέλασα)
23	κλάω *brechen*	κλᾰ(σ)-	(κλ**ά**σω)	ἔκλασα
24	σπάω *ziehen*	σπᾰ(σ)-	σπ**ά**σω	ἔσπασα
25	χαλάω *herablassen*	χαλᾰ(σ)-	χαλ**ά**σω	ἐχάλασα

Perfekt Aktiv	Perfekt Med./Pass.	Aorist Pass.	Bemerkungen

1 πεπαίδευκα	πεπαίδευμαι	ἐπαιδεύθην	

2 **ἀκήκοα**	(ἤκουσμαι)	ἠκούσθην	att.: Fut. Med.
3 (σέσεικα)	(σέσεισμαι)	ἐσείσθην	
4 (κέχρικα)	(κέχρι[σ]μαι)	(ἐχρίσθην)	χρῑστός *gesalbt*
5 (κεκέλευκα)	(κεκέλευσμαι)	(ἐκελεύσθην)	τὸ κέλευσμα *Kommandoruf*
6 (κέκλεικα)	κέκλεισμαι	ἐκλείσθην	
7 (κέκρουκα)	(κέκρουσμαι)	(ἐκρούσθην)	
8 –	–	ἐρρύσθην	
9 –	λέλου(σ)μαι	–	Med. *sich baden*

10 (κέκαυκα)	κέκαυμαι	ἐκαύθην	NT.: Aor. Pass. auch ἐκάην
11 (κέκλαυκα)	(κέκλαυ[σ]μαι)	(ἐκλαυ[σ]θην)	att.: Fut. Med.

12 (δέδῡκα)	δέδῡμαι	(ἐδύθην)	statt Wz.-Aor. ἔδῡν auch ἐδύην
13 (τέθῠκα)	τέθῠμαι	ἐτύθην	Aor. Pass.: τ statt θ (§31)
14 (λέλῠκα)	λέλῠμαι	ἐλύθην	

15 (πέφυκα)		ἐφύην *wuchs*	att.: Wz.-Aor. ἔφυν

16 τετίμηκα	τετίμημαι	ἐτιμήθην	
17 –	ἴᾱμαι	ἰάθην	
18 πεποίηκα	πεποίημαι	ἐποιήθην	
19 δεδήλωκα	δεδήλωμαι	ἐδηλώθην	

20 –	–	–	att.: Aor. ἐβίων, Pf. βεβίωκα
21 –	κέχρημαι	(ἐχρήσθην)	χρηστός *gütig*

22 –	(γεγέλασμαι)	(ἐγελάσθην)	att.: Fut. Med.
23 –	(κέκλασμαι)	ἐκλάσθην	
24 (ἔσπακα)	ἔσπασμαι	ἐσπάσθην	
25 (κεχάλακα)	κεχάλασμαι	ἐχαλάσθην	

26	ἀρκέω *genügen*	ἀρκε(σ)-	ἀρκέσω	ἤρκεσα
27	τελέω *vollenden*	τελε(σ)-	τελέσω	ἐτέλεσα
28	αἰνέω *loben*	αἰνε-	αἰνέσω	ᾔνεσα
29	φορέω *tragen*	φορε-	φορέσω	ἐφόρεσα

(3) mit ursprünglichem ϝ-Stamm (ϝ > υ vor konsonantischen Ausgängen)

| 30 | πλέω *zur See fahren* | πλεϝ/πλευ- | (πλεύσομαι) | ἔπλευσα |
| 31 | πνέω *wehen* | πνεϝ/πνευ- | (πνεύσομαι) | ἔπνευσα |

(4) mit anderen Besonderheiten

32	ἐάω (Ipf. **εἴ**ων) *zulassen*	ἐᾱ-	ἐάσω	**εἴ**ασα
33	διακονέω *dienen*	διακονη-	διακονήσω	διη̣κόνησα
34	πεινάω *hungern*	πεινᾱ-	πεινά̄σω	ἐπείνᾱσα
35	διψάω *dürsten*	διψη-	διψήσω	ἐδίψησα
36	δέω *binden* (vgl. §143)	δη/δε-	δήσω	ἔδησα
37	καλέω *rufen*	καλε/κλη-	καλέσω	ἐκάλεσα
38	ῥέω *fließen*	ῥεϝ/ῥευ/ῥυη-	ῥεύσω	ἐρρύην
39	χέω *gießen*	χεϝ/χυ-	χεῶ (χεεῖς usw.)	ἔχεα

b) verba muta (§145ff)

aa) Labialstämme

(1) mit reinem Stamm im Präs.

40	ἀλείφω *salben*	ἀλειφ-	ἀλείψω	ἤλειψα
41	βλέπω *blicken*	βλεπ-	βλέψω	ἔβλεψα
42	γράφω *schreiben*	γραφ-	γράψω	ἔγραψα
43	θλίβω *bedrücken*	θλιβ-	(θλίψω)	(ἔθλιψα)
44	λείπω *lassen*	λειπ/λιπ/λοιπ-	λείψω	ἔλιπον/ἔλειψα (unatt.)
45	πέμπω *schicken*	πεμπ/πομπ-	πέμψω	ἔπεμψα
46	σήπω *faulen*	σηπ-	(σήψω)	ἔσηψα
47	στρέφω *drehen*	στρεφ/στροφ/στραφ-	στρέψω	ἔστρεψα
48	τρέπω *wenden*	τρεπ/τροπ/τραπ-	(τρέψω)	ἔτρεψα
49	τρέφω *nähren*	θρεφ/θροφ/θραφ-	(θρέψω)	ἔθρεψα
50	τρίβω *reiben*	τριβ-	τρίψω	ἔτριψα

(2) mit Präs. auf -πτω

51	ἅπτω *anzünden*	ἁφ-	(ἅψω)	ἧψα
52	βάπτω *eintauchen*	βαφ-	βάψω	ἔβαψα
53	θάπτω *begraben*	θαφ-	(θάψω)	ἔθαψα
54	καλύπτω *verhüllen*	καλυβ-	καλύψω	ἐκάλυψα
55	κλέπτω *stehlen*	κλεπ/κλοπ/κλαπ-	κλέψω	ἔκλεψα
56	κόπτω *schlagen*	κοπ-	κόψω	ἔκοψα
57	κρύπτω *verbergen*	κρυφ-	(κρύψω)	ἔκρυψα
58	ῥίπτω *werfen*	ῥῑπ-	ῥίψω	ἔρριψα

26	–	–	ἠρκέσθην	Pass.: *sich genügen lassen*
27	τετέλεκα	τετέλεσμαι	ἐτελέσθην	att.: Fut. τελῶ
28	(ἤνεκα)	(ἤνημαι)	(ἠνέθην)	Pf. Pass.: η
29	(πεφόρηκα)	(πεφόρημαι)	(ἐφορήθην)	ab Pf. Akt. (att. ab Fut. Akt.): η

30	(πέπλευκα)			
31	(πέπνευκα)			

32	(εἴακα)	(εἴαμαι)	(εἰάθην)	
33			διηκονήθην	auch Ipf. διη-; att.: meist ἐδια-
34	(πεπείνηκα [att.])			att. wie ζήω
35	(δεδίψηκα [att.])			att. wie ζήω
36	δέδεκα	δέδεμαι	ἐδέθην	für δέομαι bzw. δεῖ s. Nr. 177
37	κέκληκα	κέκλημαι	ἐκλήθην	att.: Fut. καλῶ
38	(ἐρρύηκα)			Wz.-Aor.; att.: Fut. ῥυήσομαι
39	(κέχυκα)	κέχυμαι	ἐχύθην	Präs. auch χύννω; att.: Fut. χέω

40	(ἀλήλιφα)	(ἀλήλιμμαι)	ἠλείφθην	
41	(βέβλεφα)	(βέβλεμμαι)	ἐβλέφθην	
42	γέγραφα	γέγραμμαι	ἐγράφην	
43	(τέθλιφα)	τέθλιμμαι	(ἐθλίβην)	att.: Aor. Pass. ἐθλίφθην
44	(λέλοιπα)	λέλειμμαι	ἐλείφθην	

45	(πέπομφα)	(πέπεμμαι)	ἐπέμφθην	
46	σέσηπα	(σέσημμαι)	(ἐσάπην)	
47	(ἔστροφα)	ἔστραμμαι	ἐστράφην	bes. Pass. auch *sich umwenden*

48	(τέτροφα)	(τέτραμμαι)	ἐτράπην	
49	(τέτροφα)	τέθραμμαι	ἐτράφην	z.T. τ statt θ (§31)
50	(τέτριφα)	τέτριμμαι	ἐτρίβην	

51	–	(ἧμμαι)	ἥφθην	Med. *anrühren*
52	–	βέβαμμαι	(ἐβάφην)	
53	(τέταφα)	(τέθαμμαι)	ἐτάφην	z.T. τ statt θ (§31)
54		κεκάλυμμαι	ἐκαλύφθην	
55	(κέκλοφα)	(κέκλεμμαι)	(ἐκλάπην)	
56	(κέκοφα)	(κέκομμαι)	ἐκόπην	
57	(κέκρυφα)	κέκρυμμαι	ἐκρύβην	att.: Aor. Pass. ἐκρύφθην
58	(ἔρριφα)	ἔρριμμαι	(ἐρρίφ[θ]ην)	Präs. auch ῥιπτέω

bb) Gutturalstämme
(1) mit reinem Stamm im Präs.

59	ἄγω *führen*	ἀγ-	ἄξω	ἤγαγον
60	ἀνοίγω *öffnen*	-οιγ-	ἀνοίξω	ἤνοιξα/ ἀνέῳξα/ ἠνέῳξα
61	ἄρχω *herrschen*	ἀρχ-	ἄρξω	ἦρξα
62	ἄρχομαι *anfangen*	ἀρχ-	ἄρξομαι	ἠρξάμην
63	δέχομαι *aufnehmen*	δεχ-	δέξομαι	ἐδεξάμην
64	διώκω *verfolgen*	διωκ-	διώξω	ἐδίωξα
65	διαλέγομαι *sich unterhalten*	-λεγ-	(διαλέξομαι)	διελεξάμην
66	ἐκλέγομαι *erwählen*	-λεγ-	ἐκλέξομαι	ἐξελεξάμην
67	συλλέγω *sammeln*	-λεγ/λογ-	συλλέξω	συνέλεξα
68	πλέκω *flechten*	πλεκ-	(πλέξω)	ἔπλεξα
69	πνίγω *ersticken*	πνιγ-	(πνίξω)	ἔπνιξα
70	προσεύχομαι *beten*	-ευχ-	προσεύξομαι	προσηυξάμην
71	τήκω *schmelzen*	τηκ-	(τήξω)	(ἔτηξα)
72	φεύγω *fliehen*	φευγ/φυγ-	φεύξομαι	ἔφυγον
73	ψύχω *hauchen/kühlen*	ψυχ-	(ψύξω)	(ἔψυξα)

(2) mit Präs. auf -σσω

74	ἀλλάσσω *ändern*	ἀλλαγ-	ἀλλάξω	ἤλλαξα
75	κηρύσσω *verkünden*	κηρυκ-	κηρύξω	ἐκήρυξα
76	πλήσσω *schlagen*	πληγ-	(πλήξω)	ἔπληξα
77	ἐκπλήσσομαι *erschrecken*	πληγ/πλαγ-	(ἐκπλαγήσομαι)	
78	πράσσω *tun*	πραγ-	πράξω	ἔπραξα
79	τάσσω *ordnen*	ταγ-	τάξω	ἔταξα
80	φυλάσσω *bewachen*	φυλακ-	φυλάξω	ἐφύλαξα

(3) mit Präs. auf -ζω

81	κράζω *schreien*	κραγ-	κράξω (att. Med.)	ἔκραξα/ἔκραγον (auch ἐκέκραξα)
82	νυστάζω *einnicken/träge sein*	νυσταγ-	(νυστάξω)	ἐνύσταξα
83	ἐμπαίζω *verspotten*	-παιγ-	ἐμπαίξω	ἐνέπαιξα
84	στενάζω *seufzen*	στεναγ-	στενάξω	ἐστέναξα
85	στηρίζω *stärken*	στηριγ/δ-	στηρίξω	ἐστήρι·ξα/-ισα
86	σφάζω *schlachten*	σφαγ-	σφάξω	ἔσφαξα

(4) defektives Verb

87	*εἴκω	ϝικ-	–	–

cc) Dentalstämme
(1) mit reinem Stamm im Präs.

88	πείθω *überzeugen*, Pass. *sich überzeugen lassen, gehorchen*	πειθ-	πείσω	ἔπεισα
89	φείδομαι *(ver)schonen*	φειδ-	φείσομαι	ἐφεισάμην

59	(ἦχα)	ἦγμαι	ἤχθην	
60	ἀνέῳγα (att. ἀνέῳχα)	ἀνέῳγ-/ἤνοιγ-/ ἤνέῳγ·μαι (NT)	ἠνοίχ-/ἀνεῴχ-/ ἠνεῴχ·θην/ ἠνοίγην	Pf. Akt. *stehe offen*; att.: *habe geöffnet*
61	(ἦρχα)	(ἦργμαι)	(ἤρχθην)	
62		(ἦργμαι)		
63		δέδεγμαι	ἐδέχθην	
64	(δεδίωχα)	δεδίωγμαι	ἐδιώχθην	
65		–	διελέχθην	Pass. Med.-Bdtg.
66		ἐκλέλεγμαι	(ἐξελέχθην)	
67	(συνείλοχα)	συλλέλεγμαι	(συνελέγην)	att.: Pf. Pass. συνείλεγμαι
68	(πέπλεχα)	(πέπλεγμαι)	ἐπλάκην	außerhalb NT meist Aor. 1 Pass.
69	–	(πέπνιγμαι)	ἐπνίγην	
70		(προσηῦγμαι)		
71	–	(τέτηγμαι)	ἐτάκην	
72	πέφευγα			
73		(ἔψυγμαι)	ἐψύγην	att.: Aor. 1 Pass.

74	(ἤλλαχα)	ἤλλαγμαι	ἠλλάγην	att.: auch Aor. 1 Pass.
75	(κεκήρυχα)	(κεκήρυγμαι)	ἐκηρύχθην	
76	(πέπληχα)	(πέπληγμαι)	ἐπλήγην	
77			ἐξεπλάγην	*erschrecken* intr. Verb!
78	πέπραχα	πέπραγμαι	(ἐπράχθην)	
79	τέταχα	τέταγμαι	ἐτάγην/ἐτάχθην	
80	(πεφύλαχα)	(πεφύλαγμαι)	(ἐφυλάχθην)	

81	κέκραγα			Bdtg. Pf. Akt. *rufe laut*
82				
83	(ἐμπέπαιχα)	(ἐμπέπαιγμαι)	ἐνεπαίχθην	att.: Dentalstamm
84	–	(ἐστέναγμαι)		
85	(ἐστήρικα)	ἐστήριγμαι	ἐστηρίχθην	NT: meist als Gutturalst.
86	(ἔσφακα)	ἔσφαγμαι	ἐσφάγην	att.: σφάττω

| 87 | ἔοικα *gleiche* | | | |

| 88 | (πέπεικα) | πέπεισμαι *bin überzeugt* | ἐπείσθην | Pf.2: πέποιθα *vertraue* |
| 89 | | – | – | |

| 90 | ψεύδομαι *lügen* | ψευδ- | (ψεύσομαι) | ἐψευσάμην |

(2) mit Präs. auf -ζω
– auf -άζω

| 91 | ἁγιάζω *heiligen* | ἁγιαδ- | ἁγιάσω | ἡγίασα |
| 92 | ἐργάζομαι *arbeiten* | ἐργαδ- | (ἐργάσομαι) | εἰργασάμην |

– auf -ίζω mit futurum contractum

93	ἐλπίζω *hoffen*	ἐλπιδ-	ἐλπιῶ	ἤλπισα
94	ἐγγίζω *nahen*	ἐγγιδ-	ἐγγιῶ	ἤγγισα
95	καθαρίζω *reinigen*	καθαριδ-	καθαρ·ιῶ/-ίσω	ἐκαθάρισα
96	ῥαντίζω *besprengen*	ῥαντιδ-	(ῥαντιῶ)	ἐρράντισα

– auf -ίζω mit sigmatischem Fut. (att.: futurum contractum, wenn St. mit zwei oder mehr Silben)

97	βαπτίζω *taufen*	βαπτιδ-	βαπτίσω	ἐβάπτισα
98	γνωρίζω *kundtun*	γνωριδ-	γνωρίσω	ἐγνώρισα
99	εὐαγγελίζομαι *Gutes melden*	-αγγε-λιδ-	(εὐαγγελίσομαι)	εὐηγγελισάμην
100	καθίζω *(sich) setzen*	καθιδ-	καθ·ίσω (att. -ιῶ)	ἐκάθισα
101	χαρίζομαι *Gefallen tun*	χαριδ-	χαρίσομαι	ἐχαρισάμην
102	σαλπίζω *trompeten*	σαλπ·ιγγ-/NT -ιδ-	σαλπίσω	ἐσάλπισα
103	κτίζω *erschaffen*	κτιδ-	(κτίσω)	ἔκτισα

– auf -ύζω

| 104 | γογγύζω *murren* | γογγυδ- | (γογγύσω) | ἐγόγγυσα |

(3) mit Präs. auf -σσω

| 105 | πλάσσω *formen* | πλαθ- | (πλάσω) | ἔπλασα |

(4) mit zwei Stämmen

106	σῴζω *retten*	σῳδ/σω-	σώσω	ἔσωσα
107	ἁρπάζω *rauben*	ἁρπαδ-	ἁρπάσω	ἥρπασα
108	βαστάζω *tragen*	βασταδ-	βαστάσω	ἐβάστασα

(5) defektives Verb

| 109 | *ἔθω | σϝεθ- | | |

c) verba liquida (§151ff)
aa) Stämme auf -λ

110	ἀγγέλλω *melden*	ἀγγελ-	ἀγγελῶ	ἤγγειλα
111	ἐπαγγέλλομαι *verheißen*	-αγγελ-	ἐπαγγελοῦμαι	ἐπηγγειλάμην
112	βάλλω *werfen*	βαλ/βλη-	βαλῶ	ἔβαλον
113	στέλλω *senden*	στελ/σταλ-	στελῶ	ἔστειλα
114	ἀνατέλλω *aufgehen (lassen)*	-τελ/ταλ-	(ἀνατελῶ)	ἀνέτειλα
115	ἐντέλλομαι *beauftragen*	-τελ/ταλ-	ἐντελοῦμαι	ἐνετειλάμην
116	ἅλλομαι *springen*	ἁλ-	(ἁλοῦμαι)	ἡλάμην/ἡλόμην

bb) Stämme auf -ν
– mit reinem Stamm im Präs.

| 117 | μένω *bleiben* | μεν(η)- | μενῶ | ἔμεινα |

90	(ἔψευσμαι)		

91 (ἡγίακα)	ἡγίασμαι	ἡγιάσθην	
92	εἴργασμαι	εἰργάσθην	Aug. auch ἠ-

93 ἤλπικα	(ἤλπισμαι)	(ἠλπίσθην)	
94 ἤγγικα			
95 –	κεκαθάρισμαι	ἐκαθαρίσθην	
96	ῥεράντισμαι	(ἐρραντίσθην)	

97 (βεβάπτικα)	βεβάπτισμαι	ἐβαπτίσθην	
98 (ἐγνώρικα)	(ἐγνώρισμαι)	ἐγνωρίσθην	
99	εὐηγγέλισμαι	εὐηγγελίσθην	
100 κεκάθικα			
101 –	κεχάρισμαι	ἐχαρίσθην	
102			
103 (ἔκτικα)	ἔκτισμαι	ἐκτίσθην	

104 –	–	–	

105 (πέπλακα)	(πέπλασμαι)	ἐπλάσθην	

106 σέσωκα	σέσῳ(σ)μαι	ἐσώθην	
107 ἥρπακα	(ἥρπασμαι)	ἡρπάσθην	
108 –	–	–	außerhalb des NT: oft βασταγ-

109 εἴωθα			Pf. Akt. Bdtg. *bin gewohnt*

110 (ἤγγελκα)	ἤγγελμαι	ἠγγέλην	att.: Aor. 1 Pass.
111	ἐπήγγελμαι		
112 βέβληκα	βέβλημαι	ἐβλήθην	
113 ἔσταλκα	ἔσταλμαι	ἐστάλην	
114 ἀνατέταλκα			
115	ἐντέταλμαι	–	
116 –			

117 μεμένηκα			

– mit kurzem Stammvokal (im Präs. und Aor. Akt./Med. gedehnt bzw. ι eingefügt)

118	εὐφραίνομαι *sich freuen*	-φραν-	εὐφρανθήσομαι	
119	μιαίνω *beflecken*	μιαν-	μιανῶ	(ἐμίᾱνα)
120	ξηραίνω *dürr machen*	ξηραν-	(ξηρανῶ)	ἐξήρᾱνα
121	ποιμαίνω *weiden*	ποιμαν-	ποιμανῶ	ἐποίμᾱνα
122	σημαίνω *ein Zeichen geben*	σημαν-	(σημανῶ)	ἐσήμᾱνα
123	φαίνω *scheinen/leuchten*	φαν-	φανῶ	ἔφᾱνα
124	φαίνομαι *erscheinen*	φαν-	φανήσομαι	
125	κερδαίνω *gewinnen*	κερ·δαν/-δη-	κερ·δανῶ/-δήσω	ἐκέρ·δᾱνα/-δησα
126	κλίνω *lehnen, neigen*	κλῐ(ν)-	κλῑνῶ	ἔκλῑνα
127	κρίνω *richten*	κρῐ(ν)-	κρῑνῶ	ἔκρῑνα
128	ἀποκρίνομαι *antworten*	-κρῐ(ν)-	ἀποκρῐθήσομαι	
129	σκληρύνω *verhärten*	σκληρῠν-	(σκληρῠνῶ)	ἐσκλήρῡνα
130	αἰσχύνομαι *sich schämen*	αἰσχῠν-	αἰσχῠνθήσομαι	

– mit Ablaut

| 131 | ἀποκτείνω/-έννω *töten* | -κτεν/κτον/κταν- | ἀποκτενῶ | ἀπέκτεινα |

cc) Stämme auf -ρ

(1) mit α im Stamm ohne Ablaut

132	αἴρω *heben*	ἀρ-	ἀρῶ	ἦρα
133	καθαίρω *reinigen*	καθαρ-	(καθαρῶ)	ἐκάθᾱρα
134	χαίρω *sich freuen*	χαρ-	χαρήσομαι	

(2) mit ε im Stamm mit Ablaut (vom Pf. Akt. an)

| 135 | δέρω *prügeln* | δερ/δαρ- | (δερῶ) | ἔδειρα |
| 136 | σπείρω *säen* | σπερ/σπαρ- | (σπερῶ) | ἔσπειρα |

(3) mit ε im Stamm ohne Ablaut

| 137 | ἐγείρω *aufwecken/-richten* | ἐγερ- | ἐγερῶ | ἤγειρα |
| 138 | ἐγείρομαι *aufwachen* | ἐγερ/ἐγρ/ἐγορ- | ἐγερθήσομαι | (ἠγρόμην) |

d) Die »unregelmäßigen« Verben der thematischen Konjugation
aa) Verben mit Nasal im Präs.-Stamm
(1) mit vokalischem Stammauslaut

139	βαίνω *gehen*	βα/βη-	βήσομαι	**ἔβην** (§133)
140	ἐλαύνω *treiben, rudern*	ἐλαϝ/ἐλα(υ)-	(ἐλῶ, -ᾷς [!])	ἤλασα
141	πίνω *trinken*	πι/πω/πο-	πίομαι	ἔπιον (Inf. π[ι]εῖν)
142	τίνω *bezahlen, Strafe leiden*	τι-	τίσω	(ἔτισα)
143	φθάνω *zuvor-/ankommen*	φθα/φθη-	(φθήσομαι)	ἔφθασα

(2) mit konsonantischem und vokalischem Stammauslaut

144	αἰσθάνομαι *wahrnehmen*	αἰσθ(η)-	(αἰσθήσομαι)	ᾐσθόμην
145	ἁμαρτάνω *sündigen*	ἁμαρτ(η)-	ἁμαρτήσω	ἥμαρτον/ ἡμάρτησα
146	αὐξάνω *wachsen lassen*	αὐξ(η)-	αὐξήσω	ηὔξησα
147	βλαστάνω *sprießen (lassen)*	βλαστ(η)-	(βλαστήσω)	ἐβλάστησα

118		ηὐφράνθην	
119 (μεμίαγκα)	μεμίαμμαι	ἐμιάνθην	s.a. §154
120 –	ἐξήραμμαι	ἐξηράνθην	Pass. *vertrocknen*; s.a. §154
121			s.a. §154
122 (σεσήμαγκα)	(σεσήμασμαι)	(ἐσημάνθην)	s.a. §154
123 (πέφαγκα)	(πέφασμαι)	(ἐφάνθην)	att.: *zeigen*; s.a. §154
124 (πέφηνα [att.])	(πέφασμαι)	ἐφάνην	att.: *(er)scheinen*; Fut. auch Med.
125 (κεκέρδηκα)	(κεκέρδημαι)	ἐκερδήθην	St. κερδη- herrscht im NT vor
126 κέκλῐκα	(κέκλῐμαι)	ἐκλῐΘην	
127 κέκρῐκα	κέκρῐμαι	ἐκρῐΘην	
128	(ἀποκέκρῐμαι)	ἀπεκρῐΘην	att.: Fut./(NT 1x:) Aor. Med.
129		ἐσκληρύνθην	
130	(ᾔσχῠμμαι)	ᾐσχῠνθην	att.: Fut. Med.

R112

131 (ἀπέκτονα)		ἀπεκτάνθην	att.: ἀπέθανον als Aor. Pass.

132 ἦρκα	ἦρμαι	ἤρθην	
133 (κεκάθαρκα)	κεκάθαρμαι	(ἐκαθάρθην)	att.: Aor. Akt. ἐκάθηρα (§153f)
134 (κεχάρηκα)		ἐχάρην *freute m.*	att.: Fut. χαιρήσω

135 –	(δέδαρμαι)	ἐδάρην	
136 (ἔσπαρκα)	ἔσπαρμαι	ἐσπάρην	

137 (ἐγήγερκα)	ἐγήγερμαι	ἠγέρθην	
138 (ἐγρήγορα)	ἐγήγερμαι	ἠγέρθην	Aor. Med. und Pf. Akt. att.!

139 βέβηκα			
140 ἐλήλακα	(ἐλήλαμαι)	(ἠλάθην)	auch *ziehen* (intr.)
141 πέπωκα	(πέπομαι)	(ἐπόθην)	2. Sg. Fut.: πίεσαι!
142 (τέτικα)	(τέτισμαι)	(ἐτίσθην)	att.: ει statt ι ab Fut.
143 ἔφθακα			att.: Aor. auch ἔφθην (§133)

144	(ᾔσθημαι)		
145 ἡμάρτηκα	(ἡμάρτημαι)	(ἡμαρτήθην)	att.: Fut. Med.
146 (ηὔξηκα)	(ηὔξημαι)	ηὐξήθην	Pass. (selten Akt.) *wachsen*
147 (βεβλάστηκα)			att.: Aor. ἔβλαστον

| 148 | κάμνω *ermüden* | καμ(ε)/κμη- | (καμοῦμαι) | ἔκαμον |
| 149 | τέμνω *schneiden* | τεμ(ε)/τμη- | (τεμῶ) | ἔτεμον |

(3) Mutastämme mit Präs. auf -άνω und Nasaleinschub sowie anderen Besonderheiten

150	θιγγάνω *berühren*	θιγ-		ἔθιγον
151	λαγχάνω *erlangen*	λαχ/ληχ-	(λήξομαι)	ἔλαχον
152	λαμβάνω *nehmen*	λαβ/λη(μ)β-[2]	**λήμψομαι**[2]	ἔλαβον
153	λανθάνω *verborgen sein*	λαθ/ληθ-	(λήσω)	ἔλαθον
154	ἐπιλανθάνομαι *vergessen*	-λαθ/ληθ-	(ἐπιλήσομαι)	ἐπελαθόμην
155	πυνθάνομαι *sich erkundigen*	πυθ/πευθ-	(πεύσομαι)	ἐπυθόμην
156	τυγχάνω *treffen, erlangen*	τυχ(η)/τευχ-	(**τεύξομαι**)	ἔτυχον
157	μανθάνω *lernen*	μαθ(η)-	(μαθήσομαι)	ἔμαθον

(4) Gutturalstamm mit Präs. auf -νε

| 158 | ἀφικνέομαι *(hin)gelangen* | -ἱκ- | (ἀφίξομαι) | ἀφικόμην |

bb) Verben mit Präs. auf -σκω

(1) ohne Präs.-Reduplikation

159	ἀρέσκω *gefallen*	ἀρε-	ἀρέσω	ἤρεσα
160	γηράσκω *altern*	γηρᾰ/ᾱ-	(γηράσομαι)	ἐγήρᾱσα
161	ἀποθνῄσκω *sterben*	-θαν/θνη-	ἀποθανοῦμαι	ἀπέθανον
162	εὑρίσκω *finden*	εὑρ(η/ε)-	εὑρήσω (auch Med.)	εὗρον
163	διδάσκω *lehren*	διδαχ-	διδάξω	ἐδίδαξα
164	ἀναλίσκω/-λόω *verzehren*	-(ϝ)αλ(ω)-	ἀνᾱλώσω	ἀνήλωσα
165	ἱλάσκομαι *(ver)sühnen*	ἱλα(σ)-	(ἱλάσομαι)	(ἱλασάμην)

(2) mit Präs.-Reduplikation

166	γῑνώσκω (att. γῐγνω-) *erkennen*	γνω(σ)-	γνώσομαι	**ἔγνων** (§133)
167	ἀναμιμνῄσκω *erinnern*	-μνη(σ)-	ἀναμνήσω	ἀνέμνησα
168	μιμνῄσκομαι *sich erinnern*	μνη(σ)-	μνησθήσομαι	
169	πιπράσκω *verkaufen*	πρᾱ-	ἀποδώσομαι	ἀπεδόμην

cc) »E-Klasse«: Stamm z.T. durch einen E-Laut erweitert

(1) E-Laut nur im Präs.

170	δοκέω *meinen, scheinen*[1]	δοκ(ε)-	(δόξω)	ἔδοξα
171	ὠθέω *stoßen*	ὠθ(ε)-	(ὤσω)	ἔωσα
172	ἐξωθέω *vertreiben*	-ωθ(ε)-		ἐξῶσα
173	ἀπωθέομαι *verwerfen*	-ωθ(ε)-	(ἀπώσομαι)	ἀπωσάμην

(2) E-Laut im Präs. und anderen Tempora

| 174 | γαμέω *heiraten* | γαμ(ε/η)- | γαμῶ | ἔγημα/ἐγάμησα |
| | Klass.: Akt.: Mann eine Frau; Med.: Frau einen Mann. – Im NT: Akt.: für beide Fälle; Frau einen | | | |

(3) E-Laut nur außerhalb des Präs.

| 175 | βούλομαι *wollen* | βουλ(η)- | (βουλήσομαι) | |

---

[1] εὐδοκέω *Wohlgefallen haben* ganz wie ποιέω (Nr. 18). [2] Aor. Pass. und Fut. att. λη- statt λημ-.

148 (κέκμηκα)			att. *sich abmühen*
149 (τέτμηκα)	τέτμημαι	ἐτμήθην	

150			
151 (εἴληχα)	(εἴληγμαι)	(ἐλήχθην)	
152 εἴληφα	εἴλημμαι	ἐλήμφθην²	att.: Imp. Aor. Akt. λαβέ (§127)
153 (λέληθα)			
154	ἐπιλέλησμαι		
155	(πέπυσμαι)		
156 τέτυχα (Koine: τέτευχα)			att.: Pf. Akt. τετύχηκα
157 μεμάθηκα			

158	(ἀφῖγμαι)		

159			
160 (γεγήρᾱκα)			
161 τέθνηκα			Präs. <*-θνῄσκω
162 εὕρηκα	(εὕρημαι)	εὑρέθην	vgl. §118f; att.: Imp. Aor. εὑρέ
163 (δεδίδαχα)	(δεδίδαγμαι)	ἐδιδάχθην	
164 (ἀνήλωκα)	(ἀνήλωμαι)	ἀνηλώθην	
165	–	ἱλάσθην	

166 ἔγνωκα	ἔγνωσμαι	ἐγνώσθην	

167 –		ἀνεμνήσθην	Präs. <*-μιμνῄσκω
168	μέμνημαι *gedenke*	ἐμνήσθην	
169 πέπρᾱκα	πέπρᾱμαι	ἐπρᾱθην	Präs. meist πωλέω/ἀποδίδομαι

170 –	(δέδοκται)		δοκεῖ μοι *mir scheint, glaube*
171 (ἔωκα)	(ἔωσμαι)	ἐώσθην	NT nur in Komposita
172			
173			

174 γεγάμηκα Mann auch Pass.	(γεγάμημαι)	ἐγαμήθην	ἐγάμησα unatt.

K21 **175**	(βεβούλημαι)	ἐβουλήθην	2. Sg. βούλει

176	γίνομαι (att. γίγν-) *werden*	γεν(η)/γον/γν-	γενήσομαι	ἐγενόμην
177	δέομαι *bitten*	δε(η)-	(δεηθήσομαι [att. Med.])	
178	θέλω (att. ἐθέλω) *wollen*	θελ(η)-	θελήσω (att. ἐθε-)	ἠθέλησα
179	μέλλω *im Begriff sein, sollen*	μελλ(η)-	μελλήσω	(ἐμέλλησα)
180	μέλει μοι *mir liegt (an etw.)*	μελ(η)-	μελήσει	ἐμέλησεν
181	μεταμέλομαι *bereuen*	-μελ(η)-	μεταμεληθήσομαι	
182	διανέμω *verteilen*	-νεμ(η)-	(διανεμῶ)	(διένειμα)

(4) E-Laut nur im Pf. Akt. (s.a. Nr. 117)

183	οἴχομαι *fortgehen*	οἰχ(η)-	(οἰχήσομαι)	

(5) mit υ(σ)-Erweiterung außerhalb des Präs.

184	ἕλκω *ziehen* (tr.)	ἑλκ/ἑλκυ(σ)-	ἑλκύσω	εἵλκυσα

dd) Mischklasse (mit wesentlich verschiedenen Tempusstämmen)

185	αἱρέω *nehmen*	αἱρε/η-, ἑλ-	αἱρήσω	εἷλον (Inf. ἑλεῖν)
	Med. *wählen*; Pass. *genommen/gewählt werden*			
186	ἀναιρέω *beseitigen, töten*	-αἱρε/η-, -ἑλ-	ἀνελῶ	ἀνεῖλον
187	ἔρχομαι *kommen*	ἐρχ/ἐλ(ε[υ])θ-	ἐλεύσομαι (att. εἶμι [§165])	ἦλθον (Imp. ἐλθέ, εἴσελθε)
188	ἐσθίω[1]/βιβρώσκω *essen*	ἐσθ(ι)/φαγ/βρω-	φάγ·ομαι (-εσαι)	ἔφαγον
189	ἔχω (Ipf. εἶχον) *haben*	ἐχ/ἑχ/σχ(η)-	ἕξω (att. auch σχήσω)	ἔσχον (Inf. σχεῖν)
190	ἀνέχομαι *ertragen*	-εχ/ἑχ/σχ(η)-	ἀνέξομαι	ἀνεσχόμην[2]
191	λέγω *sagen*	λεγ/Ϝειπ/Ϝερ/Ϝρη-	ἐρῶ	εἶπον (Imp. εἰπέ)
	auch φημί (§165); außer προ- und ἀντιλέγω Komposita von λέγω nach Nrn. 65ff.			
192	ὁράω (Ipf. ἑώρων) *sehen*	ὁρα/ὀπ/(Ϝ)ιδ-	ὄψομαι	εἶδον (Inf. ἰδεῖν)
193	πάσχω (<*παθσκω) *leiden*	παθ/πενθ/πονθ-	(πείσομαι[3])	ἔπαθον
194	πίπτω *fallen*	πετ/πεσ(ε)/πτ(ω)-	πεσοῦμαι	ἔπεσον
195	τίκτω (<*τιτκω) *gebären*	τεκ/τκ/τοκ-	τέξομαι	ἔτεκον
196	τρέχω *laufen*	θρεχ/δραμ(η)-	(δραμοῦμαι)	ἔδραμον
197	τύπτω *schlagen*, bildet nur Präs.; sonst ersetzt durch πατάσσω, παίω, πλήσσω			
198	φέρω *tragen*	φερ/οἰ/ἐνε(γ)κ/ἐνοκ-	οἴσω	ἤνεγκον/ἤνεγκα
199	ἕπομαι (Ipf. εἱπόμην) *folgen*	ἑπ/σπ-	(ἕψομαι)	(ἑσπόμην)

2. Verben der athematischen oder μι-Konjugation (§156ff)

a) Die Großen Vier auf -μι (§160ff)

200	τίθημι *setzen*	θη/θε-	θήσω	ἔθηκα	K53
201	δίδωμι *geben*	δω/δο-	δώσω	ἔδωκα	K52
202	ἵημι *senden*	ἡ/ἑ-	ἥσω	ἧκα	K53
203	ἀφίημι (Ipf. ἠφίον) *vergeben*	-ἡ/ἑ-	ἀφήσω	ἀφῆκα	K53

---

[1] Auch ἔσθω.

[2] Att. häufiger (doppelt augmentiert): ἠνεσχόμην (analog Ipf.: ἠνειχόμην, Pf. [Redupl.]: ἠνέσχημαι).

[3] <πενθ-.

176	γέγονα	γεγένημαι	ἐγενήθην	Akt./Med./Pass. gleiche Bdtg.!
177		(δεδέημαι)	ἐδεήθην	δεῖ *es ist nötig*
178	(τεθέλ-/ἠθέλ·ηκα)			
179				Ipf. ἤμελλον, auch ἔμελλον
180				
181		(μεταμεμέλημαι)	μετεμελήθην	
182	(διανενέμηκα)	(διανενέμημαι)	διενεμήθην	

183		ᾤχημαι		

184	(εἴλκυκα)	(εἴλκυσμαι)	(εἱλκύσθην)	

185	(ᾕρηκα)	ᾕρημαι	ᾑρέθην	
186			ἀνηρέθην	
187	ἐλήλυθα (Plspf. ἐληλύθειν)			statt Pf. auch ἥκω
188	βέβρωκα	(βέβρωμαι)	(ἐβρώθην)	att.: Fut. ἔδομαι
189	ἔσχηκα	(ἔσχημαι)		Imp. Aor. σχές
190		(ἀνέσχημαι)		Imp. Aor. ἀνάσχου
191	εἴρηκα	εἴρημαι	ἐρρέθην (Inf./Ptz. ῥηθ-)	
192	ἑώρακα	ἑώραμαι	ὤφθην	Imp. Aor. ἴδε, att. ἰδέ[4], Pf. att. ἑό-
193	πέπονθα			
194	πέπτωκα			Präs.-Redupl. (§121)
195	(τέτοκα)		ἐτέχθην	Präs.-Redupl. (§121)
196	(δεδράμηκα)			
197				att. Fut. τυπτήσω
198	ἐνήνοχα	(ἐνήνεγμαι)	ἠνέχθην	Imp. Aor. ἔνεγκε
199				Konj. Aor. σπῶμαι

200	τέθεικα	τέθειμαι/κεῖμαι	ἐτέθην (§31)	att.: Pf. Akt. τέθηκα
201	δέδωκα	δέδομαι	ἐδόθην	
202	εἷκα	ἕωμαι (att. εἷμαι)	ἕθην (att. εἵθην)	
203	ἀφεῖκα	ἀφέωμαι	ἀφέθην	att. vgl. Nr. 202

---

[4] Vom selben Stamm abgeleitet ist das Verb οἶδα *ich weiß* (s.a. §137).

204 ἵστημι *stellen*	στη/στα-	στήσω	ἔστησα	K53
205 ἵσταμαι *treten*	στη/στα-	στήσομαι od. (unatt.) σταθήσομαι	ἔστην (§133) od. (unatt.) ἐστάθην	K53

b) Verben, die wie ἵστημι/ἵσταμαι flektiert werden (§160ff)

206 ὀνίνημι *nützen*	ὀνη/ὀνα-	(ὀνήσω)	(ὤνησα)/ὠνάμην[5]	
207 πίμπλημι *anfüllen*	πλη(σ)-	(πλήσω)	ἔπλησα	
208 δύναμαι *können* (2. Sg. δύν·ασαι/-ῃ)	δυνη/δυνα(σ)-	δυνήσομαι		K54
209 ἐπίσταμαι *verstehen*	ἐπιστη/ἐπιστα-	(ἐπιστήσομαι)		
210 πίμπρημι *verbrennen* (tr.)	πρη(σ)/πρα-	(πρήσω)	ἔπρησα	K54
211 κίχρημι *leihen*	χρη-	(χρήσω)	ἔχρησα	

c) Verben auf -(ν)νυμι (§160ff)

aa) Gutturalstämme (Präs.: -νυμι)

212 δείκνυμι *zeigen*	δεικ-	δείξω	ἔδειξα	
213 ζεύγνυμι *verbinden*	ζευγ-	(ζεύξω)	ἔζευξα	K55
214 ἄγ·νυμι, κατάγ- *zerbrechen*	(ϝ)αγ/ἐαγ-	κατ(ε)άξω	κατέαξα	
215 μ(ε)ίγνυμι *mischen*	μιγ-	(μ[ε]ίξω)	ἔμ(ε)ιξα	
216 πήγνυμι *befestigen*	πηγ/παγ-	(πήξω)	ἔπηξα	
217 ῥήγνυμι/ῥήσσω *(zer)reißen*	ῥηγ/ῥαγ-	ῥήξω	ἔρρηξα	

bb) Liquidastämme (Präs.: -νυμι; -λνυμι; -λλυμι)

218 ἀπόλλυμι *zugrunde richten*	-ολ(ε)-	ἀπολέσω[6]	ἀπώλεσα	
219 ἀπόλλυμαι *zugrunde gehen*	-ολ(ε)-	ἀπολοῦμαι	ἀπωλόμην	K55
220 ὄμνυμι/ὀμνύω *schwören*	ὀμ(ο)-	(ὀμοῦμαι)	ὤμοσα	K55

cc) Stämme auf -σ (-σνυμι ; -ννυμι) — K55

221 ἀμφιέννυμι *bekleiden*	(ϝ)εσ-	(ἀμφιῶ)	(ἠμφίεσα)	
222 σβέννυμι *löschen*	σβεσ/σβη-	σβέσω	ἔσβεσα	
223 σβέννυμαι *erlöschen*	σβεσ/σβη-	(σβήσομαι)	(**ἔσβην** [§133])	
224 ζώννυμι *gürten*	ζωσ-	ζώσω	ἔζωσα	

dd) Stämme mit vokalischem Auslaut (z.T. mit -σ; Präs.: -ννυμι)

225 κεράννυμι *mischen* (Wein)	κερα(σ)/κρα-	(κερῶ, -ᾷς [!])	ἐκέρασα	
226 κρεμάννυμι *hängen* (tr.)	κρεμα(σ)-	(κρεμῶ, -ᾷς [!])		
227 ῥώννυμι *stärken*	ῥω(σ)-	(ῥώσω)	(ἔρρωσα)	
228 στρώννυμι *ausbreiten*	στρω-	(στρώσω)	ἔστρωσα	

Zu den Wurzelpräsentien s. §165f.

---

[5] Att. ὠνήμην.

[6] Att. ἀπολῶ.

| 204 | | ἐστάθην | |
| 205 | ἕστηκα (§136!) *stehe*
(εἱστήκειν *stand*) | | |

206			Med. *Nutzen/Freude haben*
207	(πέπληκα)	πέπλησμαι	ἐπλήσθην	dafür auch πληρόω/γεμίζω
208		(δεδύνημαι)	**ἠ**δυνήθην/ **ἠ**δυνάσθην	Aug. ἠ- oder ἐ-;
209			(ἠπιστήθην)	
210	(πέπρηκα)	(πέπρησμαι)	(ἐπρήσθην)	
211	(κέχρηκα)	(κέχρημαι)		

212	(δέδειχα)	δέδειγμαι	ἐδείχθην	
213	–	(ἔζευγμαι)	(ἐζεύχθην)	
214	κατέαγα *bin zerbrochen*		κατεάγην	
215	–	μέμ(ε)ιγμαι	(ἐμ[ε]ίχθην)	
216	(πέπηγα *bin fest*)		(ἐπάγην)	
217	(ἔρρωγα *bin zerbrochen*)		(ἐρράγην)	Pass. *(zer)reißen* (intr.)

218	(ἀπολώλεκα)			auch *verlieren*
219	ἀπόλωλα *bin verloren*			auch *verloren gehen*
220	(ὀμώμοκα)			

221		ἠμφίεσμαι		Med. *sich bekleiden*
222		(ἔσβεσμαι)	(ἐσβέσθην)	
223	(ἔσβηκα *bin erloschen*)			
224		ἔζωσμαι	(ἐζώσθην)	Med. *sich gürten*

225		κεκέρασμαι	(ἐκράθην)	att.: Pf. Pass. κέκραμαι
226		(κρέμαμαι)	ἐκρεμάσθην	Pf. Pass. *hänge* (intr.)
227		ἔρρωμαι	(ἐρρώσθην)	
228		ἔστρωμαι	ἐστρώθην	

Dritter Teil: Syntax

A. Der Satz und seine Bestandteile

I. Der Satz

1. Definition

168
34
Sätze bestehen aus Wörtern bzw. Wortformen – in einer bestimmten Weise angeordnet[1] – (Satzform) und drücken einen vollständigen Gedanken (Satzinhalt) aus.

2. Einteilung der Sätze (H-S §266a):

169
35
a) Nach der **Art des Prädikats** bzw. Prädikatsverbandes:

aa) **Verbalsatz** (Präd. = Verb):

ἐδάκρυσεν ὁ Ἰησοῦς *Jesus weinte* (Jh 11,35);

bb) **Nominalsatz** (Prädikatsverb – »Kopula« – fehlt):

κύριος _ Ἰησοῦς Χριστός *Jesus Christus [ist] der Herr* (Phil 2,11).

170
36
b) Nach ihrer **syntaktischen Verwendbarkeit**:

aa) **Hauptsätze** (»HS«) (unabhängige/selbständige Sätze, s. §451ff):

ἐγώ εἰμι ἡ θύρα *ich bin die Tür* (Jh 10,9);

bb) **Nebensätze** (»NS«) (abhängige Glied- und Attributsätze, s. §460f):

... ἵνα ζωὴν ἔχωσιν ... *damit sie das Leben haben* (Jh 10,10).

171
37
c) Nach ihrer **kommunikativen Funktion** (Satzinhalt):

aa) **Behauptungssätze** (HS: §451; NS: §460f):

γινώσκω τὰ ἐμά *ich kenne die Meinen* (Jh 10,14);

bb) **Begehrungssätze** (HS: §452f; NS: §462):

ἀκολούθει μοι *Folge mir nach!* (Mk 2,14);

cc) **Fragesätze**[2] (HS: §454ff; NS:§463ff):

πῶς δυνάμεθα τὴν ὁδὸν εἰδέναι; *Wie können wir den Weg kennen?* (Jh 14,5).

3. Verbindung von Sätzen (H-S §266b):

172
38
a) **Satzreihe**: Aneinanderreihung (»Parataxe«, Nebenordnung) von Hauptsätzen: »syndetisch«, wenn durch »Konnektoren« (meist Konjunktionen) verknüpft, »asyndetisch«, wenn Verbindungswörter fehlen, z.B. Mk 6,1 (dreimal HS mit καί *und* [also syndetisch]):

---

[1] Hauptaufgabe der Syntax ist es, die für diese Anordnung geltenden Regeln darzustellen. Um Anordnungsregeln im engeren Sinne geht es bei der Wortstellung. Dazu s. §214; 219ff; 444; 491ff; 507ff.

[2] Manche sprechen noch von einem vierten Satztypus, von **Ausrufesätzen** (vgl. z.B. §268). Andere sehen darin einen Untertypus zu den Behauptungssätzen, was angesichts dessen typischen Informationsgehaltes durchaus sinnvoll erscheint (in der Form steht er aber meist den Fragesätzen näher).

HS1	Καὶ ἐξῆλθεν ἐκεῖθεν
	Von dort brach [Jesus] auf
HS2	καὶ ἔρχεται εἰς τὴν πατρίδα αὐτοῦ,
	und kam in seine Heimatstadt,
HS3	καὶ ἀκολουθοῦσιν αὐτῷ οἱ μαθηταὶ αὐτοῦ
	und seine Jünger begleiteten ihn

b) **Satzgefüge**: Verbindung von Haupt- und Nebensätzen (»Hypotaxe«, Unterordnung), **173**
z.B. Jh 3,16 (einmal HS, zweimal NS):   *39*

HS	οὕτως γὰρ ἠγάπησεν ὁ θεὸς τὸν κόσμον	
	Denn Gott hat die Welt so sehr geliebt,	
	NS1	ὥστε τὸν υἱὸν τὸν μονογενῆ ἔδωκεν
		dass er seinen einzigen Sohn hergab,
		NS2 — ἵνα πᾶς ὁ πιστεύων εἰς αὐτὸν μὴ ἀπόληται ἀλλ᾽ ἔχῃ ζωὴν αἰώνιον
		damit jeder, der an ihn glaubt, nicht verloren geht,
		sondern das ewige Leben hat.

II. Die Satzteile

Die Bestandteile von Sätzen (Wörter, Wortgruppen bzw. Nebensätze; vgl. §205-208) las-   **174**
sen sich aufgrund der Rolle, die sie beim Ausdrücken des Satzinhaltes innehaben, be-   *40*
stimmten Kategorien zuordnen. Die selbständigen Teile nennt man (1) **Satzglieder** (§175-
199), eine wichtige Art unselbständiger Satzteile (2) **Attribute** (§202-204; vgl. H-S §127).

1. Die Satzglieder (H-S §254-260)

a) *Notwendige Satzglieder* (H-S §255-258)

Ein grammatisch vollständiger Satz hat in der Regel folgende **notwendigen Satzglieder**   **175**
(H-S §255-258):   *41*
aa) **Subjekt** (»Subj.«), »Satzgegenstand« (»Wer oder was tut oder ist?«).   **176**
bb) **Prädikat** (»Präd.«), »Satzaussage«, bzw. **Prädikatsverband**, »Satzaussageglieder«   **177**
(»Was tut oder ist das Subjekt?«), entweder   *43*
(1) ergänzungsloses Präd. (meist konjugiertes Verb; nicht besonders häufig):   **178**
          ὁ υἱός σου (Subj.) ζῇ (Präd.) *dein Sohn lebt* (Jh 4,50), oder   *44*
(2) Prädikatsverband, d.h. das Präd. (Verb) verbunden mit einer oder mehreren dazu ge-   **179**
hörenden obligatorischen[1] **Ergänzungen** (»Erg.«; gilt in den meisten Fällen), d.h.   *45*

---

[1] Es gibt allerdings Ergänzungen, die unter bestimmten Voraussetzungen, wegfallen können.

180 (a) mit **Objekten** (»Obj.«) (die vom Verbalvorgang mehr oder weniger direkt betroffene
 46 Größe wird bezeichnet), d.h. Akkusativ- (»Wen/Was?«), Genitiv- (»Wessen?«), Dativ-
(»Wem?«) bzw. Präpositionalobjekten (z.B. »Mit wem oder was?«), »Akk/Gen/Dat/
PräpO«, z.B.

> δίδωμι (Subj./Präd.) **αὐτοῖς** (DatO) **ζωὴν αἰώνιον** (AkkO) *ich gebe ihnen ewiges
> Leben* (Jh 10,28);

181 (b) mit **Subjekts-** oder **Objektsergänzungen** (das Subj. bzw. Obj. wird näher be-
 47 stimmt) – herkömmlich **Prädikatsnomen** (»Präd.-Nom.«) bzw. **Subjektsprädikativ**
(»Subj.-Präd.«) und **Objektsprädikativ** (»Obj.-Präd.«) genannt:

182 – Subjekts- bzw. Objektsgröße und Ergänzungsgröße werden mehr oder weniger gleich-
 48 gesetzt (»identifiziert«: Identifikationsergänzungen):

> οὗτός (Subj.) ἐστιν (Präd., »Kopula«) **ὁ υἱός μου** (Präd.-Nom.: Subjekts[identifi-
> kations]ergänzung) *... dies ist mein ... Sohn* (volle Gleichsetzung) (Mt 3,17);
>
> αὐτὴ (Subj.) ἦν (Präd., »Kopula«) **χήρα** (Präd.-Nom.: Subjekts[identifikations]er-
> gänzung) *sie war Witwe* (Klassifizierung) (Lk 7, 12);
>
> ἐκάλουν (Präd./Subj.) ... τὸν Βαρναβᾶν (AkkO) **Δία** (Obj.-Präd.: Objekts[identifika-
> tions]ergänzung) *sie nannten Barnabas Zeus* (wohl volle Gleichsetzung) (Apg 14,12);

183 – die Beschaffenheit der Subjekts- bzw. Objektsgröße wird bezeichnet (Artergänzungen):
 49

> **μακάριοί** (Präd.-Nom.: Subjekts[art]ergänzung) εἰσιν (Präd.: »Kopula«) ἐκεῖνοι
> (Subj.) *jene sind glücklich* (Lk 12, 38);
>
> **καινὰ** (Obj.-Präd.: Objekts[art]ergänzung) ποιῶ (Präd./Subj.) πάντα (AkkO) *ich
> mache alles neu* (Apk 21,5);

184 (c) mit **Umstandsergänzungen/notwendigen Adverbialien** (die Umstände des Verbal-
 50 vorgangs werden bezeichnet) – herkömmlich z.T. **Prädikatsnomen** und **Objektsprädi-
kativ** genannt (vgl. oben §181-183; auch §188-198)

– des **Ortes** (lokal: »LokE«) (»Wo?« o.ä.);

– der **Zeit** (temporal: »TempE«) (»Wann?« o.ä.);

– der **Art und Weise** (modal: »ModE«) (»Wie?« o.ä.);

– der **Begründung**, d.h. des Grundes (kausal: »KausE«) (»Warum?«), der **Bedingung**
(konditional: »KondE«) (»In welchem Fall?«), der **Folge** (konsekutiv: »KonsE«) (»Mit
welcher Folge?«), der **Absicht** (final: »FinE«) (»Wozu?«), der **Einräumung** (konzes-
siv: »KonzE«) (»Trotz welcher Umstände?«), des **Mittels** (instrumental: »InstrE«)
(»Womit/Wodurch?«), des **Interesses** (»IntE«) (»Zu wessen Vor- oder Nachteil?«), z.B.

> **σὺν ὑμῖν** (LokE/Präd.-Nom.) εἰμι (Präd./Subj.) *ich bin bei euch* (Kol 2,5).

185 Merke: Es gibt Ergänzungen, d.h. bestimmte Adjektive und Adverbien, die ihrerseits
 51 (ähnlich wie ihnen entsprechende Verben) Ergänzungen nach sich ziehen, z.B. das Adj.
ἔνοχος *schuldig* ein Genitivobjekt zweiten Grades (»GenO/2. Grades«), etwa

> ἔνοχός (Präd.-Nom.) ἐστιν (Präd./Subj.) **αἰωνίου ἁμαρτήματος** (GenO/2. Gra-
> des) *er ist einer ewigen Sünde schuldig* (Mk 3,29);

vgl. auch Kol 1,10 (Adv. ἀξίως *würdig* mit GenO/2. Grades).

Die Grundstruktur des Satzes mit seinen notwendigen Satzgliedern nennen wir **Satzmu-** **186**
ster (andere »Satzbauplan«). Jedes Präd. (Verb) hat sein Satzmuster, in manchen Fällen *52*
auch mehrere, so z.B. πιστεύω *glauben* u.a. Subj.+Präd.+AkkO(Sache), Subj.+Präd.+
DatO(Person) und Subj.+Präd.+PräpO(Person).[2] Die durch Adjektive und Adverbien
bedingten Ergänzungsstrukturen (vgl. oben §185) sollen »Muster zweiten Grades«
heißen. Eine Übersicht über die wichtigeren Satzmuster und Muster zweiten Grades des
neutestamentlichen Griechisch findet sich unter §231f.

b) *Freie Satzglieder* (H-S §259)

Neben den notwendigen Satzgliedern können Sätze folgende **freie**, d.h. für die gramma- **187**
tische Vollständigkeit entbehrliche, wegstreichbare, **Satzglieder** haben (H-S §259): *53*
aa) **Umstandsangaben/(freie)Adverbialien** (die Umstände des Verbalvorgangs werden **188**
bezeichnet, vgl. oben §184): *54*
(1) des **Ortes** (Lokalangabe, lokales Adverbiale [»LokA«]) (»Wo?«, »Woher?« usw.): **189**
      ἐκεῖ (LokA) αὐτὸν (AkkO) ὄψεσθε (Präd./Subj.) *dort werdet ihr ihn sehen* (Mt 28,7); *55*
(2) der **Zeit** (Temporalangabe, temp. Advl. [»TempA«]) (»Wann?«, »Seit wann?« usw.): **190**
      ἐτέχθη (Präd.) ... **σήμερον** (TempA) σωτήρ (Subj.) *heute ist ... ein Retter geboren* *56*
      worden (Lk 2,11);
(3) der **Art und Weise** (Modalangabe, mod. Advl. [»ModA«]) (»Wie?«):[3] **191**
      ἀσμένως (ModA) ἀπεδέξαντο (Präd.) ἡμᾶς (AkkO) οἱ ἀδελφοί (Subj.) *die* *57*
      Brüder nahmen uns freudig auf (Apg 21,17);
(4) des **Grundes** (Kausalangabe, kaus. Advl. [»KausA«]) (»Warum?«): **192**
      διὰ τοῦτο (KausA) λέγω (Präd./Subj.) ὑμῖν (DatO) ... *deshalb sage ich euch ...* (Mt 6,25); *58*
(5) der **Bedingung** (Konditionalangabe, kond. Advl. [»KondA«]) (»In welchem Fall?«): **193**
      εἰ κεκοίμηται (KondA: NS) σωθήσεται (Präd./Subj.) *wenn er eingeschlafen ist,* *59*
      wird er gesund werden (Jh 11,12);
(6) der **Folge** (Konsekutivangabe, kons. Advl. [»KonsA«]) (»Mit welcher Folge?«): **194**
      ἐθεράπευσεν (Präd./Subj.) αὐτόν (AkkO), **ὥστε τὸν κωφὸν λαλεῖν** (KonsA: NS) *60*
      er heilte ihn, sodass der Stumme redete (Mt 12, 22);
(7) der **Absicht** (Finalangabe, fin. Advl. [»FinA«]) (»Wozu?«): **195**
      ἦλθεν (Präd./Subj.) ... **ἵνα μαρτυρήσῃ** ... (FinA: NS) *er kam ..., um Zeugnis ...* *61*
      abzulegen (Jh 1,7);
(8) der **Einräumung** (Konzessivangabe, konz. Advl. [»KonzA«]) (»Trotz welcher Umstände?«): **196**
      καίπερ ὢν υἱός (KonzA: part. coni.), ἔμαθεν ... (Präd./Subj.) *obwohl er der Sohn* *62*
      war, lernte er ... (Hb 5,8);
(9) des **Mittels** (Instrumentalangabe, instr. Advl. [»InstrA«]) (»Womit/Wodurch?«): **197**
      ἐν μαχαίρῃ (InstrA) ἀπολοῦνται (Präd./Subj.) *sie werden durch das Schwert* *63*
      umkommen (Mt 26,52);

---

[2] In Anlehnung an die chemische Terminologie spricht man hier gewöhnlich von »Wertigkeit« bzw.
»Valenz« des Verbs (bzw. des Adjektivs oder Adverbs).
[3] Hier kann man auch sonst nicht klassifizierbare Fälle einordnen (kein Kategoriensystem deckt alle Fälle ab).

198   (10) des **Interesses** (Angabe/Advl. des Interesses [»IntA«] »Zu wessen Vor- oder Nachteil?«):
64   οὐδεὶς (Subj.) ... **ἑαυτῷ** (IntA) ζῇ (Präd.) *keiner ... lebt für sich selbst* (Röm 14,7).

199   bb) **Subjekts-** oder **Objektsartangaben** (Beschaffenheit der Subjekts- bzw. Objektsgröße im
65   Hinblick auf die Verwirklichung des Verbinhalts wird bezeichnet) – herkömmlich oft »Prädi-
           kativ(um)«, Subj.- oder Obj.-Präd. (vgl. §183), (»Als was für ein .../In welchem Zustand ...?«):
               οὗτος (Subj.) παρέστηκεν (Präd.) ἐνώπιον ὑμῶν (LokE) **ὑγιής** (Subjektsartanga-
               be) *dieser steht gesund vor euch* (Apg 4,10);
               ἀπέστειλαν (Präd./Subj.) [αὐτὸν] (AkkO) **κενόν** (Objektsartangabe) *sie jagten ihn
               mit leeren Händen fort* (Mk 12,3); vgl. auch §204 Anm.

2. Die Attribute (H-S §260)

200   **a) Attribute** (»Attr.«) sind meist freie Bestimmungen, die bestehenden Satzgliedern
66   beigefügt werden,

201   aa) meist **substantivischen** Ausdrücken (»Was für ein?«):[4]
67   ἀπέστειλέν (Präd.) με (AkkO) ὁ **ζῶν** (Attr. zum Subj.) πατήρ (Subj.) *der leben-
               dige Vater sandte mich* (Jh 6,57); aber

202   bb) auch **adjektivischen** Ausdrücken (»Wie ... ?« usw.):
68   ἦν (Präd./Subj.) ... πλούσιος (Präd.-Nom.: Adj.) **σφόδρα** (Attr. zum Präd.-Nom.)
               ... er war sehr reich (Lk 18,23); und

203   cc) **Adverbien** oder entsprechenden Ausdrücken:
69   νηστεύω (Präd./Subj.) δὶς (TempA: Adv.) **τοῦ σαββάτου** (Attr. zur TempA) *ich
               faste zweimal in der Woche* (Lk 18,12).

204   **b) Apposition** (»App.«) nennt man das substantivische Attribut, das im gleichen Kasus   R1
70   wie das Bezugswort steht (manchmal mit ὡς *als/wie*):[5]
               ἀσπάζεται (Präd.) ὑμᾶς (AkkO) Γάϊος (Subj.) **ὁ ξένος μου** (App. zum Subj.)
               Gaius, mein Gastgeber, grüßt euch (Röm 16,23).

3. Form der Satzteile

205   Satzglieder und Attribute können der Form nach Wörter, Wortgruppen bzw. Infinitiv/
71   AcI- oder Partizipialkonstruktionen oder Nebensätze sein (H-S §255-260), ein notwen-
           diges oder freies Adverbiale der Art und Weise (ModE/A) z.B. (H-S § 259f):

---

[4] Meist steht das Gemeinte im Gegensatz zu allen nicht entsprechend charakterisierten Größen (»restriktives«
Attr.). Z.B. spricht 2Makkabäer 10,34 von Menschen, die λόγους **ἀθεμίτους** *verbotene Worte*, im Gegensatz
zu erlaubten Worten, äußern. Manchmal fehlt ein Gegensatz (»nichtrestriktives« Attr.), z.B. in 1Pt 4,3, wo
vom Leben in **ἀθεμίτοις** εἰδωλολατρίαις *verbotenem Götzendienst* (erlaubten gibt es nicht!) die Rede ist.
[5] Semantisch entspricht die Apposition einem Behauptungssatz mit Präd.-Nom. (Subjektsidentifikations-
ergänzung), so ὁ ξένος μου in Röm 16,23 dem Satz Γάϊος/αὐτὸς (ὁ) ξένος μού ἐστιν *Gaius ist mein
Gastgeber.* – Da Satzteile, die wir in §199 als »Subjekts- und Objektsartangaben« bezeichnet haben, sich
ebenfalls auf Behauptungssätze mit Präd.-Nom. (Subjektsart- oder -identifikationsergänzung) zurück-
führen lassen, werden sie von manchen der Kategorie der Appositionen zugeordnet. Handelt es sich dabei
um ein Adjektiv (statt wie bei der typischen herkömmlichen »Apposition« um ein Substantiv), kann man
dann von einer »Adjektiv-Apposition« sprechen, so in den Beispielen von §199 (ὑγιής/κενόν): *dieser
steht als Gesunder/gesund vor euch* (= dieser steht vor euch; dabei ist er gesund), *sie jagten ihn als
Leeren/leer/mit leeren Händen fort* (= sie jagten ihn fort; dabei war er leer/hatte er leere Hände).

a) ein Wort oder eine Wortgruppe: **206**

(1) ein Wort (meist ein Adv., selten ein Adj.):   72

     ἐτρέχετε **καλῶς** (Adv.) *ihr liefet gut* (Gal 5,7),

     ... ἐπιστῇ ἐφ᾽ ὑμᾶς **αἰφνίδιος** (Adj.) ἡ ἡμέρα *(sonst) ... überfällt euch der Tag plötzlich* (Lk 21,34);

(2) ein Präpositionalgefüge:

     κεκλεισμένον **ἐν πάσῃ ἀσφαλείᾳ** *mit aller Sorgfalt verschlossen* (Apg 5,23);

(3) eine Kasuskonstruktion:

     οὐδὲν διαφέρει δούλου *er unterscheidet sich in keiner Weise von einem Sklaven* (Gal 4,1);

(4) Inf./AcI (selten):

     ἐν τῷ ἀποστρέφειν ἕκαστον *dadurch, dass sich ein jeder ... bekehrt* (Apg 3,26);

(5) Ptz.-Konstruktion (part. coni. oder gen. abs.):

     διώξουσιν **παραδιδόντες** (part. coni.) εἰς ... *man wird euch verfolgen, indem man euch an ... ausliefert* (Lk 21,12);

b) ein Nebensatz (Gliedsatz):   **207**

(1) ein konjunktionaler Adverbialsatz: 73

     ἠγάπησας αὐτοὺς **καθὼς ἐμὲ ἠγάπησας** *du hast sie geliebt, wie du mich geliebt hast* (Jh 17,23);

(2) ein Relativsatz (ohne Bezugswort):

     ἐν ᾧ ... τὸν ἕτερον κρίνεις, σεαυτὸν κατακρίνεις ... *in welcher Hinsicht* (viele aber: *wenn*) *du den anderen richtest, verurteilst du dich selbst* (Röm 2,1).

Die wichtigsten Möglichkeiten[1] der verschiedenen Satzteile im neutestamentlichen   **208**
Griechisch zeigt die nachfolgende **Übersicht** (Seiten 82-85):   74

---

[1] Ähnliche **semantische Rollen und Beziehungen** wie bei den Bestandteilen des Einzelsatzes lassen sich auch bei den **Sätzen und deren Kombinationen als Elementen von Texten** (Abschnitte, Abschnittkomplexe, Kapitel, Kapitelkomplexe) beobachten:
a) Auf der Einzelsatzebene bezeichnet typischerweise das Subjekt (»Satzgegenstand« [§176; 208]) das **Thema,** d.h. das beim Inhalt des Einzelsatzes als bekannt Vorausgesetzte, während das Prädikat (»Satzaussage« [§177]) bzw. der Prädikatsverband (»Satzaussageglieder« [§177ff; 208]) der Vermittlung des **Rhemas,** d.h. des durch die Mitteilung neu Eingeführten/Ausgesagten dient. Auf der Ebene des Textes (der Satzkombinationen) kann ganzen Sätzen, einzeln oder kombiniert, eine entsprechende Rolle zukommen: Thema und Rhema (in der Gesamtmitteilung des Textes das als bekannt Vorausgesetzte und das neu Eingeführte) werden durch geeignet strukturierte Sätze oder Satzkomplexe zum Ausdruck gebracht (z.B. 1Kor 12,1: Thema; V. 2ff: weitgehend Rhema).
b) Ähnliche **logisch-semantische Beziehungen,** wie sie im Zusammenspiel zwischen Adverbialien (§188ff, 205; 208) und den dazugehörigen Prädikaten bzw. Prädikatsverbänden (§177ff; 208) auf der Einzelsatzebene zu beobachten sind, finden sich auch auf der Ebene des Textes im Verhältnis zwischen Sätzen bzw. Satzkomplexen. Diese Beziehungen (lok., temp., mod., kaus. usw. [vielfältiger als die auf der Einzelsatzebene anzutreffenden]) werden teils grammatisch-lexikalisch (durch geeignete adverbiale Wendungen [z.B. διὰ τοῦτο *deswegen*], Konjunktionen [z.B. γάρ *denn, nämlich*] u.ä.; vgl. Anhang, S. 148-151, für eine Übersicht über die z.T. auch hier relevanten Partikeln) ausgedrückt, teils bleiben sie unausgedrückt (die gemeinte Beziehung ergibt sich aus der jeweiligen Konstellation der durch die Sätze ausgedrückten Aussagen [»Propositionen«]). Bei der Übersetzung kann es vorkommen, dass eine Beziehungsstruktur, die im Griechischen lediglich auf der Textebene (...HS+HS...) erscheint, im Deutschen besser auf der Einzelsatzebene, durch ein Satzgefüge (...HS+NS...), wiedergegeben wird oder umgekehrt (z.B. γάρ-HS durch *weil*-NS bzw. ὅτι-NS durch *denn*- oder *nämlich*-HS).

Satzteil	Wörter, Wortgruppen	Inf./AcI
Präd. (§177ff; 211ff)	konjugiertes Verb (§340) ἠγέρθη *er ist auferstanden* (Mk 16,6)	(Inf. in der Inf./AcI-Konstruktion)
Subj./Obj. (§176; 209f/ §180; 213)	a) Subst./Pron./subst. Ausdrücke (vgl. §239) – Subj.: Nom. (bei Inf./AcI: Akk.; bei Ptz.: verschiedene Kasus) (§274; 402; 420-438); – Obj.: Akk./Gen./Dat./ mit Präp. (§277-337) **ἐκεῖνος** (Pron.: Subj.) **ἐμὲ** (Pron.: AkkO) δοξάσει *jener wird mich verherrlichen* (Jh 16,14) θέλω **ὑμᾶς εἰδέναι** (AcI: AkkO) ... *ich will, dass ihr wisst* ... (1Kor 11,3) b) Subj.: Personalendung des Verbs πιστεύω *ich glaube* (Jh 9,38)	(subst. mit oder ohne Art. [§404; 407; 414ff]; s.a. Anhang, S. 151 [»dass«-NS])
Präd.-Nom./ Obj.-Präd./ Prädikativ (§181ff; 214ff/ §199; 217)	wo möglich im Kasus von Subj./Obj.: a) Identifikationsergänzung: Subst./Pron./subst. Ausdrücke (mit Art.: Gleichsetzung hervorgehoben) (§274; 277-337; 403) ἐστιν **ἡ κεφαλή** (Subst.: Präd.-Nom.) *er ist das Haupt* (Kol 2,10) (statt Nom./Akk. auch εἰς [§215]) b) Artergänzung/-angabe: – Adj./adjektivisch bzw. prädikativ gebrauchte Ausdrücke (ohne Art.) (§216; 247); **καινὰ** (Adj.: Obj.-Präd.) ποιῶ πάντα (AkkO) *ich mache alles neu* (Apk 21,5) – Subst./subst. Ausdrücke mit ὡς/ ὡσεί oder im Gen. (oder mit entsprechender Präp.) oder im Dat. des Interesses (§285; 288; 305; 307)	(subst. [§413f])

Ptz.	NS (Glied- bzw. Attr.-Satz) (s.a. Anhang, S. 151 [»dass«-NS])
präd. Ptz. (§433ff): umschreib. Konjugation; bei παύομαι u.ä. ζῶν εἰμι *ich lebe* (Apk 1,18) (Ptz. in Ptz.-Konstruktionen)	–
(subst. [§438])	a) konjunktionale Subjekt-Objektsätze (Begehrungs/Frage-NS): *dass/ob*-NS mit ὅτι/ἵνα/εἰ o.ä. (§460ff) συμφέρει ὑμῖν **ἵνα ἐγὼ ἀπέλθω** (Subj.) *es ist gut für euch, dass ich weggehe* (Jh 16,7) λέγετε **ὅτι ἐγώ εἰμι** (Obj.) *ihr sagt, dass ich es bin* (Lk 22,70) b) Rel.-Satz (ohne Bezugswort), eingeleitet durch Rel.-Pron. im Nom./Gen./Dat./Akk./mit Präp. (§490) **ὃς οὐκ ἔστιν καθ' ἡμῶν** (Subj.), ὑπὲρ ἡμῶν ἐστιν *wer nicht gegen uns ist, ist für uns* (Mk 9,40) c) direkte Rede (eig. subst. HS) (§467) ἐρρέθη· **οὐ μοιχεύσεις** (Subj.) *es ist gesagt worden: »Du sollst nicht die Ehe brechen!«* (Mt 5,27)
Objektsartergänzung (ohne Art.): präd. Ptz.: AcP/GcP (§433f; s.a. Anhang, S. 151 [»dass«-NS]) βλέπει τὸν λίθον **ἠρμένον** (AcP) *sie sah, dass der Stein weggenommen war* (Jh 20,1) (auch subst.)	dasselbe wie bei Subj./Obj., aber seltener χάριτι δὲ θεοῦ εἰμι **ὅ εἰμι** (Rel.-Satz: Präd.-Nom.) *durch Gottes Gnade bin ich aber, was ich bin* (1Kor 15,10)

Satzteil	Wörter, Wortgruppen	Inf./AcI
Adverbia-lien (Umstandsangaben [§188ff; 217], auch -ergänzungen [§184])	a) Adv. **διὸ** (KausA) γρηγορεῖτε *darum seid wachsam!* (Apg 20,31) b) Präp.-Konstruktion (§317ff):[1] χαίρω **δι' ὑμᾶς** (KausA) *ich freue mich euretwegen* (Jh 11,15) c) Kasuskonstruktion:[1] LokA/E, TempA/E, ModA/E (Akk./Gen./Dat.), KausA/E (Dat./ [Gen.]), InstrA/E, IntA/E (Dat.) (§277-316) **τῇ ἀπιστίᾳ** (KausA) ἐξεκλάσθησαν *wegen ihres Unglaubens wurden sie herausgebrochen* (Röm 11,20) d) Adj.: LokA/E, TempA/E, ModA/E (§247) **δευτεραῖοι** (TempA) ἤλθομεν *am zweiten Tag kamen wir an* (Apg 28,13)	a) ohne Art. (§410ff): FinA/E, KonsA/E (mit ὥστε), (selten:) ModA/E b) mit τοῦ (§415): FinA/E, KonsA/E, (selten:) ModA/E ... **τοῦ σπείρειν** (FinA) ... *um zu säen* (Mt 13,3) c) mit Präp. und Art. (§416): TempA/E (ἐν/μετά/πρό), KausA/E (διά), FinA/E, KonsA/E, (evtl.:) ModA/E (εἰς/πρός) **μετὰ τὸ γενέσθαι με ἐκεῖ** (TempA) ... *nachdem ich dort gewesen bin* ... (Apg 19,21)
Attr. des Subst. (§200f; 218ff)	(wenn Bezugselement best., meist mit Art.): a) im Kasus des Bezugselementes: Art., Adj., adjektivisch gebrauchte Ausdrücke (§247) **ἡ** (Art.) **καινὴ** (Adj.) διαθήκη *der neue Bund* (Lk 22,20) b) Subst./Pron./subst. Ausdrücke – im Gen. (pertinentiae [oft ohne Art.], partitivus [ohne Art.], häufig), Dat. (echter/respectus), (selten:) Akk. (der Beziehung) (§285ff; 298; 305; 309; 312; 283) **πίστιν θεοῦ** (Subst. im Gen.) *Glauben an Gott* (Mk 11,22)	(subst. [§413; 415])
(App. [§204]**:)**	– im Kasus des Bezugselementes (z.T. mit ὡς), meist nachgestellt und mit Art. (vgl. auch gen. appositivus [§297]) Ἡρῴδης **ὁ βασιλεύς** *König Herodes* (Apg 12,1)	subst. mit oder ohne Art. (auch mit τοῦ) (§413; 415) ὁ ἁγιασμὸς ὑμῶν, **ἀπέχεσθαι ὑμᾶς** ... (ohne Art.) *eure Heiligung, dass ihr euch ... enthaltet* (1Thess 4,3)
Attr. zu Adj./Adv. (§202f)	Adv., Präp.-/Kasuskonstruktion, mit ὡς, ἤ o.ä. (u.a. §248) σεισμὸς **οὕτω** (Attr. zum Adj.) μέγας *so groß war das Erdbeben* (Apk 16,18)	

R1

---

[1] Für eine Übersicht über Orts-, Zeit- und andere wichtige Bestimmungen s. Anhang, S. 144-148.

Ptz.	NS (Glied- bzw. Attr.-Satz)
part. coni./gen. abs. (§420ff): TempA/E, ModA/E, KausA/E, KondA/E, KonzA/E, (nur part. coni. Fut./Präs.:) FinA/E (ohne Art.) **ἰδὼν Σίμων Πέτρος** (part. coni.: TempA) ... *als Simon Petrus das sah* ... (Lk 5,8) **δεηθέντων αὐτῶν** (gen. abs.: TempA) ... *als sie gebetet hatten* ... (Apg 4,31)	a) konjunktionaler Adverbialsatz: TempA/E (ὅτε ...), ModA/E (ὡς ...), KausA/E (ὅτι ...), KondA/E (εἰ/ἐάν ...), KonsA/E (ὥστε ...), FinA/E (ἵνα ...), KonzA/E (εἰ καί ...) (§470ff) ... **ὅτε ἐπείνασεν** (TempA) ... *als er Hunger hatte* (Mt 12,3) b) Rel.-Satz als Gliedsatz (ohne Bezugselement:) eingeleitet durch Rel.-Adv. oder Rel.-Pron. (im entsprechenden Kasus, s. Kasuskonstruktionen), vor allem LokA/E, seltener ModA/E, InstrA/E, IntA/E (§490) (vgl. auch Rel.-Sätze mit adverbialem Nebensinn [§501ff]) **ὅπου εἰμὶ ἐγώ** ... (LokE) *wo ich bin* ... (Jh 14,3)
attr. Ptz. (§437) (wie Adj. gebraucht; mit Art.) **ὁ ζῶν πατήρ** *der lebendige Vater* (Jh 6,57)	a) konjunktionaler Attr.-Satz (»Subjekt/Objekt«- und »Adverbial«-Satz als Attr. [relativ selten] zu einem Bezugselement [BW] in der übergeordneten Konstruktion) (§487) **ἡ ἐντολὴ αὐτοῦ** (BW), **ἵνα πιστεύσωμεν** ... *sein Befehl, dass wir ... glauben* (1Jh 3,23) b) Rel.-Satz als Attr.-Satz (mit Bezugselement [BW]) (§489) **ἡ μαρτυρία** (BW) **ἣν μαρτυρεῖ περὶ ἐμοῦ** *das Zeugnis, das er von mir ablegt* (Jh 5,32)

4. Bemerkenswertes zu den Satzgliedern und Attributen

a) *Zum Subjekt* (§176; H-S §255)

209 aa) Das **Subjektswort** bzw. die Subjektswortgruppe kann **fehlen** (Ellipse [§510]):
75 (1) bei Witterungsausdrücken, Tageszeitangaben u.ä.:

ἦν πρωΐ *es war frühmorgens* (Jh 18,28);

(2) bei Verben, die das Subj. leicht erkennen lassen:

σαλπίσει (σαλπίζει) *es/[der Trompeter] wird trompeten* (1Kor 15,52);

(3) bei der Zitierformel λέγει o.ä., wo »Gott«, »die Schrift« o.ä. zu ergänzen ist:

λέγει γάρ· ... *denn es heißt = denn Gott/die Schrift sagt:* ... (2Kor 6,2).

210 bb) Mögliche griech. Entsprechung zum deutschen »**man**«:
76 (1) öfter 3. Pl. Akt. (nicht nur bei Verben des Sagens wie im Klass.):

συνάγουσιν ... βάλλουσιν ... *man sammelt ... wirft* ... (Jh 15,6)

(auch zur Umschreibung des Gottesnamens:

δώσουσιν *man* [d.h. Gott] *wird geben*, z.B. Lk 6,38);

(2) manchmal das Pass.:

ἠδύνατο ... τοῦτο ... πραθῆναι *dieses ... hätte man verkaufen können* (Mk14,5),

ganz selten das unpersönliche Pass.:

καρδίᾳ πιστεύεται ... *mit dem Herzen glaubt man* ... (Röm 10,10)

(auch zur Umschreibung des Gottesnamens [»passivum divinum«]:

... μετρηθήσεται ὑμῖν ... *wird man* [d.h. Gott] *euch messen* [Mt 7,2]);

(3) manchmal τις oder ἄνθρωπος (§271):

πόθεν τούτους δυνήσεταί τις ὧδε χορτάσαι ... *woher/wie sollte man diese hier ... sättigen können?* (Mk 8,4; s.a. 1Kor 4,1);

(4) das Subj. im Subjekts-Inf. (§404), wenn es im Griech. nicht angegeben ist:

πειθαρχεῖν δεῖ θεῷ ... *man muss Gott ... gehorchen* ... (Apg 5,29);

(5) im NT gelegentlich 2. Sg. Ind. Fut. (= klass. Opt. mit ἄν [§394]):

Ἐρεῖς μοι οὖν ... *man wird/mag mir nun entgegenhalten* ... (Röm 9,19);

(6) manchmal 1. Pl.:

ἃ δοκοῦμεν ἀτιμότερα εἶναι ... *welche man für weniger edel ansieht* ... (1Kor 12,23).

b) *Zum Prädikat* (§177ff; H-S §256)

211 aa) Das Präd. ist gewöhnlich einteilig; bei der umschreibenden Konjugation (§383f;
77 436) und bei Verben wie παύομαι u.ä. (§435) ist es **mehrteilig**:

ἔσεσθε (1. Teil) μισούμενοι (2. Teil) *ihr werdet gehasst werden* (Mt 10,22),

ἐπέμενεν (1. Teil) κρούων (2. Teil) *er klopfte weiter* (Apg 12,16).

212 bb) Die »**Kopula**«, d.h. das Verb εἰμί *sein* (oder ὑπάρχω *da sein* bzw. γίνομαι *werden*)
78 in Verbindung mit Präd.-Nom. oder LokE/TempE, kann **fehlen** (Ellipse; [§510] am häu-
figsten ἐστίν *ist* und εἰσίν *sind*):

R35 (1) oft bei einfachen Sätzen der Alltagssprache, besonders in lebhaften und affektischen Äußerungen:

χάρις τῷ θεῷ *Gott sei Dank!* (2Kor 9,15 usw.);

(2) bei unpersönlichen Ausdrücken wie ἀνάγκη *es ist notwendig*, ἀδύνατον *es ist unmöglich* o.ä., z.B.: Mt 18,7 und Hb 11,6;

(3) in Sprichwörtern und Sentenzen:

τὰ βρώματα τῇ κοιλίᾳ καὶ ἡ κοιλία τοῖς βρώμασιν *die Speise ist für den Bauch und der Bauch für die Speise* (1Kor 6,13);

(4) hinter ἰδού »*Siehe*«:

ἰδοὺ ὕδωρ *hier ist Wasser* (Apg 8,36).

c) *Zu den Ergänzungen* (§179ff; H-S §257/258)

aa) Das als notwendig einzustufende **Objekt** wird häufiger als im Deutschen **weggelassen** (Ellipse [§510]), besonders dort, wo es sich leicht ergänzen lässt: **213** *79*

οἱ δὲ ἀκούσαντες [erg. ταῦτα] διεπρίοντο ... *als sie [das] hörten, wurden sie wütend* ... (Apg 5,33).

R33 bb) Präd.-Nom. und Obj.-Präd. als **Identifikationsergänzung** zu Subj. bzw. Obj. sind auch bei weit gehender Gleichsetzung in der Regel **ohne Artikel**, besonders mit der Wortstellung **Präd.-Nom.**+(Präd.)+Subj. (statt Subj.+Präd.+**Präd.-Nom.**) bzw. **Obj.-Präd.**+AkkO ... (statt AkkO+**Obj.-Präd.** ...). Durch Setzen des Art. kann die Gleichsetzung jedoch hervorgehoben werden:[1] **214** *80*

εἰ ὁ θεὸς **πατὴρ ὑμῶν** ἦν ... *wenn Gott euer Vater wäre* ... (Jh 8,42);

ἐκάλουν ... τὸν Βαρναβᾶν **Δία** *Barnabas nannten sie Zeus* (Apg 14,12);

ἐγώ εἰμι **τὸ φῶς τοῦ κόσμου** *ich bin das Licht der Welt* (Jh 8,12).

Statt des Nom. bzw. Akk. kann beim Präd.-Nom./Obj.-Präd. εἰς stehen: **215**

ἔσονται οἱ δύο **εἰς σάρκα μίαν** *die zwei werden e i n Fleisch sein* (Mk 10,8; s.a. Mt 21,46). *81*

cc) Präd.-Nom. und Obj.-Präd. als **Artergänzung** zu Subj. bzw. Obj. (§182; ebenso die Artangabe/»Prädikativ« [§199]) und die **Umstandsergänzung**/das **notwendige Adverbiale** (§184) sind im Gegensatz zum Attr. des Substantivs (§201) immer **ohne Artikel** (»prädikative« [im Gegensatz zur »attributiven«] Wortstellung [s.u. §245f]): **216** *82*

ἡ ἐντολὴ _ **ἁγία** (Präd.-Nom.) *das Gebot ist heilig* (Röm 7,12),

εὐθείας (Obj.-Präd.) ποιεῖτε τὰς τρίβους αὐτοῦ *ebnet* (wörtl. *macht eben*) *seine Pfade* (Mt 3,3), aber:

εἰς **τὴν ἁγίαν** (Attr.) πόλιν *in die heilige Stadt* (Mt 4,5);

σὺν ὑμῖν (LokE) εἰμι *ich bin bei euch* (Kol 2,5), aber:

οἱ **σὺν αὐτῷ** (Attr.) τεχνῖται *die mit ihm [zusammenarbeitenden] Handwerker* (Apg 19,38).

---

[1] Für eine zuverlässige, gründliche Darstellung dieses Problembereichs – in der allerdings unwesentlich andere Regeln formuliert werden – siehe D. B. Wallace, *Greek Grammar Beyond the Basics: An Exegetical Syntax of the New Testament* (Grand Rapids: Zondervan, 1996), S. 256-270.

d) Zu den (freien) Adverbialien und den Artangaben (»Prädikativ«)

(§188ff; H-S §259)

217
83 Fälle, bei denen die konjugierte Verbform die Umstände bezeichnet, die nicht konjugierte Form hingegen das Geschehen oder Sein:

aa) Verben wie παύομαι *aufhören* usw. mit Ptz. (§435),

bb) φιλέω *etwas gern tun* mit Inf. und προστίθεμαι *etwas fernerhin/weiter tun* (Hebr.) mit Inf. (auch als Ptz.):

> φιλοῦσιν ... προσεύχεσθαι *sie beten gern* ... (Mt 6,5).

Zum Art. bei den Artangaben s.o. §216.

e) Zu den Attributen (§200ff; H-S §260)

218
84 aa) Das **Attribut** des Substantivs kann verschiedenster Form sein. Bei einem determinierten Subst. **steht** es entweder zwischen Art. und Subst. oder nach dem wiederholten Art. (»attributive« Wortstellung, s.u. §245). Auch bei nichtdeterminiertem BW kann es nachgestellt zwecks Verdeutlichung des attributiven Verhältnisses den Art. haben:

R3
R23
R25
R27b

> ἡ εἰς Χριστὸν πίστις *der Glaube an Christus* (vgl. Kol 2,5),
>
> ἡ πίστις ... ἡ πρὸς τὸν θεόν *der Glaube an Gott* (1Thess 1,8),
>
> καλὸν ἔργον *ein gutes Werk* (Mk 14,6),
>
> χαρὰν μεγάλην *große Freude* (Lk 2,10),
>
> _ στολὴν τὴν πρώτην *ein erstklassiges Gewand* (Lk 15,22).

219
85 bb) Entgegen der allgemeinen Regel haben folgende **attributiv gebrauchten** Ausdrücke »**prädikative**« Wortstellung (s.u. §246, missverständliche, aber übliche Bezeichnung):

(1) die Personalpronomina (NT meist auch andere Ausdrücke) im possessiven Gen. (§288):

> τὸ ὄνομα αὐτοῦ *sein Name* (Mt 1,21);

(2) die Demonstrativpronomina (§264):

> οὗτος ὁ τελώνης *dieser Zöllner* (Lk 18,11);

(3) die partitiven Gen. (§298f):

> τοὺς πλείονας τῶν ἀδελφῶν *die meisten Brüder* (Phil 1,14);

(4) das Zweizahlpronomen:

> ἀμφότερα τὰ πλοῖα *beide/die beiden Boote* (Lk 5,7).

(5) manchmal, wenn mehrere Attribute bei einem Subst. stehen (besonders wenn es verbale Kraft hat):

> τὴν ὑμῶν ἀγάπην ἐν πνεύματι *eure durch den Geist [bewirkte] Liebe* (Kol 1,8)

(6) öfter ein Präp.-Gefüge nach einem artikellosen Gen.:

> τῶν συγγενῶν μου κατὰ σάρκα *meine irdischen Volksgenossen* (Röm 9,3)

cc) Bei folgenden Wörtern sind **beide Stellungen** möglich; diese haben aber etwas unterschiedliche Bedeutung:

R27a
R37
K13

(1) πᾶς/ὅλος: »prädikative« Wortstellung: Vollzähligkeit aller Teile wird betont; »attri-   **220**
butive« Wortstellung (im NT ziemlich selten): Vollzähligkeit als Einheit wird betont: *86*

    πᾶσα ἡ κτίσις *die ganze Schöpfung* (Röm 8,22),

    πᾶσαι ... αἱ γενεαί *alle (soeben genannten) Geschlechter* (Mt 1,17);

    ὁ ... **πᾶς** νόμος *das ganze/das gesamte Gesetz* (Gal 5,14);

    οἱ **πάντες** ἄνδρες *alle Männer, die Gesamtzahl der Männer* (Apg 19,7);

Übersetzbar ist πᾶς im Pl. meist als *alle* (s.o.), ohne Art. nicht selten als *alle beliebigen*:

    πάντες ἄνθρωποι *alle beliebigen Menschen, alles, was Mensch heißt* (Apg 22,15);

im Sg. mit Art. meist als *ganz* (s.o.; bei Unzählbarem auch als *all*, z.B. Lk 12,27); im
Sg. ohne Art. als *jeder (beliebige)*, bei Unzählbarem auch als *jede Art von*:

    πᾶν ... δένδρον *jeder (beliebige) Baum* (Mt 3,10),

    πᾶσα πικρία *jede Art von Bitterkeit* (Eph 4,31);

im Sg. vor substantiviertem Ptz. mit Art. dagegen grundsätzlich als *jeder*:

    πᾶς ὁ ἀκούων *jeder* (nicht: *der ganze*), *der hört* (Mt 7,26);

nachklass., besonders bei Namen, auch ohne Art. im Sg. manchmal als *der ganze*:

    πᾶσα οἰκοδομή *der ganze Bau* (Eph 2,21).

(2) αὐτός: »prädikative« Wortstellung *selbst*, »attributive« Wortstellung *derselbe*:   **221**

    αὐτὸς ὁ κύριος *der Herr selbst* (1Thess 4,16),   *87*

    τὸ **αὐτὸ** πνεῦμα *derselbe Geist* (1Kor 12,11).

dd) Das attributive Adj. wird öfter **ohne Bezugswort** gebraucht (Ellipse [§510]), wenn   **222**
dieses leicht zu ergänzen ist. Im NT werden am häufigsten weggelassen: γῆ/χώρα *Erde/*   *88*
Land, ἡμέρα *Tag*, ὥρα *Stunde*, χείρ *Hand*; Bsp.:

    τῇ ἐπιούσῃ *am nächsten [Tag]* (Apg 21,18 usw.).

III. Die Kongruenz (H-S §261-265)

Für die formale Übereinstimmung zusammengehörender Teile im Satz (»Kongruenz«) gilt:

1. Übereinstimmung im Numerus

R7   a) Klass. Regel: Bei einem Subj. im Ntr. steht das Präd. grundsätzlich im Sg.:   **223**

    τὰ **φύλλα** (Subj.) πίπτει (Präd.) *die Blätter fallen*;   *89*

In der Koine steht das Präd. zunehmend im Pl.;

b) Tendenz im NT:

(1) Häufig steht das Präd. im **Pl.**, wenn das Subj. **Personen** bezeichnet, oft bei τὰ ἔθνη
Nationen/Heiden, seltener bei **τέκνα** *Kinder*:

    ἐνευλογηθήσ**ονται** (Präd.) ἐν σοὶ **πάντα τὰ ἔθνη** (Subj.) *in dir sollen alle Völker*
    gesegnet werden (Gal 3,8), s.a. 2Jh 13;

(2) Meist im **Sg.** steht das Präd., wenn das Subj. **Unpersönliches** bezeichnet, besonders
häufig, wenn es sich beim Subj. um ein Abstraktum oder um ein Pronomen handelt:

    ἄλλα ἦλθεν (Präd.) **πλοῖα** (Subj.) *andere Schiffe kamen* (Jh 6,23),

    ταῦτα **πάντα** (Subj.) προστεθήσεται ὑμῖν (Präd.) *dies alles wird euch dazugege-*
    ben werden (Mt 6,33).

2. Übereinstimmung in Genus, Numerus und Kasus (H-S §263)

224 a) Das **Attribut** (einschließlich App. [§200-204]) stimmt soweit möglich mit seinem
 90 Bezugselement (»BW«) in Genus, Numerus und Kasus überein:

> προφήτης (BW) μέγας (Attr.) ... *ein großer Prophet* ... (Lk 7,16).

b) Für **Nichtattributive** Bestimmungen, d.h. Präd.Nom/Obj.-Präd. und Artangaben
(»Prädikativ«) (§181ff) sowie adverbial gebrauchte Partizipien und Adjektive (§420;
247) gilt:

225 aa) Ein Adj. stimmt im Griech. (im Unterschied zum Deutschen) mit dem Bezugsele-
 91 ment in Genus, Numerus und Kasus überein, ein Subst. nur im Kasus:

> αἱ ἡμέραι (BW) πονηραί (Präd.-Nom.) εἰσιν *die Tage sind böse* (Eph 5,16), s.a.
> Jh 17,17.

In allgemeingültigen Sätzen kann das Adj. aber im Ntr. Sg. stehen (im NT selten):

> οὐχὶ ἡ ψυχὴ (BW) πλεῖόν (Präd.-Nom.) ἐστιν τῆς τροφῆς *ist das Leben nicht*
> *mehr als die Nahrung?* (Mt 6,25)

226 bb) Im AcI steht das Präd.-Nom. wie das Subj. im Akk. (§402f):
 92
> ἡ ἐπαγγελία ... τὸ κληρονόμον (AcI-Präd.-Nom.) αὐτὸν (BW: AcI-Subj.) εἶναι
> κόσμου ... *die Verheißung ..., dass er der Erbe der Welt sein werde* ... (Röm 4,13).

227 cc) Hat ein Demonstrativ- oder Rel.-Pron. (§264-267) die Rolle des Subj. (§176) inne,
 93 so richtet es sich im Griech. (im Unterschied zum Deutschen) fast immer nach dem
Präd.-Nom.:

> αὕτη (Subj.) δέ ἐστιν ἡ κρίσις (Präd.-Nom.) ... *dies ist das Gericht* ... (Jh3,19).

Bei Erklärungen bzw. Deutungen verwendet die Koine die Wendungen ὅ ἐστιν und
τοῦτ᾽ ἔστιν *das ist/heißt*, die ungeachtet der Form von Bezugselement und Präd.-Nom.
immer im Ntr. Sg. stehen:

> ... τὴν ἀγάπην (BW) ὅ (Subj.) ἐστιν σύνδεσμος τῆς τελειότητος (Präd.-Nom.) ... *die*
> *Liebe, die das vollkommen zusammenschließende Band ist* (Kol 3,14), s.a. Hb 13,15.

Zur »Attraktion des Rel.-Pron.« s. §494, zum »distributiven« Sg. s. §235.

3. Übereinstimmung bei mehreren durch καί *und* o.ä. koordinier-
ten Ausdrücken (H-S §264)

228 a) Gegen die deutsche Regel steht das Präd. öfter auch bei einem mehrteiligen Subj. (§176) im
 94 Sg., und zwar meist dann, wenn das erste Subj.-Glied den Sg. hat und das Präd. diesem voraus-
geht. Es gilt also: Präd.[**Sg.**]+Subj.[**Sg.**+Pl./Sg.+…], doch Subj.[Sg.+Pl./Sg.+…]+Präd.[**Pl.**]:

> ἐκλήθη (Präd.) δὲ καὶ ὁ Ἰησοῦς καὶ οἱ μαθηταὶ αὐτοῦ ... (Subj.) *auch Jesus und*
> *seine Jünger wurden ... eingeladen* (Jh 2,2); s.a. Apg 12,25; 16,31.

229 b) Kongruierende Bestimmungen mit mehreren koordinierten Bezugswörtern richten
 95 sich in der Regel nach dem am nächsten dabeistehenden Element (im Genus geht aber
das Mask. vor):

ἀποκριθεὶς δὲ **Πέτρος** καὶ **οἱ ἀπόστολοι** (BW) εἶπαν *da antworteten Petrus und die [anderen] Apostel und sagten* (Apg 5,29);

ἦν ὁ **πατὴρ αὐτοῦ καὶ ἡ μήτηρ** θαυμάζοντες *sein Vater und seine Mutter waren verwundert* (Lk 2,33).

4. Konstruktion nach dem Sinn (»constructio ad sensum«)

Handelt es sich beim Bezugselement (»BW«) (Subj. oder anderes Element) um ein Subst., das zwar formal im Sg. steht, aber eine Mehrzahl von Personen oder Dingen bezeichnet (einen Kollektivbegriff), so kann der dazugehörige Ausdruck (Präd. oder anderes Element) im Pl. stehen; die **Konstruktion** richtet sich nicht nach der Form, sondern **nach dem Sinn** (im Griech. häufig, im Deutschen selten):

230
96

> ὁ δὲ πλεῖστος **ὄχλος** (BW) ἔστρωσαν ἑαυτῶν τὰ ἱμάτια *die sehr große Volksmenge breitete ihre Mäntel aus* (Mt 21,8).

Bei Pers.- und Rel.-Pron. kann auch die Übereinstimmung im Genus betroffen sein:

> Φίλιππος κατελθὼν εἰς τὴν **πόλιν** (BW) τῆς Σαμαρείας ἐκήρυσσεν αὐ**τοῖς** τὸν Χριστόν *Philippus ging in die Stadt Samaria* (oder *Samarias*) *hinab und verkündete ihnen* (den Einwohnern) *den Messias* (Apg 8,5).

IV. Übersicht über die wichtigsten Satzmuster des neutestamentlichen Griechisch (vgl. oben §186)

1. Satzmuster

Der **ergänzungslose** Satz	
1. Subj.+Präd.:	ἠρίστησαν (ἀριστάω) *sie frühstückten* (Jh 21,15)
Sätze mit **einer Ergänzung** (Subj.+Präd.+Erg.)	
2. Subj.+Präd.+AkkO:	ὁ πατὴρ ἀγαπᾷ τὸν υἱόν *der Vater liebt den Sohn* (Jh 3,35)
3. Subj.+Präd.+DatO:	ὑπακούουσιν αὐτῷ *sie gehorchen ihm* (Mk 1,27)
4. Subj.+Präd.+GenO:	ἥψατο αὐτοῦ (ἅπτομαι) *er berührte ihn* (Lk 5,13)
5. Subj.+Präd.+PräpO:	πέποιθεν ἐπὶ τὸν θεόν *er traut auf Gott* (Mt 27,43)
6. Subj.+(Präd.)+Präd.-Nom./Subj.-Erg.:	αὐτὴ ἦν χήρα *sie war Witwe* (Lk 7,12)
7. Subj.+(Präd.)+LokE/Präd.-Nom.:	ὁ θεὸς ἐν ὑμῖν ἐστιν *Gott ist in eurer Mitte* (1Kor 14,25)

231
97

8. Subj.+(Präd.)+TempE/Präd.-Nom.:	ὁ θρόνος σου … εἰς τὸν αἰῶνα … *dein Thron … [bleibt] in … Ewigkeit* (Hb 1,8)
9. Subj.+Präd.+ModE:	εὐσχημόνως περιπατήσωμεν *lasst uns so leben, wie es sich ziemt* (Röm 13,13)
10. Subj.+(Präd.)+KausE/Präd.-Nom.	τὰ … πάντα δι᾽ ὑμᾶς *alles [geschieht] um euretwillen* (2Kor 4,15)

Sätze mit **zwei Ergänzungen** (Subj.+Präd.+Erg.+Erg.)	
11. Subj.+Präd.+AkkO+DatO:	δώσω σοι τὸν στέφανον … *ich werde dir den Siegeskranz … geben* (Apk 2,10)
12. Subj.+Präd.+AkkO+GenO:	ὑμᾶς ἀξιώσει τῆς κλήσεως … *(er) wird euch der Berufung würdig machen* (vgl. 2Thess 1,11)
13. Subj.+Präd.+AkkO+PräpO:	τίς ἡμᾶς χωρίσει ἀπὸ τῆς ἀγάπης …; *wer wird uns von der Liebe … trennen?* (Röm 8,35)
14. Subj.+Präd.+AkkO+LokE:	ἔθηκεν αὐτὸν ἐν μνήματι *er legte ihn in ein Grab* (Lk 23,53)
15. Subj.+Präd.+AkkO+Obj.-Präd.:	ὑμᾶς … εἴρηκα φίλους *ich habe euch Freunde genannt* (Jh 15,15)
16. Subj.+Präd.+AkkO+AkkO:	ὑμᾶς διδάξει πάντα *er wird euch alles lehren* (Jh 14,26)
17. Subj.+Präd.+DatO+ModE:	ἐποίησαν αὐτοῖς ὡσαύτως *sie behandelten sie in gleicher Weise* (Mt 21,36)
usw.	

R6

2. Sätze mit Mustern zweiten Grades (Subj.+Präd.+Erg.+Erg./2. Grades)

1. Subj.+(Präd.)+Präd.-Nom.+DatO/2. G.:	… εὐάρεστος τῷ θεῷ … *ist Gott wohlgefällig* (Röm 14,18)
2. Subj.+(Präd.)+Präd.-Nom.+GenO/2. G.:	ἦτε … ξένοι τῶν διαθηκῶν *ihr wart … den Bündnissen fremd* (Eph 2,12)
3. Subj.+(Präd.)Präd.-Nom.+PräpO/2. G.:	ἐλευθέρα ἐστὶν ἀπὸ τοῦ νόμου *sie ist frei vom Gesetz* (Röm 7,3)
4. Subj.+Präd.+ModE+DatO/2. G.:	λατρεύωμεν εὐαρέστως τῷ θεῷ *wir wollen den Dienst Gott wohlgefällig tun* (Hb 12,28)
5. Subj.+Präd.+ModE+GenO/2. G.:	περιπατῆσαι ἀξίως τοῦ κυρίου *des Herrn würdig leben* (Kol 1,10)
usw.	

B. Wortarten und Wortformen im Satz

I. Syntax nominaler Wortarten und Wortformen (H-S §129-187)

1. Allgemeines

a) *Kategorien der griechischen Nominalflexion (Deklination)* (s.a. §46):

233

99

aa) Drei **Genera** (Sg. »Genus«): Maskulin, Feminin, Neutrum;

bb) Zwei **Numeri** (Sg. »Numerus«): Singular (Einzahl), Plural (Mehrzahl; klass. zusätzlich Dual [Zweizahl; dazu s. §47 Anm.]);

cc) Fünf **Kasus** (Beugungsfälle; für Details s. §273ff): Nominativ (Werfall), Genitiv (Wesfall), Dativ (Wemfall), Akkusativ (Wenfall), Vokativ (Anredefall).

b) *Bemerkenswertes* (vgl. H-S, 2. Aufl. Seiten 173f, Neubearbeitung Seiten 181f):

aa) Zu den **Genera** (zum Grundsätzlichen s. §46): Die Diminutiva sind volkssprachlich **234** beliebt und werden recht häufig ohne diminutiven Sinn gebraucht. Auch im NT *100* findet sich eine Anzahl solcher Fälle:

ὀνάριον (Jh 12,14) nicht *Eselchen*, sondern *Esel* (vgl. Kontext und Mt 21,2.7).

bb) Zu den **Numeri** (zum Grundsätzlichen s. §47):   **235**

(1) »kollektiver/genereller« (verallgemeinernder) Singular (vgl. §238):   *101*

τί οὖν τὸ περισσὸν τοῦ Ἰουδαίου ...; *Welchen Vorzug hat nun der Jude ...?* (d.h. der Jude als Jude) = *... haben nun die Juden ...?* (Röm 3,1);

(2) »distributiver« Singular (seltener als im Deutschen):

ἄνδρες δύο ἐπέστησαν αὐταῖς ἐν ἐσθῆτι ἀστραπτούσῃ *zwei Männer traten in leuchtenden Gewändern* (wörtl. *in leuchtendem Gewand*) *zu ihnen* (Lk 24,4);

(3) auffälliger Plural (statt Singular wie im Deutschen):

– Himmelsgegenden:

ἀπὸ ἀνατολῶν *aus dem Osten* (Mt 8,11 usw.),

– Richtungen:

ἐκ δεξιῶν *rechts, zur Rechten* (Mt 20,21.23 usw.),

– Festnamen:

τὰ ἐγκαίνια *das Tempelweihfest* (Jh 10,22 usw.),

– konkrete Erscheinungsformen zu Abstrakta:

θυμός *Zorn*, θυμοί *Zornesausbrüche* (2Kor 12,20 usw.).

2. Syntax des Artikels (H-S §129-136)

a) *Pronominaler Gebrauch* (H-S §130):

K3
K19
R119)

Einem Pronomen (meist einem Personal- oder Demonstrativpronomen) entsprechend: **236**

ὁ μέν – ὁ δέ *der eine – der andere* oder *einer – ein anderer* (1Kor 7,7);   *102* οἱ μέν (ohne οἱ δέ) *sie* (Apg 5,41);

ὁ δέ, οἱ δέ *dieser/der/er (aber)* (Mt 12,3), *diese/die/sie (aber)* (Lk 5,33).

b) *Allgemeiner Gebrauch (ähnlich wie beim deutschen Artikel)* (H-S §131f):

237
103
aa) **individuell** (von Erwähntem oder allgemein Bekanntem):

τοὺς πέντε ἄρτους *die* (erwähnten) *fünf Brote* (Mk 6,41);

τὸ ἱερόν *das* (allgemein bekannte) *Heiligtum* (Apg 21,28);

auch einem **Possessivpronomen** (§262) entsprechend:

οὐκ ἔχει ποῦ τὴν κεφαλὴν κλίνῃ *er hat keinen Ort, wo er seinen Kopf hinlegen* (= *er sich ausruhen*) *kann* (Lk 9,58);

238
104
bb) **generell**:

(1) »kollektiver/genereller« Singular (vgl. §235):

οὐκ ἐπ᾽ ἄρτῳ μόνῳ ζήσεται ὁ ἄνθρωπος *nicht vom Brot allein lebt der Mensch* (= *leben die Menschen*) (Mt 4,4);

ὁ πιστεύων εἰς τὸν υἱόν ... *jeder, der an den Sohn glaubt* ... (Jh 3,36);

(2) zur Bezeichnung einer besonderen Gruppe im Plural:

οἱ Φαρισαῖοι *die Pharisäer* (Mt 23,2).

239
105
cc) **substantivierend** vor den verschiedensten Wortarten und Wortgruppen (Ntr. Sg. häufig mit abstrakter, Ntr. Pl. gewöhnlich [erg. πράγματα *Dinge*] mit konkreter Bedeutung): **R87**

οἱ πτωχοί (Adj.) *die Armen* (Lk 6,20);

τὸ θέλειν (Inf.) *das Wollen* (Röm 7,18);

ὁ πλησίον (Adv.) *der Nächste* (vgl. Röm 15,2);

οἱ μετ᾽ αὐτοῦ (Präp.-Konstruktion) *seine Begleiter* (Mt 12,3);

τὰ Καίσαρος (Gen.-Konstruktion) *das, was dem Kaiser gehört* (eig. *die Dinge, die dem Kaiser gehören*) (Mt 22,21);

τὸ εἰ δύνῃ ... (Satz) *das [Wort] »wenn du kannst«* ... (Mk 9,23).

Merke besonders: οἱ πολλοί (neben *die vielen*) *die große Mehrzahl, die meisten* (vgl. Mt 24,12); οἱ πλείονες (πλείονες *mehrere*) *die meisten* (1Kor 15,6).

c) *»Fehlen« des Artikels* (H-S §133)

240
106
Der Artikel kann fehlen vor Substantiven, die als determiniert zu betrachten sind:

aa) öfter in Präp.-Konstruktionen:

ἐξ _ ἐθνῶν *aus den Völkern* (Apg 15,14);

bb) oft bei Abstrakta:

_ ἀγάπη καλύπτει ... *die Liebe deckt ... zu* (1Pt 4,8);

cc) öfter (bes. in AT-Zitaten) vor einem Subst. im Gen. (= hebr. »status constructus«):

_ δόξα κυρίου (κύριος = Jahwe, als Eigenname im Hebr. determiniert) *die Herrlichkeit des Herrn* (Lk 2,9; vgl. Ps 104,31);

dd) im NT normalerweise vor einem Subst. im Gen., das von einem artikellosen Subst. abhängt:

λόγος _ θεοῦ *das Wort Gottes* (1Thess 2,13).

S.a. §214; 216.

Zu κύριος (= Jhwh) *Herr*: _ κύριος ὁ θεός kommt meist in AT-Zitaten vor (z.B. Mt   **241**
4,7.10). ὁ κύριος bezieht sich meist auf den erhöhten Jesus, kann aber auch in diesem   *107*
Sinn bei einer Präp. ohne Artikel stehen (z.B. 1Thess 3,8).

d) *Der Artikel bei Eigennamen* (H-S §134)

R60 aa) Entsprechend §237 gilt grundsätzlich: Beim Bezug auf erwähnte oder als allgemein   **242**
bekannt zu verstehende Personen steht der Artikel, sonst nicht. Im NT fehlt er aber   *108*
häufig entgegen dieser Regel (weitgehend Sem.; auch klass. manche »Regelverstöße«!).

bb) Nichtdeklinierbare Personennamen bekommen manchmal zur Verdeutlichung des   **243**
Kasus den Artikel: *109*

    ἐγεῖραι τέκνα τῷ Ἀβραάμ *dem Abraham Kinder erwecken* (Mt 3,9).

cc) Namen von Landschaften, Ländern und Flüssen stehen meist mit, Ortsnamen häufiger   **244**
ohne, Völkernamen teils mit, teils ohne Artikel (Stellen s. Konkordanz): ἡ Ἰουδαία *Judäa*,   *110*
ὁ Εὐφράτης *der Eufrat(strom)*, Ἱεροσόλυμα *Jerusalem*, (οἱ) Ἕλληνες *die Griechen*.

e) *»Attributive« und »prädikative« Wortstellung* (H-S §136):

R22 aa) »**Attributive**« Wortstellung (vgl. auch §218):   **245**

    ἡ **καλὴ** γῆ oder ἡ γῆ ἡ **καλή** *der gute Boden* (vgl. Mt 13,23.8),   *111*

    ἔργον **καλόν** oder (etwas weniger häufig) **καλὸν** ἔργον *ein gutes Werk* (Mt 26,10;
    Mk 14,6).

bb) »**Prädikative**« Wortstellung: **246**

(1) Subj.+(Präd.)+Präd.-Nom.:   *112*

    ὁ ... νόμος (Subj.) **ἅγιος** (Präd.-Nom.) *das Gesetz ist heilig* (Röm 7,12),
    seltener:

    ἅγιος (Präd.-Nom.) κύριος ὁ θεός (Subj.) *Gott, der Herr, ist heilig* (Apk 4,8);

(2) Subj.+Präd.+AkkO+Obj.-Präd. o.ä.:

    ἔχω (Präd./Subj.) τὴν μαρτυρίαν (AkkO) μείζω (Obj.-Präd.) = ἡ μαρτυρία ἣν ἔχω
    μείζων ἐστίν/ἔχω μαρτυρίαν ἣ μείζων ἐστίν wörtl. *ich habe das Zeugnis als ein*
    größeres = das Zeugnis, das ich habe, ist größer/ich habe ein Zeugnis, das
    größer ist (Jh 5,36; vgl. auch Mk 8,17; Hb 7,24).

Zu den Attributen αὐτοῦ sowie den anderen Gen.-Attributen, οὗτος, πᾶς/ὅλος, αὐτός
usw. mit »prädikativer« Wortstellung s.o. §219-221; s.a. §214; 216.

3. Syntax des Adjektivs (H-S §137/138)

R43 Das Adj. kann nicht nur, wie zu erwarten, attributiv (§218; 245), »prädikativ« (Präd.-   **247**
Nom., Obj.-Präd. bzw. Artangabe/»Prädikativ« [§183; 199; 208], mit »prädikativer«   *113*
Wortstellung [§246]) und substantiviert (§239), sondern in bestimmten Fällen auch **ad-**
verbial (mit »prädikativer« Wortstellung [§206; 208; 246]) gebraucht werden:

    δευτεραῖοι (TempA) ἤλθομεν *am zweiten Tag kamen wir an* (Apg 28,13),

    ... **ἑκὼν** (ModA) τοῦτο πράσσω ... *... ich tue dies freiwillig* (1Kor 9,17).

4. Die Komparation (H-S §138)

248 a) Das »als« (beim Attr. zum komparativen Adj./Adv. [vgl. §202f]) wird meist durch
114 Gen. (gen. comparationis [§302]), seltener durch die Partikel ἤ ausgedrückt:

μείζω (μείζονα) (Adj.) τούτων (Attr.) *Größeres als das* (Jh 1,50),

μείζων (Adj.) ... ἢ ὁ ἐν τῷ κόσμῳ (Attr.) *größer ... als jener, der in der Welt ist*
(1Jh 4,4),

Beispiele mit Adv.: Jh 21,15; Apg 5,29.

249 Ebenfalls vorkommende Partikeln: παρά mit Akk., ὑπέρ mit Akk. (gelegentlich auch bei
115 Subst. oder Verben ohne μᾶλλον *mehr* in komparativischem Sinn [μᾶλλον dient manchmal
der Umschreibung des Komparativs: Mk 9,42; Apg 20,35 usw.]), z.B. in Lk 3,13; Hb 4,12.

b) Bemerkenswertes:

250 aa) Manchmal muss in der Übersetzung ein »weggelassener« Teil des »als«-Gliedes er-
116 gänzt werden:

... τὴν μαρτυρίαν μείζω (Adj.) _ τοῦ Ἰωάννου (Attr.) *das Zeugnis ... größer als
[das] des Johannes* (Jh 5,36).

251 bb) πολλῷ (πολύς im dat. differentiae/mensurae) kann den Komparativ (als Attr. zu   R74
117 Adj./Adv. [vgl. §202f]) verstärken:

πολλῷ πλείους (Adj.) ἐπίστευσαν *noch viel mehr [Leute] kamen zum Glauben
[an ihn]* (Jh 4,41).

252 cc) Besonderheiten, die teils durch den sem. Hintergrund, teils durch den Volkssprach-
118 charakter des neutestamentlichen Griech. bedingt sind:

(1) der Positiv steht manchmal **statt** des **Komparativs** oder statt des **Superlativs**:   R32

καλόν ἐστίν σε εἰσελθεῖν ... *es ist besser für dich, ... einzugehen* (Mk 9,45),

ποία ἐντολὴ **μεγάλη** ἐν τῷ νόμῳ *was für ein Gebot ist das größte im Gesetz?* (Mt
22,36);

(2) der Komparativ ersetzt im NT meist den Superlativ (Koine):

μείζων δὲ τούτων ἡ ἀγάπη *die größte unter diesen aber ist die Liebe*
(1Kor 13,13).

253 dd) Wie in anderen Sprachen kommt der Superlativ (oder dessen Ersatz) auch **elativisch**   R32
119 vor (ein sehr hoher Grad wird bezeichnet):

ἐκ ξύλου **τιμιωτάτου** *aus kostbarstem* (= sehr kostbarem, nicht dem absolut
kostbarsten) *Holz* (Apk 18,12),

Bsp. mit Komparativ statt des elativischen Superlativs: 2Kor 8,17.

Merke vor allem für das Att. den idiomatischen Gebrauch von ὡς τάχιστα *so schnell wie*   R97
möglich, möglichst schnell (Apg 17,15).

5. Syntax der Pronomina (H-S §139-144)

254 Die Pron. werden teils **substantivisch** (z.B. αὐτῷ *ihm*), teils **adjektivisch** (z.B. ἐμός
120 *mein*) – nach den für diese Wortarten geltenden Regeln – verwendet (§208; 273ff).

Hauptsächlichste **Unterschiede** zum **Klass.**:　　　　　　　　　　　　　　**255**

a) Pron. kommen häufiger vor und sind dabei öfter pleonastisch (s. z.B. §257; zum Pleo- *121* nasmus vgl. §513).

b) Die feineren klass. Unterschiede werden nicht beachtet (s. z.B. §260; 267).

a) *Nichtreflexives (nichtrückbezügliches) Personalpronomen* (§92; H-S §139)

aa) Zum **Nom.** (Subj.): In der Regel steht es nur zur Hervorhebung der Person (vor al- **256** lem bei Gegensätzen). Im NT gibt es aber Fälle, wo keine Hervorhebung vorliegt. Bsp.: *122*

　　καὶ **σὺ** ἐξ αὐτῶν εἶ *auch du gehörst zu ihnen* (Hervorhebung) (Lk 22,58),

　　ἔθηκα ὑμᾶς ἵνα **ὑμεῖς** ὑπάγητε ... *ich habe euch dazu bestellt, dass ihr hingeht ...* (wahrscheinlich keine Hervorhebung) (Jh 15,16).

bb) Zu **Gen.**, **Dat.** und **Akk.**: Die betonten Formen ἐμοῦ *meiner* usw. werden bei Her- **257** vorhebungen, d.h. im Gegensatz und (meist) nach Präp., gebraucht; sonst stehen die *123* enklitischen Formen μου *meiner* usw. Im NT sind sie häufiger als im Klass. (öfter pleo- nastisch [§255]):

　　εἰ **ἐμὲ** ἐδίωξαν, καὶ **ὑμᾶς** διώξουσιν. *wenn sie mich verfolgt haben, so werden sie auch euch verfolgen* (Jh 15,20),

　　μάθετε ἀπ' **ἐμοῦ** *lernt von mir!* (Mt 11,29), aber:

　　ἐὰν θέλῃς δύνασαί **με** καθαρίσαι *wenn du willst, kannst du mich reinigen* (Mt 8,2).

cc) Zur **dritten Person**:　　　　　　　　　　　　　　　　　　　　　　　**258**

R59 (1) Nicht nur im Gen., Dat. und Akk. (wie im Klass.), sondern auch im **Nom.** (bei Her- *124* vorhebung entsprechend ἐγώ *ich,* σύ *du* usw. [§256]) steht meist αὐτός (klass. dafür ἐκεῖνος *jener,* οὗτος *dieser*):

　　αὐτοὶ παρακληθήσονται *sie werden getröstet werden* (Mt 5,4),

　　»klass.« Beispiel: Jh 7,11.

R36 Merke: αὐτὸς ὁ –: – *selbst,* ὁ αὐτός –: *derselbe* – (§221), αὐτός *er.*

Bei Lk manchmal αὐτός = αὐτὸς οὗτος/ἐκεῖνος *eben dieser/eben jener* (z.B. 24,13).

(2) Häufig steht der pronominal gebrauchte **Artikel** (§236).

b) *Reflexives (rückbezügliches) Personalpronomen* (§93; H-S §139f-l)

aa) Es bezieht sich auf das Subj.:　　　　　　　　　　　　　　　　　　　**259**

　　μαρτυρῶ περὶ **ἐμαυτοῦ** *ich lege Zeugnis über mich (selbst) ab* (reflexiv: *ich –* *125* *mich*) (Jh 5,31),

　　μαρτυρεῖ περὶ **ἐμοῦ** *er legt Zeugnis über mich ab* (nichtreflexiv: *er – mich*) (Jh 5,32).

bb) **Bemerkenswertes**:　　　　　　　　　　　　　　　　　　　　　　　**260**

(1) **1./2. Pl.**: Statt des klass. ἡμῶν/ὑμῶν αὐτῶν usw. steht in der Koine/im NT dasselbe *126* wie in der 3. Pl.: nämlich ἑαυτῶν usw.:

　　ἐν **ἑαυτοῖς** στενάζομεν *wir seufzen in uns selbst* (Röm 8,23).

(2) **αὐτοῦ** *seiner selbst* usw. statt ἑαυτοῦ usw. fehlen im NT (laut Standardausgaben).

(3) Im NT steht an nicht wenigen Stellen statt des reflexiven das **nichtreflexive** Pers.-Pron., bes. beim gen. possessoris (§288) der 3. Pers.:

ἀράτω τὸν σταυρὸν **αὐτοῦ** *er ... nehme sein Kreuz auf sich* (Mt 16,24).

(4) ἑαυτῶν ersetzt manchmal das **Reziprok**pronomen ἀλλήλων (§261).

c) Reziprokpronomen (wechselbezügliches) Pronomen (§94; H-S §139mf)

261
127
Beispiel:

ἵνα ἀγαπᾶτε **ἀλλήλους** *damit ihr einander liebt* (Jh 13,34).

Statt ἀλλήλων usw. können **ἑαυτῶν** usw. (auch klass. [§260]) sowie (im Akk.) **εἰς τὸν ἕνα** (s. 1Thess 5,13 und 11) stehen.

d) Possessivpronomen (besitzanzeigendes Pronomen) (§95; H-S §140)

262
128
aa) Es tritt im NT zugunsten des Pers.-Pron. (§256-258) im gen. possessoris (§288) stark zurück. Es wird wie ein Adj. verwendet (§247) und betont das Besitzesverhältnis stärker als das Pers.-Pron. im Gen. Beispiele:

(1) Nicht reflexiv: **(R59)**

ὁ παῖς **μου** *mein Knecht* (normal) (Mt 8,6),

εἰς **τὸ ἐμὸν** ὄνομα *in meinem Namen* (stärker betont) (Mt 18,20);

(2) reflexiv (vgl. §259; auch nichtreflexive Formen möglich): **R66**

οὐ ζητῶ τὸ θέλημα **τὸ ἐμόν** *ich trachte nicht nach meinem eigenen Willen* (normal) (Jh 5,30),

... μὴ ζητῶν τὸ **ἐμαυτοῦ** σύμφορον ... *ich suche nicht meinen eigenen Vorteil* (stärker betont) (1Kor 10,33).

Zum possessiven Gebrauch des Art. s. §237, zu dem von κατά mit Akk. §329.

263
129
bb) **Bemerkenswertes**:

(1) Statt ἐμαυτοῦ usw., bes. in der 3. Pers., steht im NT oft **ἴδιος** *eigen, eigentümlich*:

τὰ **ἴδια** πρόβατα φωνεῖ *er ruft seine Schafe* (Jh 10,3);

vgl. auch Lk 6,41; Jh 4,44; 1Kor 4,12.

(2) Gelegentlich drückt das Possessivpronomen einen gen. obi. (§292) aus:

εἰς τὴν **ἐμὴν** ἀνάμνησιν *zur Erinnerung an mich* (1Kor 11,24f).

e) Demonstrativpronomen (hinweisendes Pronomen) (§96f; 100; H-S §141)

264
130
aa) Grundsätzlich gilt:

(1) »dieser« (Hinweis auf das räumlich, zeitlich oder gedanklich näher Liegende [»Nahdeixis«]):

(a) **οὗτος** usw. *dieser* (Klass.: Hinweis [»anaphorisch«] auf schon Genanntes, Vorhergehendes [Lat. *iste*], im NT auch auf gerade Vorliegendes oder [»kataphorisch«] Folgendes; 1391mal im NT);

(b) **ὅδε** usw. *der hier, dieser* (Hinweis auf gerade Vorliegendes oder [kataphorisch] Folgendes [Lat. *hic*]; im NT nur 10mal);

(2) »jener« (Hinweis auf Entfernteres [»Ferndeixis«]): **ἐκεῖνος** usw. (265mal im NT).

bb) **Bemerkenswertes**:   **265**

(1) Auch als Attr. wird es mit »prädikativer« Wortstellung (§219) verwendet: *131*

οὗτος ὁ λαός/ὁ λαὸς οὗτος *dieses Volk*

(2) Es steht als Bezugswort vor attributiven (bzw. appositionalen) Konjunktional- (im Ntr. Sg.) und Relativsätzen (§487ff):

τίς **οὗτός** ἐστιν ὅς ... *wer ist dieser, der* ... (Lk 7,49),

λογίζῃ δὲ **τοῦτο** ..., ὅτι ... *rechnest du damit, dass* ... (Röm 2,3).

Zur vergleichbaren Funktion von Artikel und Rel.-Pron. s. §236; 267.

f) Relativpronomen (bezügliches Pronomen) (§98; 100; H-S §142)

aa) Es gibt grundsätzlich zwei Arten von Relativpronomina (und -adverbien):   **266**

(1) das **individuelle** (Bezug auf Bestimmtes):   *132*

ὅς usw. *der/welcher* (analog auch ὅσος *wie groß* usw. sowie οὗ *wo* usw.),

(2) das **generelle** (verallgemeinernde; Bezug auf Unbestimmtes/Gattung):

ὅστις usw. *wer auch immer/jeder, der* (Pl. *alle, die*) (z.B. Mt 13,12) (analog auch ὁπόσος *wie groß auch immer* usw. sowie ὅπου *wo auch immer* usw.),

aber auch **qualitativ** im Sinn von *ein solcher, der* (bzw. *insofern, als er* ... [Mt 7,14]):

ἄλλοις γεωργοῖς, **οἵτινες** *an andere Winzer, (an solche) die* (Mt 21,41).

Merke: Durch ἄν/ἐάν mit Konj. kann die Unbestimmtheit zusätzlich unterstrichen werden (vgl. §387; 505):

ὅστις ἐὰν ᾖ *wer immer es auch sein mag* (Gal 5,10).

bb) **Bemerkenswertes**:   **267**

(1) Im NT werden die beiden nicht immer streng auseinandergehalten, z.B.   *133*

εἰς πόλιν Δαυὶδ **ἥτις** (= ἥ) ... *in die Stadt Davids, die* ... Lk 2,4).

(2) Das Rel.-Pron. bzw. -adv. kann auch einen abhängigen Fragesatz einleiten (vgl. z.B. Lk 9,33 und Mk 9,6) und (in der Koine) auch umgekehrt (vgl. z.B. Lk 17,8 und 11,6); s.a. §269.

(3) Wie der Artikel (§236) kann ὃς μέν – ὃς δέ im Sinn von *der eine/dieser – der andere/jener* verwendet werden (z.B. Lk 23,33).

S.a. unter §491ff.

g) Interrogativpronomen (Fragepronomen) (§99; 100; H-S §143)

aa) **Gebrauch** der Interrogativpronomina (und -adverbien):   **268**

(1) τίς; *wer?* τί; *was?* (ποῦ; *wo?* usw.) vor direkter oder indirekter Frage (§454ff; 463ff), auch: *134*

– attributiv *welcher ...?/was für ein ...?* (Lk 14,31; Jh 2,18);

– τί adverbial auch *warum?* (Mt 6,28) oder sem. im Ausruf *wie ...!* (Mt 7,14);

(2) ὅστις *wer* ὅ τι *was* (ὅπου *wo* usw.) in indirekten Fragen (im NT ganz selten, dort fast immer im Sinn von *wer auch immer/jeder, der* usw. [s.o. §266]);

Beispiele:

τίς εἶ; *wer bist du?* (direkte Frage) (Jh 1,22),

εἰπὲ **τίς** ἐστιν *sag, wer es ist!* (indirekte Frage) (Jh 13,24 Handschriften BCL usw.); vgl. auch Jh 5,44; 1Thess 1,9 Lk 24,19f.

269 bb) **Bemerkenswertes**: Interrogativ- und Rel.-Pron. können sich gegenseitig ersetzen
135 (so in der Koine; im Klass. war der Ersatz des Rel.-Pron. durch das Interrogativum nicht
gebräuchlich; vgl. §267):

> οὐ **τί** (= ὅ) ἐγὼ θέλω ...*nicht, was ich will* ... (Mk 14,36).

h) Indefinitpronomen (unbestimmtes Pronomen) (§99; 100; H-S §144)

270 aa) **Gebrauch**:
136 (1) **τις** substantivisch *(irgend-) einer/jemand,* adjektivisch/attributiv *ein (gewisser)*
(auch *eine Art* [mildernd] oder *nur ein* [verschärfend], s. Jak 1,18 und Hb 10,27);
(2) **τι** substantivisch *(irgend) etwas,* adjektivisch/attributiv *etwas.*

Beispiele:

> πῶς δύναταί **τις** ...*wie kann jemand/einer* ...? (Mt 12,29);
>
> ἱερεύς **τις** *ein gewisser Priester* (Lk 1,5);
>
> ἔχει **τι** *er hat etwas* (Mt 5,23);
>
> ... **τι** ἀγαθὸν ἢ φαῦλον ...*etwas Gutes oder Schlechtes* (Röm 9,11).

271 bb) **Bemerkenswertes**:
137 (1) τις/τι steht substantivisch häufig mit gen. partitivus (bzw. ἐκ mit Gen. [z.B. Lk
11,15]; vgl. §298) (und ist dann manchmal zu ergänzen [Ellipse, §510]):

> τινες τῶν γραμματέων *einige (der) Schriftgelehrten* (Mt 9,3),
>
> εἶπαν _ ἐκ τῶν μαθητῶν αὐτοῦ *[einige] seiner Jünger sagten* (Jh 16,17).

(2) Statt τις kann stehen: εἷς »einer«, ἄνθρωπος »(ein) Mensch«, ἀνήρ »(ein) Mann«;
(3) οὐδείς/μηδείς *niemand/keiner* sind das negative Gegenstück zu τις. Dafür steht im
NT (Sem.) manchmal οὐ (μή) ... πᾶς im Sinn von *keiner* (statt *nicht jeder*):

> οὐκ ἂν ἐσώθη **πᾶσα σάρξ** *es würde niemand* (wörtl. *kein Fleisch,* nicht: *nicht je-
> des/alles Fleisch* [aber: *einiges schon*]) *gerettet* (Mt 24,22),

ähnlich (auch Klass.) εἷς ... οὐ (Mt 10,29).

6. Syntax der Zahlwörter (§101ff; H-S §145)

272 Im Großen und Ganzen werden Zahlwörter wie im Deutschen verwendet. Merke aber:
138 a) »**erster** (Tag)«: neben πρώτη auch μία (Sem.) (Apg 20,7; Mk 16,9).
b) »**je**« (distributiv): ἀνά/κατά (wie klass.) sowie Doppelschreibung (Koine; auch zu-
sätzlich mit ἀνά):

> ἀνὰ πεντήκοντα *je fünfzig* (Lk 9,14; s.a. 1Kor 14,27);
>
> δύο δύο *zu zweit/zu zweien* (Mk 6,7; Lk 10,1: ἀνὰ δύο δύο).

c) »**ungefähr**«: ὡς/ὡσεί:

> ὡς δισχίλιοι *ungefähr zweitausend* (Mk 5,13).

7. Die Kasussyntax (H-S §146-182; 187)

273 Wie und mit welchen inhaltlichen Nuancen den nominalen Wörtern u.a. ihre Satzglied- oder
139 Attr.-Rolle (vgl. §208) durch die Kasus zugeteilt wird, soll die folgende Übersicht zeigen:

a) *Nominativ und Vokativ* (H-S §147/148)

aa) **Nominativ** = **Kasus des Subjekts** (»Wer oder was?«) sowie aller formal damit **274**
übereinstimmender Satzbestandteile (Attr., Präd.-Nom./Subj.-Präd., z.T. Adverbiale, *140*
[Subj.-]Artangabe [»Prädikativ«]). Vgl. §208.

Merke auch den Nominativ **außerhalb** der **Satzkonstruktion**: **275**

(1) **nominativus pendens** (»hängender«, d.h. nicht in der Konstruktion stehender Nom. *141*
[vgl. §509]):

ὁ νικῶν ... δώσω αὐτῷ ... *wer überwindet ... geben werde ich ihm ...* (Apk 2,26)
(das, was im Dativ stehen sollte, ist zur Hervorhebung aus der Konstruktion herausge-
nommen und als Anakoluth [§509] im Nom. an die Spitze gestellt),

(2) in Ausrufen (z.B. Röm 7,24), anstelle des Vok. und bei listenmäßigen Aufzählungen.

bb) **Vokativ** = Kasus der **Anrede** (fungiert syntaktisch als Einschub [§508]). In der **276**
Koine steht er meist ohne die attisch übliche **Interjektion** ὦ; wenn sie gebraucht wird, *142*
so meist mit Affekt:

πάτερ ἅγιε *heiliger Vater* (Jh 17,11),

ὦ ἄνθρωπε κενέ *o du gedankenloser Mensch!* (Jak 2,20).

Oft ersetzt der Nom. den Vok. (dann mit Art.):

ναί, ὁ πατήρ *ja, Vater* (Lk 10,21).

b) *Akkusativ* (H-S §149-157)

(i) Allgemeines (H-S §149)

Der Akkusativ ist in erster Linie **Kasus des Akkusativ-Objekts** sowie aller formal damit **277**
übereinstimmender Satzteile (Attr., Obj.-Präd., z.T. Adverbiale, [Obj.-]Artangabe [»Prädi- *143*
kativ«]); daneben wird er **seltener** in freierer, formal nicht mit anderen Satzteilen überein-
stimmender Weise **adverbial** gebraucht (als Adverbiale u.ä.). Vgl. §208, auch S. 145ff.
Zum accusativus absolutus s. §417.

(ii) Objektsakkusativ (»Wen oder was?«, AkkO) (H-S §150-154)

(1) **Gewöhnlicher** Objektsakkusativ (typischer Gebrauch): **278**

(a) mit affiziertem (vom Vorgang direkt betroffenem) AkkO: *144*

κατέκλασεν τοὺς ἄρτους *er brach die Brote* (Mk 6,41),

(b) mit effiziertem AkkO (Bezug auf Ergebnis oder Inhalt des Vorgangs):

ᾠκοδόμησεν πύργον *er baute einen Turm* (Mt 21,33).

R53 (2) Akkusativ des **inneren Objekts** (AkkO ist mit dem Verb form- [»figura etymologi- **279**
ca«] oder sinnverwandt): *145*

ἐφοβήθησαν φόβον μέγαν *sie gerieten in große Furcht* (Mk 4,41),

ὅρκον ὃν ὤμοσεν *den Eid, den er geschworen hat* (Lk 1,73).

(3) **Einfacher** Akkusativ (Subj.+Präd.+AkkO [§231,2]): **280**

οὐδένα ἠδικήσαμεν *wir haben niemand Unrecht getan* (2Kor 7,2). *146*

281 (4) **Doppelter** Akkusativ (Subj.+Präd.+AkkO+AkkO/Obj.-Präd. [§231,15f]): R6
147 R29

γάλα (AkkO) ὑμᾶς (AkkO) ἐπότισα *ich gab euch Milch zu trinken* (1Kor 3,2),

τίς με (AkkO) κατέστησεν **κρίτην** (Obj.-Präd.) *wer hat mich zum Richter ... eingesetzt?* (Lk 12,14).

Zum Akkusativ beim Pass. s. §346ff.

(iii) Freierer Akkusativ (H-S §155-157)

282 (1) Akkusativ der **Ausdehnung** (»Wie weit/lange?«, meist LokA/TempA): R26
148

ἐληλακότες ... **ὡς σταδίους εἴκοσι πέντε** (LokA) *als sie ungefähr 25 Stadien gerudert hatten* (Jh 6,19),

εἶδον τὰ ἔργα μου **τεσσεράκοντα ἔτη** (TempA) *sie sahen meine Werke 40 Jahre lang* (Hb 3,9.10).

Im NT auch auf »Wann?« möglich (Jh 4,52; Apg 20,16). Vgl. §316.

283 (2) Akkusativ der **Beziehung** (respectūs/relationis) (»In welcher Hinsicht/Beziehung?«; R38
149 Attr. oder ModA): Er kommt im NT nur sehr selten vor (als Ersatz dient gewöhnlich der dativus respectūs [§312]):

... οἱ ἄνδρες **τὸν ἀριθμὸν** (Attr.) ὡς πεντακισχίλιοι *die Männer ... an Zahl etwa 5000* (Jh 6,10).

284 (3) **Adverbialer** Akkusativ: Im NT ist er noch in Form von Adj. Ntr. (praktisch zu Ad-
150 verbien erstarrt) erhalten (ModE oder Attr.):

(τὸ) λοιπόν *im Übrigen, weiterhin, endlich* (1Kor 4,2).

U.a. in Form von Komparativen und Superlativen:

τάχιον *schneller, bald* (Hb 13,19.23),

τὸ πλεῖστον (auch ohne Art.) *höchstens* (1Kor 14,27),

τὸ νῦν ἔχον *für jetzt* (Apg 24,25),

ὃν τρόπον *auf welche Weise, wie* (Lk 13,34),

τὸ καθ᾽ ἡμέραν (auch ohne Art.) *täglich* (Lk 11,3).

c) *Genitiv* (H-S §158-172)

(i) Allgemeines (H-S §158)

285 Genitiv = **Kasus des Bereichs** (Person oder Sache; »echter« Genitiv) und des (räumli- (R2)
151 chen, zeitlichen oder gedanklichen) **Ausgangspunktes** (Ersatz für den indogermanischen (R8)
Ablativ), abhängig von nominalen Wörtern oder von Verben als Attr., Obj.-Präd., GenO, Adverbiale sowie damit formal übereinstimmende Satzbestandteile. Vgl. §208, auch S. 145ff. Im NT ist der klass. Genitiv (bes. beim Verb) oft durch ἐκ, ἀπό u.ä. ersetzt.

Zum Inf. mit τοῦ s. §425, zum genitivus absolutus §422.

(ii) Echter Genitiv des Bereichs (H-S §159-168)

(a) *Genitivus pertinentiae (der Zugehörigkeit; »Zu welchem Bereich gehörig?«)*

286 Der genitivus pertinentiae lässt sich wie folgt unterteilen (weniger sprachimmanente als
152 übersetzungstechnisch bedingte Kategorien!):

(1) Genitivus **auctoris** (des Urhebers oder Ursprungs; »Wessen?«/»Von wem oder was **287** stammend/herrührend?«; Attr.): *153*

  ἐκλεκτοὶ **τοῦ θεοῦ** *von Gott Erwählte* (Kol 3,12).

R121 (2) Genitivus **possessoris** (des Besitzers; »Wessen?«/»Wem gehörend?«; Attr. oder Präd.-Nom.): **288**

  ἐν τῇ οἰκίᾳ **τοῦ πατρός** (Attr.) *im Haus des Vaters* (Jh 14,2), *154*

  τὰ **τοῦ θεοῦ** (subst. [§239]) *was Gott gehört* (Lk 20,25),

  τοῦ κυρίου (Präd.-Nom. [vgl. §308]) ἐσμέν *wir gehören dem Herrn* (Röm 14,8);

  οὐχ **ὑμῶν** (Präd.-Nom.) ἐστιν γνῶναι χρόνους ἢ καιρούς *es ist nicht eure Sache* (bzw. *Aufgabe/Pflicht* o.ä.), *Zeiten oder Fristen in Erfahrung zu bringen* (Apg 1,7).

Bemerkenswertes:

– Für den genitivus possessoris steht in der Koine auch **κατά** mit Akk. (vgl. §329): **289**

  τὴν **καθ᾽ ὑμᾶς** πίστιν *euren Glauben* (Eph 1,15). *155*

– Bei der Bezeichnung von **Verwandtschaftsverhältnissen** fehlt häufig (Ellipse **290** [§510]) das Bezugswort »Sohn«, »Mutter«, »Frau«, »Leute« (Hausgenossen) u.ä.: *156*

  Ἰάκωβος ὁ **τοῦ Ζεβεδαίου** *Jakobus, der [Sohn] des Zebedäus* (Mt 10,2);

s.a. Mk 16,1 (Mutter), Jh 19,25 (Frau), 1Kor 1,11 (Leute).

– υἱός *Sohn* oder τέκνον *Kind* kann **übertragen** gebraucht eine enge Beziehung zu einer **291** Person, Sache oder Eigenschaft bezeichnen (Sem.): *157*

  οἱ ... **υἱοὶ τῆς βασιλείας** »die Söhne des Königreichs« = *die Menschen, die zur Königsherrschaft (Gottes) gehören* (bzw. eigentlich dazu gehören sollten) (Mt 13,38);

  οἱ **υἱοὶ τοῦ νυμφῶνος** »die Söhne des Hochzeitssaales (bzw. Brautgemachs)« = *die Freunde des Bräutigams* oder *die Hochzeitsgäste,* (Mt 9,15);

  τέκνα φωτός »*Kinder des Lichts*« = von Gottes Wahrheit Bestimmte (Eph 5,8);

  τέκνα ὑπακοῆς »*Kinder des Gehorsams*« = vom Gehorsam Bestimmte (1Pt 1,14).

R68 (3) **Genitivus subiectivus** und **genitivus obiectivus** (Attr.): **292**

  ἡ ἀγάπη **τοῦ θεοῦ** gen. subi. (»logisches« Subj.): *die Liebe Gottes* (Gott liebt uns), *158*

         gen. obi. (»logisches« Obj.): *die Liebe zu Gott* (wir lieben Gott).

Bei einem Subst., das den Handelnden (z.B. σωτήρ *Retter*) oder die Handlung (z.B. καταλλαγή *Versöhnung*) bezeichnet (»nomen agentis/actionis«), steht meist der gen. obi. Bei Paulus gibt es anscheinend Stellen, in denen gen. subi. und gen. obi. gleichsam kombiniert vorliegen (z.B. 2Kor 5,14). Vgl. auch §263.

R110 (4) Genitivus **materiae** (des Stoffes und des Inhalts; »Aus welchem Stoff?« oder »Mit **293** welchem Inhalt?«; Attr.): *159*

  κεράμιον **ὕδατος** *einen Krug mit Wasser* (Mk 14,13).

(5) Genitivus **qualitatis** (der Eigenschaft; »Von welcher Art oder Eigenschaft?«; Attr., z.T. **294** auch Präd.-Nom.). Während dieser Genitiv im Klass. praktisch auf Maß- und Alters- *160* angaben (Präd.-Nom.) beschränkt war, ist er im NT recht verbreitet, vor allem zur Bezeichnung von Eigenschaften (Attr.); oft kommt er einem Adj. gleich (Sem.; s.a. §518!):

  ἦν ... **ἐτῶν δώδεκα** (Präd.-Nom.) ... *es war zwölf Jahre alt* (Mk 5,42),

  ... τὸν οἰκονόμον **τῆς ἀδικίας** (Attr.) (= τὸν **ἄδικον** οἰκονόμον) ... *den ungerechten Verwalter* (Lk 16,8), τὸ σῶμα **τῆς ἁμαρτίας** (Attr.) *der Leib der Sünde* (der von der Sünde beherrschte Leib) (Röm 6,6),

καρδία πονηρὰ **ἀπιστίας** (Attr.) *ein böses Herz voll Unglaubens* (Hb 3,12).

295
161
(6) Genitivus **pretii** (des Wertes und des Preises; »Für wie viel?«/»Wie viel wert?«; Adverbiale oder GenO):   R113

ἀγοράσωμεν **δηναρίων διακοσίων** (Mod.) ἄρτους ...; *sollen wir für 200 Denare Brot kaufen?* (Mk 6,37),

καταξιωθῆναι ... **τῆς βασιλείας τοῦ θεοῦ** (GenO) *der Gottesherrschaft für würdig erachtet werden* (2Thess 1,5).

296
162
(7) Genitiv der **Richtung und der Absicht/Wirkung** bzw. **des Zwecks** (»Mit welcher Richtung oder Absicht/Wirkung [bzw. zu welchem Zweck]?«; Attr.):

τὴν **τῶν ἁγίων** ὁδόν *der Weg ins Heiligtum* (Hb 9,8);

s.a. etwa Röm 8,2; Hb 12,24; Kol 3,14.

297
163
(8) Genitivus **epexegeticus/appositivus** (erklärender Genitiv; »Was für ein?«/»Worin bestehend?«; Attr.):

ἡ δωρεὰ **τοῦ ἁγίου πνεύματος** *die im Heiligen Geist bestehende Gabe* (Apg 10,45).

Oft erklärt dieser Genitiv ein Bildwort:

ὁ στέφανος **τῆς ζωῆς** *der Siegeskranz des Lebens* (Jak 1,12)

(b) Genitivus partitivus (des geteilten Ganzen) (H-S §166-167)

298
164
(1) Abhängig von **nominalen Wörtern** (»Wovon/Von welchem Ganzen?«; öfter durch ἐκ/ἀπό ersetzt; Attr. [vgl. §219]), bes. bei Ortsnamen – wobei der (»chorographische«) Gen. das Land/Gebiet bezeichnet, in dem der Ort liegt – oder bei τις *jemand/einer* (§271), ἕκαστος *jeder*, εἷς *ein* oder anderen Mengenbezeichnungen: R13 R40

ἐν Κανὰ **τῆς Γαλιλαίας** *in Kana in Galiläa* (Jh 2,1.11);

ἐν **τῶν μελῶν σου** *eins deiner Glieder* (Mt 5,29);

Ἰουδαίων τε καὶ Ἑλλήνων πολὺ πλῆθος *eine große Menge von Juden und Griechen* (Apg 14,1).

299
165
(2) Abhängig von **Verben** (GenO) der Sinnestätigkeit (z.B. ἀκούω *hören*, ἅπτομαι *berühren*), des Ergreifens/Fassens/Haltens (κρατέω *fassen/halten* u.ä.), des Füllens/Vollseins (πίμπλημι *füllen* usw.; analog Adjektive wie μεστός *voll*), des Teilnehmens/Anteilgebens (μετέχω *Anteil haben* usw.), des Erstrebens/Begehrens (ἐπιθυμέω *begehren* usw.), des Erinnerns (μιμνήσκομαι *sich erinnern*), des Affekts (ἀνέχομαι *aushalten, ertragen* usw.), des Herrschens (κυριεύω *Herr sein* usw.) (Subj.+Präd.+GenO [§231,4] bzw. Muster mit GenO/2. Grades [§232]):   R13 R40

ἐμοῦ (GenO) ἀκούει *(er) hört mich* (Lk 10,16).

(c) Genitivus temporis (der Zeit; »Wann allgemein?«/»Innerhalb welches Zeitraumes?«) (H-S §168):

300
166
(1) in allgemeinen, artikellosen Wendungen (TempA):   R56

χειμῶνος *während des Winters* (Mt 24,20);

(2) distributiv mit Zahladverb (Attr. [§203]):

ἑπτάκις **τῆς ἡμέρας** *siebenmal am Tag* (Lk 17,4).

(iii) Ablativischer Genitiv (Genitiv des Ausgangspunktes; Ersatz für den indogermanischen Ablativ) (H-S §169-171)

(a) Genitivus separationis (der Trennung/des Ausgangspunktes; »Woher?« oder »Von wo weg?«) (H-S §169)

Dieser Genitiv begegnet typischerweise im GenO bestimmter Verben und Adjektive. Im **301**
NT ist der Gen. dieser Ausdrücke meist durch ein PräpO mit ἐκ oder ἀπό ersetzt, z.B. *167*
bei ἀπέχω *entfernt sein*. Zu den Verben, die noch recht häufig den reinen Genitiv nach
sich ziehen, zählen διαφέρω *sich unterscheiden von/mehr sein als*, χρῄζω *nötig haben,
bedürfen*, δέομαί τινός τι *jmdn. um etwas bitten* (Subj.+Präd.+GenO/Subj.+Präd.+
AkkO+GenO [§231,4/12]):

> δεήθητε ... **τοῦ κυρίου** ... *bittet den Herrn* ... (Mt 9,38).

(b) Genitivus comparationis (des Vergleichs; »... als wer oder was?«) (H-S §170):

R31 Dieser Genitiv findet sich im Attribut zum Komparativ (statt Gen. seltener ἤ; §248): **302**
> μείζω (= μείζονα) (Komparativ) **τούτων** (Attr.) *Größeres als dieses* (Jh 1,50). *168*

(c) Genitivus locativus (des Ortes; »Wo?« oder »Woher?«) (H-S §171):

Schon klass. fast nur poetisch, ist dieser Genitiv im NT nur in geringen Resten (als **303**
LokA/E) vorhanden (meist durch ἐκ, z.T. durch ἀπό ersetzt): *169*

> ἐκείνης (erg. ὁδοῦ) (LokA) ἤμελλεν διέρχεσθαι *er musste dort* (auf jenem Weg)
> *vorbeikommen* (Lk 19,4).

(iv) Bemerkenswertes:

Bei Paulus finden sich Häufungen verschiedenartiger Genitive, die nicht immer eindeu- **304**
tig erklärt werden können (H-S §172): *170*

> τὸν φωτισμὸν **τοῦ εὐαγγελίου τῆς δόξης τοῦ Χριστοῦ** *das Leuchten des Evan-
> geliums von der Herrlichkeit des Christus* (2Kor 4,4)

(1. Genitiv: gen. auctoris; 2. Genitiv: gen. obi., evtl. materiae; 3. Genitiv: gen. subi. oder
possessoris).

d) Dativ (H-S §173-182)

(i) Allgemeines (H-S §173)

Dativ = (1) »**echter**« Dativ (etwa = deutscher Dativ), (2) **instrumentaler und sozia-** **305**
tiver Dativ (bezeichnet Mittel oder Begleitgröße; Ersatz für den indogermanischen *171*
Instrumentalis; vgl. lat. Ablativ) sowie (3) **lokativischer Dativ** (gibt Ort oder Zeit an;
Ersatz für den indogermanischen Lokativ; vgl. lat. Ablativ) als DatO (sowie als formal
damit übereinstimmende Satzbestandteile), Präd.-Nom. (evtl. Obj.-Präd., Artangabe
[»Prädikativ«], Adverbiale, Attr.). Vgl. §208, auch S. 145ff. Im NT ist der klass. Dativ
oft durch ἐν sowie u.a. durch διά mit Gen. und μετά mit Gen. ersetzt.
Zum Inf. als Dativ s. §406.

(ii) Echter Dativ (H-S §174-176)

(a) Objektsdativ (»Wem?«):

306 (1) **neben** einem **AkkO** als **indirektes** (bzw. als entfernteres) **Objekt** (Subj.+Präd.+
172 AkkO+DatO [§231,11]):

ἔδωκεν **αὐτὸν** (AkkO) **τῇ μητρὶ αὐτοῦ** (DatO) *er gab ihn seiner Mutter* (Lk 7,15),

(2) als **einziges Objekt** (meist der Pers.: Subj.+Präd.+DatO[der Pers.] [§231,3]):

οὐδεὶς δύναται **δυσὶ κυρίοις** δουλεύειν *niemand kann zwei Herren dienen* (Mt 6,24).

(3) als **DatO/2. Grades beim Adjektiv** (Subj.+Präd.+Präd.-Nom.+DatO/2. Grades [§185; 232,1] oder Subj.+Präd.+AkkO+Obj.-Präd.+ DatO/2. Grades [§231,15 und §232,1]):

πιστὴν **τῷ κυρίῳ** *gläubig an den Herrn* (Apg 16,15).

(b) Dativus commodi et incommodi (des Interesses; »Für wen, d.h. in wessen Interesse, zu wessen Vor- oder Nachteil?«)

307 (1) als Adverbiale des Interesses (IntA/E [§198; 184]):　　　　　　　　R125
173 οὐδεὶς ... ἡμῶν **ἑαυτῷ** ζῇ *keiner von uns lebt für sich* (Röm 14,7),

(2) als Präd.-Nom. (§182ff) mit Kopula (»sein«/»werden«) im Sinne von »besitzen/ha-　R9
ben« (manchmal »dativus **possessoris**« [des Besitzers] genannt):

οὐκ ἦν **αὐτοῖς** τέκνον *sie hatten kein Kind* (Lk 1,7).

308 Merke: Gewöhnlich betont der Genitiv (§288) den Besitzer (= »gehören« o.ä.), der Da-
174 tiv den Besitz (= »haben« o.ä.), vgl. Mk 12,7; Lk 2,7.

309 (3) Ganz selten im NT:
175 – Dativ des Urhebers (**auctoris**) einer Handlung beim Passiv statt ὑπό mit Gen. *von*　R115
(§345), vor allem beim Pf. Pass. (einmal im NT: Lk 23,15) und (att.) beim Verbaladjek-
tiv (§107 Anm.).

– Dativ des **Standpunktes** (»für einen«, oder »in jmds. Augen«; manchmal zum »dati-
vus ethicus« gezogen [H-S §176c]; adverbial oder attributiv):

ἄσπιλοι καὶ ἀμώμητοι **αὐτῷ** *fleckenlos und untadelig in seinen Augen* (2Pt 3,14).

(iii) Instrumentaler Dativ (1. Bereich des »Sociativus-Instrumentalis«) (H-S §177f)

(a) Dativus instrumenti (des Mittels; »Womit/Wodurch?«)

310 Dieser Dat. dient meist als InstrA/E (häufig dafür ἐν, auch διά mit Gen.):　　　R41
176 ἐργαζόμενοι **ταῖς ἰδίαις χερσίν** *mit den eigenen Händen arbeitend* (1Kor 4,12).

(b) Dativus causae (des Grundes; »Auf Grund/Infolge wovon?«)

311 Dieser Dat. begegnet gewöhnlich als KausA/E:　　　　　　　　　　　R24
177 **λιμῷ** ... ἀπόλλυμαι *ich gehe an Hunger zugrunde* (Lk 15,17),

νεκροὺς **τοῖς παραπτώμασιν** *tot infolge der Übertretungen* (Eph 2,1).

(c) Dativus respectus/relationis (der Hinsicht/Beziehung; »In welcher Hinsicht/ Beziehung?«)

Der dativus respectūs/relationis ist meist Attr., aber auch ModA/E (dafür selten ἐν),   **312**
Standardersatz für den seltenen Akk. der Beziehung (§283):   *178*

> πτωχοὶ τῷ πνεύματι *die Armen im Geist* (Mt 5,3),
>
> σκηνοποιοὶ τῇ τέχνῃ *ihrem Handwerk nach Zeltmacher* (Apg 18,3).

Zum dativus differentiae/mensurae (des Unterschiedes oder des Maßes) s. §251.

(iv) Dativ der Gemeinschaft (2. Bereich des »Sociativus-Instrumentalis«)
(H-S §179f)

(a) Dativus sociativus oder comitativus (der Gemeinschaft oder Begleitung; »Wem?« oder »Mit wem zusammen?« o.ä.)

Dieser Dativ findet sich meist als DatO (auch 2. Grades):   **313**
Subj.+Präd.+DatO (§231,3):   *179*

> ἀκολούθει μοι *folge mir nach!* (Mt 9,9),

R90   Subj.+Präd.+Präd.-Nom.+ DatO/2. Grades (§232,1):

> ὅμοιοι αὐτῷ ἐσόμεθα *wir werden ihm gleich sein* (1Jh 3,2).

(b) Dativus modi (der Art und Weise; »Wie?« oder »Unter welchen begleitenden Umständen?«)

R46   Der dativus modi dient als ModA/E (dafür auch μετά mit Gen., part. coni. oder ἐν):   **314**
(1) ModA: *180*

> παρρησίᾳ τὸν λόγον ἐλάλει *ganz offen/mit Freimütigkeit redete er das Wort* (Mk 8,32),

(2) ModE (Subj.+Präd.+ModE [§231,9]) bei »wandeln« πορεύομαι, στοιχέω, περιπατέω o.ä. im NT:

> πορευομένη τῷ φόβῳ τοῦ κυρίου *wandelnd/lebend in der Furcht des Herrn* (Apg 9,31),

(3) vor allem in AT-Zitaten entsprechend dem hebr. infinitivus absolutus (zur Intensivierung des Verbinhalts; vgl. §432):

> ἐπιθυμίᾳ ἐπεθύμησα *ich habe mich sehr danach gesehnt* (Lk 22,15).

(v) Lokativischer Dativ (H-S §181f)

(a) Lokaler Dativ (Dativ des Ortes; »Wo?«)

(R5) Bereits im Att. weitgehend durch Präpositionalausdrücke ersetzt, findet sich der lokale   **315**
Dativ (LokA/E) im NT lediglich in κύκλῳ *im Kreise, ringsumher* (Mk 3,34 usw.; zum   *181*
Adv. erstarrt).

(b) Temporaler Dativ (Dativ der Zeit; »Wann?«)

R76   Der temporale Dativ (TempA/E) ist im NT recht häufig (dafür aber auch ἐν):   **316**
> τῇ τρίτῃ ἡμέρᾳ *am dritten Tag* (Mt 16,21).   *182*

Nicht selten antwortet er (unatt.) auch auf die Frage »Wie lange?« (Röm 16,25). Vgl. §282.

8. Die Präpositionen (H-S §183-187)

a) Vorbemerkungen

317
183
aa) Präpositionalkonstruktionen werden weitgehend ähnlich **verwendet** wie die Kasus-
konstruktionen (sie übernehmen deren Rolle häufig), als PräpO, Präd.-Nom., Adverbia-
lien, (Subj.-)Artangaben (»Prädikativ«) oder Attr. Vgl. §208, auch S. 145ff.

»**Eigentliche**« Präpositionen kommen als Präfixe in Komposita vor (z.B. προσ-έρχο-
μαι), »**uneigentliche**« nicht (z.B. χωρίς mit Gen. *getrennt von/ohne*). Uneigentliche zie-
hen fast ausschließlich den Gen. nach sich und erscheinen daneben auch als Adverbien
(z.B. ἔξω *außerhalb von* und *draußen*; z.T. auch als Konjunktionen oder Nomina).

Reste des ursprünglichen adverbialen Gebrauchs eigentlicher Präp. (keine Kasusform davon
abhängig!): Apk 21,21; Röm 12,5 (distributives ἀνά und κατά); 2Kor 11,23 (ὑπέρ *mehr*).

318
184
bb) Gegenüber dem **Klass.** haben im **NT** Anzahl und Gebrauchsweisen der eigentlichen
Präp. abgenommen. Z.B. von sechs klass. Präp. mit drei Kasus gibt es nur noch deren
drei; und folgende Präp. werden öfter im NT »verwechselt«:

(1) Für ἐκ (Herkunft), ὑπό mit Gen. (Urheber beim Pass.) oder παρά mit Gen. *von – her*
steht manchmal ἀπό.

(2) Z.T. vermischt werden: ὑπέρ mit Gen. *für, im Interesse von* und περί mit Gen. *be-
treffs, über*; ἀντί *für, anstatt* und ὑπέρ mit Gen. *für, im Interesse von*; εἰς *in – hinein* und
πρός mit Akk. *zu – hin*; εἰς *in* (»Wohin?«) und ἐν *in* (»Wo?«) in Mk, Lk, Apg, selten in
Jh, nicht aber in Mt, den Briefen und der Apk.

b) Übersicht über die Hauptbedeutungen der eigentlichen Präpositionen:

319
185

	mit Gen.	mit Dat.	mit Akk.	**R14**
ἀνά			s.u. §321	
ἀντί	*anstatt, für*			
ἀπό	*von – weg, seit*			
διά	*durch – hindurch,* *nach* (zeitlich)		*wegen*	
εἰς			*in* (»Wohin?«), *nach*	
ἐκ/ἐξ	*aus, heraus, seit*			
ἐν		*in* (»Wo/Wann?«)		
ἐπί	*auf/an* (»Wo?«) *zur Zeit von*	*auf/an* (»Wo?«) *wegen*	*auf/an* (»Wohin?«)	
κατά	*von – herab, gegen*		*über – hin, gemäß/nach*	
μετά	*mit*		*nach* (zeitlich)	
παρά	*von Seiten, von – her*	*bei, neben*	*neben – hin, an – vorbei, entlang*	

περί	betreffs, über		um – herum, um
πρό	vor		
πρός	zugunsten (einmal)	bei	auf – hin, gegen
σύν		mit	
ὑπέρ	über, für		über – hinaus
ὑπό	von (beim Pass.)		unter (»Wo«?, NT auch »Wohin?«)

Die klass. ἀμφί mit Akk. *um* und ὡς mit Akk. *zu* (bei Personen) fehlen im NT.

Im NT werden »jmds. **Angesicht**«/»jmds. **Hand**« hebraisierend mit präpositionalem **320**
Sinn gebraucht: ἀπὸ προσώπου statt ἀπό/παρά mit Gen. *von – her/aus*, πρὸ προσώπου/ *186*
κατὰ πρόσωπον statt πρό mit Gen.; εἰς χεῖρας *in jmds. Gewalt/jmdm.*, ἐκ χειρός *aus
jmds. Gewalt*, ἐν χειρί/διὰ χειρός statt διά mit Gen. *durch*.

c) Bemerkenswertes:

(1) **ἀνά**: Im NT nur in festen Ausdrücken und als Präfix: *hinauf-, auf-; zurück-, wie-* **321**
der- (!): ἀνα-γεννάω *wieder/von neuem zeugen/gebären*. Vgl. auch §272. *187*

(2) **ἀντί**: Als Präfix: *entgegen-, wider-* (am häufigsten); reziprok: z.B. ἀντι-καλέω *(als* **322**
Dank) wiedereinladen; anstatt, für (vereinzelt): ἀντ-αναπληρόω *in Stellvertretung* *188*
ausfüllen (Kol 1,24). S.a. §318 (z.T. = ὑπέρ mit Gen.).

(3) **ἀπό**: ἀπό (Entfernung von der Außenseite) z.T. mit ἐκ (Entfernung von der Innen- **323**
seite) vermischt; als Präfix: *ab-, weg-; zurück-*, z.B. ἀπο-δίδωμι *zurückgeben; völlig*: *189*
ἀπο-στερέω *berauben*. S.a. §285; 298; 301; 303 (oft = Gen.) sowie 318 (z.T. = ἐκ/
ὑπό/παρά mit Gen.).

(4) **διά** mit Gen. übertragen *durch* (Vermittler, Vermittlung, Mittel, Werkzeug; relativ sel- **324**
ten: Ursache, Urheber), *in/mit* (Art und Weise); als Präfix: *durch-* (örtlich); *durch-, bis zum* *190*
Ende (zeitlich); mit dem Gedanken der Trennung (vgl. deutsch *zer-*): δια-κρίνω *trennen,
unterscheiden*, Med. *mit sich uneins sein, zweifeln; durch und durch* (Vollständigkeit): δια-
φθείρω *durch und durch* (= gänzlich) *vernichten*. S.a. §305; 310 (manchmal = dat. instr.).

(5) **εἰς**: Übertragen: Bestimmung, Ziel einer Handlung *zu, für*; freundliche oder feindli- **325**
che Gesinnung *zu, gegen*; Beziehung *zu, in Bezug auf, hinsichtlich* (Apg 2,25). S.a. *191*
§318 (z.T. = ἐν; auch = πρός mit Akk.).

(6) **ἐκ**: Übertragen: Ursprung, Ursache, Veranlassung, Beweggrund, auch Regel, Maß- **326**
stab u.ä. *aus, von, aufgrund von, infolge, gemäß*; Art und Weise, z.B. *192*

       ἐκ μέρους *teilweise* (1Kor 13,12);

als Präfix: *heraus-, aus-; völlig*: ἐκ-θαυμάζω *sich sehr wundern*. S.a. §285; 298f; 301;
303 (oft = Gen.) sowie 323 (z.T. = ἀπό).

R19 (7) **ἐν**: Örtlich *in, innerhalb, unter, inmitten von*; zeitlich *in, innerhalb, bei, während*; **327**
übertragen: Zustand, Situation, z.B. *193*

       ἐν θλίψεσιν *in Bedrängnissen* (2Kor 6,4);

vor allem bei Johannes und Paulus das durch Gottes Heilshandeln bewirkte neue Sein:

ἐν Χριστῷ/ἐν κυρίῳ *in Christus/im Herrn* (1Kor 4,10; Phil 4,4 usw.) u.ä.;
kausal/instrumental *mit* (*mittels*), *durch*; die Art und Weise *mit, in*; als Präfix: örtlich
darin oder *hinein-* (!); übertragen (feindlich): ἐγ-καλέω *anklagen.* S.a. §305; 310; 312;
314f (oft = Dat.) sowie 318 (= εἰς).

328 (8) ἐπί: Zeitlich mit Dat./Akk. *während, an*; übertragen mit Dat.: Grund; Grundlage, vor
194 allem bei Verben des Affekts *über, wegen*; Hinzufügung *zu ...* (*hinzu*); Zweck, Folge
zu/für (Eph 2,10); mit Akk. feindlich *gegen*; als Präfix: *darauf-, heran-*; *hinzu-*: ἐπι-κερ-
δαίνω *hinzugewinnen.*

329 (9) **κατά** mit Akk. übertragen u.a. distributiv:
195 κατὰ πόλιν *von Stadt zu Stadt* (Lk 8,1),
καθ' ἡμέραν *täglich* (Mk 14,49);
in Hinsicht auf, in Beziehung auf; modal:
κατὰ ἄγνοιαν *unwissentlich* (Apg 3,17);
als Präfix: *herab-*; *nieder-*; *völlig*: κατ-αναλίσκω *verzehren*; *gegen-, ver-*: κατα-λαλέω
verleumden; *zurück-*: κατ-άγω *zurückführen.* S.a. §272 (»je«); 289 (possessiv).

330 (10) **μετά**: Als Präfix: *teil-* (Gemeinschaft): μετ-έχω *teilhaben;* *um-* (Veränderung):
196 μετα-βαίνω *umziehen.* S.a. §305; 314 (z.T. = dat. modi).

331 (11) **παρά** mit Akk. übertragen *gegen*: παρὰ τὸν νόμον *gegen das Gesetz* (Apg 18,13); *im*
197 *Vergleich zu, mehr als*; als Präfix: *heran-*; *vorüber-, vorbei-*; *über-*: παρα-λαμβάνω *übernehmen,*
empfangen; *wider*: παρά-δοξος *wider Erwarten.* S.a. §318 (z.T. = ὑπό mit Gen. beim Pass.).

332 (12) **περί** mit Akk., zur örtlichen Bdtg. *um*: z.B.
198 οἱ **περὶ αὐτόν** *diejenigen um ihn/seine Begleiter*, aber auch *er und* (!) *seine Be-*
gleiter (vgl. Mk 4,10 und Apg 13,13);
als Präfix *um- herum*; *über – hinweg*: οἱ περι-λειπόμενοι *die Überlebenden; mehr als*:
περι-εργάζομαι *überflüssige Betriebsamkeit entwickeln*; *völlig*: περί-λυπος *tiefbetrübt.*
S.a. §318 (z.T. = ὑπέρ mit Gen.).

333 (13) **πρό**: Übertragen: Vorrang:
199 πρὸ πάντων *vor allem* (Jak 5,12);
als Präfix: *voran-, vorwärts-, voraus-, vorher-* (zeitlich).
Merke: Für πρό steht oft ἐνώπιον, ἔμπροσθεν, ἐναντίον mit Gen. (auch hebr. entspre-
chend lifnê, bə'ênê, néḡeḏ, häufig im Sinne eines klass. Dat. bzw. – z.T. – des Gen.).

334 (14) **πρός** mit Akk. im NT oft auch auf »Wo?«, bei Zustandsverben wie γίνομαι *wer-*
200 *den*, κεῖμαι *liegen* (statt παρά mit Dat.) *bei, an, neben* (z.B. Mt 3,10); übertragen: Ziel
zu; Gemäßheit, Beziehung *gemäß, im Hinblick auf* (z.B. Gal 2,14; Mk 12,12); freundli-
ches oder feindliches Verhältnis *mit, gegen(über).* S.a. §318 (z.T. = εἰς).

335 (15) **σύν**: Als Präfix: *zusammen-*; *mit-*; *völlig*: συν-τελέω *vollenden.*

336 (16) **ὑπέρ** mit Akk. *über – hinaus, mehr als.* S.a. §318 (z.T. = περί mit Gen., auch =
202 ἀντί).

337 (17) **ὑπό**: Als Präfix *unter-*; *zurück*: ὑπο-στέλλω *zurückziehen*; *listig, heimlich*: ὑπο-
203 βάλλω *heimlich anstiften.* S.a. §318.

II. Syntax des Verbs (H-S §188-240)

1. Kategorien des griechischen Verbalsystems (s.a. §104-107)

a) Drei **Diathesen** (für »Diathese« auch »genus verbi«): Aktiv, Medium, Passiv (§343ff);   **338**

b) Vier Arten von **Tempus-** bzw. **Aspektstämmen** (§355ff) mit indikativischen und   **339**
nichtindikativischen Formen: *205*

aa) drei Stammarten mit Aspektbedeutung (nur im Ind. mit Zeitbedeutung): Präsens (durativ), Aorist (punktuell), Perfekt (resultativ);

bb) ein Stamm mit Zeit-, aber ohne Aspektbedeutung: Futur (zukunftsbezogen, nachzeitig).

c) Unterscheidung verbum finitum (finites Verb: konjugierte Formen) und verbum infi-   **340**
nitum (infinites Verb, Verbalnomina):   *206*

aa) **finites Verb** (hat Rolle des Präd., die Personalendung auch die des Subj. [vgl. §208]):

(1) drei Personen (wie im Deutschen);

(2) zwei Numeri (Sg., Pl., klass. auch Dual [dazu s. §107 Anm.]);

(3) vier Modi (§385ff): Ind., Konj. (Wollen/Erwarten), Opt. (Wunsch/Möglichkeit), Imp.;
im Ind. sechs Tempora (Formen mit Zeitbedeutung, §366ff):

– drei Haupttempora (präsentisch-futurisch): Präs. Ind., Fut. Ind., Pf. Ind.;

– drei Nebentempora (auch »Augmenttempora«; Vergangenheit): Ipf. (Präs.-Stamm),
Aor. Ind., Plsqpf. (Pf.-Stamm);

bb) zwei **Verbalnomina** (verschiedenste Satzgliedrollen, §401ff): Infinitiv, Partizip.

d) **Bemerkenswertes** (H-S §139e):

aa) Der »**schriftstellerische**« oder »soziative« **Plural**: Der Schreibende (oder Redende)   **341**
verwendet manchmal den Pl. statt des Sg., um die Leser (oder Hörer) in eine Gemein-   *207*
schaft mit seinem eigenen Tun zu ziehen:

πῶς ὁμοιώσωμεν ... *womit sollen wir ... vergleichen?* (Mk 4,30).

bb) Das »**inklusive**« und das »**exklusive**« **Wir**: In der 1. Pl. können die Angesprochenen
als eingeschlossen (inklusives Wir) oder als ausgeschlossen (exklusives Wir) gemeint sein:

εἰ ζῶμεν πνεύματι … *wenn wir* (inklusiv) *durch den Geist leben* … (Gal 5,25);

προελέγομεν ὑμῖν *wir* (exklusiv) *haben es euch vorausgesagt* (1Thess 3,4).

cc) Allgemein Gültiges wird bei Paulus u.a. auch durch die 1. oder 2. Sg. dargestellt   **342**
(Gal 2,18; Röm 2,17; 11,17).   *208*

2. Diathesen (H-S §188-191)

Die Diathese (auch das »genus verbi«, Pl. »genera verbi«) – Aktionsform oder Hand-   **343**
lungsrichtung – gibt an, in welcher Weise das Subjekt am Verbinhalt beteiligt ist: *209*

a) Aktiv (H-S §189)

Meist wird ein Vorgang bezeichnet, bei dem das Subjekt typischerweise dem Vorgangs-   **344**
träger (dem »Agens«) entspricht;   *210*

b) *Passiv* (H-S §191)

345
211
Das Subj. entspricht der vom Vorgang betroffenen Größe (dem »Patiens«, dem Obj. der Aktivkonstruktion); der Vorgangsträger (der Agens, Subj. der Aktivkonstruktion) wird, wenn überhaupt, durch ὑπό mit Gen. (seltener ἀπό, im NT vereinzelt auch durch διά mit Gen.; KausA) bezeichnet:

πάντα (Subj./Patiens) μοι (DatO) παρεδόθη (Präd.) ὑπὸ τοῦ πατρός μου (KausA/Agens) *alles ist mir von meinem Vater übergeben worden* (Lk 10,22).

Bei der **Umwandlung** von Akt.- **in Pass.-Konstruktionen** sind besonders folgende Satzmusterveränderungen zu beachten:

Aktiv	>	Passiv

346
212

Subj.+Präd.+AkkO(Patiens)+**Obj.-Präd.** >		Subj.(Patiens)+Präd. +**Präd.-Nom.**
(§231,14)		(§231,6)

z.B. καλέω τινά **τι** *jmdn. etwas nennen*:

κληθήσονται (Präd./Subj.) **υἱοὶ θεοῦ ζῶντος** (**Präd.-Nom.**) *sie werden Söhne des lebendigen Gottes heißen* (wörtl. *genannt werden*) (Röm 9,26).
Beachte: Aus dem doppelten Akkusativ (§281) wird ein doppelter Nominativ.[1]   **R21a**

347
213

Subj.+Präd.+AkkO(Pers.)+**AkkO(Sache)** >		Subj.(Pers.)+Präd.+**AkkO(Sache)**
(§231,16)		(§231,2)

z.B. κατηχέω τινά **τι** *jmdn. in etwas unterrichten*:

ἦν (Präd./Subj.[Pers.]) κατηχημένος **τὴν ὁδὸν τοῦ κυρίου** (**AkkO[Sache]**) *er war unterrichtet in der Lehre des Herrn* (Apg 18,25).

348
214

Subj.+Präd.+AkkO(Sache)+**DatO(Pers.)** >		**Subj.(Pers.)**+Präd.+AkkO(Sache)
(§231,11)		(§231,2)

R11

z.B. πιστεύω **τινί** τι *jmdm. etwas anvertrauen*:

πεπίστευμαι (Präd./**Subj.[Pers.]**) τὸ εὐαγγέλιον (AkkO[Sache]) *mir ist die Heilsbotschaft ... anvertraut* (Gal 2,7).
Beachte: Im Deutschen ist die Umwandlung ins Pass. nur über eine unpersönliche Konstruktion möglich: »mir ist«, nicht »ich bin«; oder es muss mit »bekommen« o.ä. umschrieben werden: »ich habe ... (z.B. anvertraut) bekommen«.

349
215
Wendungen wie die folgende ordnet man am besten dem Akk. der Beziehung (§283) zu:

δεδεμένος **τοὺς πόδας** (ModA) *gebunden an den Füßen* (Jh 11,44);
s.a. Hb 10,22.

c) *Medium* (H-S §190)

350
216
aa) Der Verbinhalt wird als stärker mit dem Subj. verbunden bezeichnet. Wichtigere Verwendungsweisen (oft lässt sich dabei die Übersetzung des Med. nicht vom Akt. ableiten!):   **L8**

---

[1] Vgl. §407 zum damit verwandten NcI.

(1) **indirekt-reflexiv** (im eigenen Interesse tun; vgl. dat. commodi [§307]):

τὸ πρόσωπόν σου **νίψαι** *wasche dir* (d.h. in deinem eigenen Interesse) *dein Gesicht* (Mt 6,17);

(2) die Objektgröße gehört dem Agens, häufig ist sie Teil des **eigenen Körpers**:

ἔχει χρείαν ... τοὺς πόδας **νίψασθαι** *er ... hat es nötig, seine (eigenen) Füße/ sich die Füße zu waschen* (Jh 13,10);

(3) das Med. bezeichnet ein **Empfangen**, das Akt. ein entsprechendes Geben:

δανίζομαι *(Geld) entleihen, sich borgen* (Mt 5,42; Akt. *ausleihen* Lk 6,34f);

(4) **direkt-reflexiv** Gebrauch (Agens ist gleichzeitig Patiens [vgl. §345]):

ἐνιψάμην, καὶ βλέπω *ich habe mich gewaschen, und jetzt kann ich sehen* (Jh 9,15);

(5) **übertragen**:

ἀποδίδομαι *verkaufen* (§167,169; Akt. *abgeben*).

bb) **Bemerkenswertes:**

(1) Bei akt. Verben, die klass. ein mediales Fut. haben, steht öfter das Akt. (z.B. bei **351** ἁμαρτάνω *sündigen* ἁμαρτήσω statt ἁμαρτήσομαι [§167,145]), bei Deponentien (d.h. *217* Verben ohne Aktivform) mit einem Aor. und Fut. Med. eher das Pass. (z.B. bei ἀποκρίνομαι *antworten* ἀπεκρίθην/ἀποκριθήσομαι statt ἀπεκρινάμην/ἀπο-κρινοῦμαι [§167,128]).

(2) »(veran)lassen« (**kausativ**) wird gewöhnlich durch das normale **Akt.** oder **Med.** **352** ausgedrückt (das »[veran]lassen« ergibt sich aus dem Kontext): *218*

ἀνεῖλεν ...Ἰάκωβον *er ließ Jakobus töten* (Apg 12,2).

Dafür kann aber auch ἀποστέλλω *jmdn. absenden* stehen:

ἀποστείλας ἀνεῖλεν ... *er ließ ... umbringen* (Mt 2,16).

R18 Das **Pass.** kann sowohl im Sinne von »(veran)lassen« (**kausativ**) als auch im Sinne von **353** »(zu)lassen« (**tolerativ**) verwendet werden – toleratives Bsp.: *219*

διὰ τί οὐχὶ μᾶλλον **ἀδικεῖσθε** ... *warum lasst ihr euch nicht lieber Unrecht zufügen* ...? (1Kor 6,7).

(3) Es gibt Verbformen, bei denen das Akt. einem Med. vergleichbar (oder umgekehrt) **354** bzw. das Pass. nichtpassivisch gebraucht wird: *220*

(a) ἄγω (bzw. Komposita) neben *führen* auch *gehen* usw.;

(b) Pf. 2 Akt. bestimmter transitiver Verben, z.B. zu κατάγνυμι *zerbrechen* κατέαγα *bin zerbrochen* (§167,214);

(c) Beim Aor. Pass. (oft auch beim Fut. Pass.) von Verben der körperlichen oder Gemütsbewegung ist neben der passivischen recht häufig auch eine intransitive Bedeutung gebräuchlich, z.B. bedeutet ἐπλανήθην (zu πλανάω *irreführen*) nicht nur *ich wurde irregeführt*, sondern häufig auch *ich ging in die Irre* (s. Standardwörterbücher).

Merke bes.: Der Aor. Pass. ὤφθην (von ὁράω *sehen* [§167,192]) bedeutet nicht nur *ich wurde gesehen*, sondern sehr häufig auch *ich wurde sichtbar = ich erschien* (mit Dat. der Pers. *jmdm.*).

3. »Tempora« bzw. Aspekte (H-S §192-206)

a) *Allgemeines*[1]

355 Mit Ausnahme des Fut.-Stammes haben die Tempusstämme an sich **keinerlei Zeitbe-**   K18
221 **deutung** (weder eine »absolute«, d.h. Gegenwart/Vergangenheit/Zukunft, noch eine re-   K46
lative, d.h. Gleich-/Vor-/Nachzeitigkeit), sondern grundsätzlich nur Aspektbedeutung.

356 Unter »**Aspekt**« versteht man die subjektive »Betrachtungsweise«, d.h. die Art, wie der   K18
222 Sprechende die Verwirklichung des Verbinhalts verstanden haben will, ob   K46

aa) als etwas Nichtabgeschlossenes, sich noch Entwickelndes, Fortdauerndes, kurz als
etwas Andauerndes (Präsensstamm: durativer Aspekt):

     ἀποθνῄσκειν *im Sterben liegen, hinsterben* (Jh 4,47);

bb) als etwas lediglich (d.h. ohne Rücksicht auf Dauer oder Ergebnis) zum Vollzug
Kommendes (Aoriststamm: »punktueller« Aspekt, meist unmarkierte, inhaltlich unauf-
fällige [auch nicht etwa auf Einmaliges festgelegte] Form):

     ἀποθανεῖν *sterben* (1Kor 9,15); oder

cc) als etwas im Ergebnis Vorliegendes (Perfektstamm: resultativer Aspekt):

     τεθνηκέναι *tot sein* (Apg 14,19).

b) *Bemerkenswertes zu den Aspekten* (H-S §193-195; 204-206):

(i) Absolute Zeitbedeutung (H-S §193a)

357 Zusätzlich zur Aspektbedeutung (§356) haben die indikativischen und nur die indikativi-
223 schen Formen (des Präs.-, Aor.- und Pf.-Stammes) noch »absolute« (allerdings vom vorge-
gebenen Zeitrahmen abhängige) Zeitbedeutung: ohne Augment Gegenwartsbedeutung (im
Pf. sind dabei gewöhnlich Vorgänge in der Vergangenheit vorausgesetzt), mit Augment
Vergangenheitsbedeutung. Die nichtindikativischen Formen, d.h. Konj., Opt., Imp., Inf. und
Ptz., sind an sich ohne Zeitbedeutung; der Zusammenhang (nicht die Verbform) entscheidet
darüber, ob der Verbinhalt als gegenwärtig, vergangen oder zukünftig zu deuten ist.
Das Futur hat dagegen in allen Formen futurische bzw. nachzeitige Bedeutung (s.a. §380ff).

(ii) Relative Zeitbedeutung (H-S §193b)

358 Eine relative Zeitbedeutung kommt (außerhalb des Futurs) in keinem Fall durch Verb-
224 formen zum Ausdruck. Ob der Verbinhalt als gleichzeitig, vorzeitig oder nachzeitig zu
einem anderen zu verstehen ist, ergibt sich auch hier aus dem sachlichen Zusammenhang.

---

[1] Das Thema Verbalaspekt wird in letzter Zeit besonders in englischsprachigen Neutestamentler Kreisen recht
ausgiebig diskutiert. Auslöser waren vor allem die Publikationen von Fanning und Porter (vgl. Porter-Carson
1993). Unser Ansatz (abhängig von der »Zürcher Schule« des Altphilologen E. Risch u.a.) entspricht weit-
gehend dem von Fanning und Porter gemeinsam Vertretenen. Porters besondere These, wonach auch Indikativ-
Formen ohne Zeitbedeutung seien, ist für Linguisten kaum überzeugend. Begrüßenswert ist jedoch seine For-
derung, auch textlinguistische Faktoren seien zu berücksichtigen; der derzeitige Forschungsstand in diesem Be-
reich erlaubt es allerdings noch nicht, sichere, für den Exegeten verwendbare »Regeln« zu formulieren.

(iii) Unterteilungen der einzelnen Aspekte (H-S §194-195):

(a) Durativer Aspekt (§356)

Er ist je nach Verbinhalt und Zusammenhang deutbar als (vgl. H-S §194m):[2]

(1) **linear** (Verlauf, Andauern betont):   **359**

    ζητεῖν *(andauernd, ständig) suchen, auf der Suche sein* (Mt 2,13);   *225*

(2) **iterativ** (Wiederholung ausgedrückt):   **360**

    ἔφερον *sie brachten (jeweils/immer wieder/wiederholt), sie pflegten zu bringen* (Apg 4,34);   *226*

(3) **konativ** ([meist wiederholter] Versuch ausgedrückt; weniger häufig):   **361**

    ἀναγκάζουσιν *sie versuchen zu zwingen* (Gal 6,12).   *227*

(b) »Punktueller« Aspekt (§356)

K18 (1) **Konstatierend-komplexiver** Aor.: Als (nicht markierte) Normalform stellt der Aor. den   **362**
bezeichneten Vorgang oder Zustand, ob in der Wirklichkeit andauernd oder nicht (!), zwecks   *228*
schlichter Nennung sozusagen als Punkt dar (absolut häufigste Gebrauchsweise des Aor.):
– von natürlicherweise momentanen Vorgängen (sehr häufig):

    εὗρον *sie fanden* (Lk 2,46);

– von natürlicherweise andauernden Vorgängen/Zuständen zwecks schlichter Nennung zu
einem Punkt zusammengefasst (»komplexiv«), »durch ein umgekehrtes Fernglas« be-
trachtet »gleichsam zu einem Punkt« zusammengeschrumpft (W. Jäkel, s. H-S §194h):

    ποσάκις **ἠθέλησα** *wie oft wollte ich ...!* (Mt 23,37).

Daneben können folgende Nuancen vorkommen:

(2) **Ingressiver** Aor.: Der Anfangspunkt eines natürlicherweise länger dauernden Ge-   **363**
schehens oder Zustands wird ins Auge gefasst: *229*

    ἐπίστευσαν *sie kamen zum Glauben* (Apg 4,4).

(3) **Effektiver** Aor.: Der Endpunkt, das Ziel eines meist zielgerichteten Geschehens   **364**
steht im Vordergrund (vgl. Anm. 2):   *230*

    ἔφυγον *sie entkamen* (Hb 11,34).

(c) Resultativer Aspekt (§356)

(1) vom erreichten Zustand, als einem Ergebnis eines vorhergehenden Geschehens: **365**

    ἐγήγερται *er ist auferweckt worden (und lebt jetzt)* (1Kor 15,4);   *231*

(2) von einem Zustand, ohne dass ein vorausgehender Vorgang mit ausgedrückt wird:

    πεποίθαμεν *... wir vertrauen* (2Thess 3,4).

---

[2] Von welcher Aspektnuance jeweils auszugehen ist, hängt weitgehend von den jeweiligen Verbinhalten ab. Diese
können u.a. unterschiedlicher »Aktionsart« sein und so unterschiedliche Aspektnuancen als sinnvoll erscheinen
lassen. So spricht man bei natürlicherweise andauernden Verbinhalten (z.B. bei ζητέω *suchen*) von »durativischer«,
bei solchen ohne wahrnehmbare Dauer (z.B. bei εὑρίσκω *finden*) von »punktueller« »Aktionsart«. Im Fall des Inf.
Präs. ζητεῖν z.B. ist meist von der linearen Nuance auszugehen (*andauernd suchen*), da Aktionsart (wort-
wahlbedingt) wie Aspekt (tempuswahlbedingt) durativisch sind, im Fall des Inf. Präs. εὑρίσκειν hingegen am bes-
ten von der iterativen Nuance (*wiederholt/immer wieder finden*), nicht von der linearen (punktuelle Aktionsart!).
Viele Verbinhalte sind auch »teleologisch«, d.h. ziel- oder resultatorientiert (z.B. bei φεύγω *fliehen*; Telos: das Ent-
kommen); tritt das Erreichen des Telos ins Blickfeld, kann sich die effektive Nuance aufdrängen (§364).

c) Indikativische Verbformen (H-S §196-203)

(i) Indikativ Präsens (H-S §197)

Da eine Alternativform zum Ind. Präs. fehlt, hat das durative Element hier weniger Gewicht und ist im Deutschen seltener zu berücksichtigen (s. aber z.B. § 366,1c).
Gebrauchsweisen des Ind. Präs.:

366
232

(1) **Gegenwart** (Normalfall):

(a) linear (vgl. §359; engl. häufig »-ing present«):

προσεύχεται *er betet (gerade)* (Apg 9,11);

(b) iterativ (vgl. §360; engl. gewöhnlich »simple present«):

νηστεύω δὶς τοῦ σαββάτου *ich faste zweimal in der Woche* (Lk 18,12);

(c) konativ (vgl. §361; deutsch mit *versuchen, wollen* o.ä.; weniger häufig):

διὰ ποῖον ... ἔργον ἐμὲ λιθάζετε; *für welches Werk wollt ihr mich steinigen?* (Jh 10,32);

(d) selten deklarativ (BDR: »aoristisch«; Geschehen und Äußerung gleichzeitig; »jetzt/hiermit«):

παραγγέλλω σοι *ich befehle dir [hiermit]* (Apg 16,18).

367
233

(2) **»Zeitloses«**, gnomisches Präs. (von allgemein gültiger Wahrheit/Ordnung; engl. »simple present«):

πᾶν δένδρον ἀγαθὸν καρποὺς καλοὺς **ποιεῖ** *jeder gute Baum bringt gute Früchte hervor* (Mt 7,17).

368
234

(3) **Zukunft** (unmittelbar bevorstehende, wahrscheinliche, sichere oder drohende Vorgänge; im NT recht häufig, bes. ἔρχομαι):

πάλιν **ἔρχομαι** *ich komme wieder* (Jh 14,3).

369
235

(4) **Vergangenheit** (»historisches/narratives Präs.« [»praesens historicum/narrativum«]) **R61**
in lebhafter Erzählung (oft im Wechsel mit Ind. Aor. und Ipf.):

συνέρχονται πάντες *und alle ... versammelten sich* (Mk 14,53).

Zur möglichen Vergangenheitsbedeutung im abhängigen Satz s. §460.

370
236

(5) Selten **perfektisch** (ausschließlich bei bestimmten Verben):

νικάω *ich siege*, auch *ich bin Sieger* (= Pf. Ind.) (Apk 2,7);
ἀπέχω *ich habe bekommen* (Mt 6,2),
ἥκω (= ἐλήλυθα [§167,187]) *ich bin gekommen, bin da* (s. Lk 15,27).

(ii) Imperfekt (augmentierte Indikativ-Präsens-Form) (H-S §198)

Als Gegenstück zum Aor. Ind. ist der dur. Aspekt gewöhnlich, doch nicht immer, bes. wichtig.
Gebrauchsweisen des Ipf.:

371
237

(1) **Vergangenheit** (Normalfall):

(a) **linear** (vgl. §359): **K18 (R10**

– länger anhaltend (engl. häufig »simple past«):

ἠγάπα ... Μάρθαν καὶ ... *er liebte Martha und ...* (Jh 11,5),

– im Verlauf befindlich (engl. häufig »-ing past«):

ἀπέθνῃσκεν *sie lag im Sterben* (Lk 8,42);

(b) **iterativ** (vgl. §360):

ἤρχετο πρὸς αὐτὸν ... *sie kam immer wieder zu ihm* ... (Lk 18,3);

πολλοὶ πλούσιοι **ἔβαλλον** πολλά *viele Reiche legten viel ein* (Mk 12,41; wie oft hängt hier die »Wiederholung« damit zusammen, dass der Agens/das Subj. ständig wechselt; es gibt auch Fälle mit wechselndem Patiens/Objekt, z.B. Mt 3,6);

(c) **konativ** (vgl. §361; Deutsch mit *versuchen, wollen* o.ä.; weniger häufig):

ἐπόρθουν αὐτήν ... *ich suchte sie* (die Gemeinde) *zu vernichten* (Gal 1,13).

Manchmal spricht man zusätzlich von einem »**inchoativen**« Ipf., das sich auf das Ein-   **372** setzen eines länger andauernden Geschehens bezieht (im Gegensatz zum ingressiven   *238* Aor., der das Andauern offen lässt). Zwar gibt es Beispiele, in denen eine Umschreibung durch *anfangen/beginnen* aus Kontext- bzw. Stilgründen sinnvoll erscheint (etwa Gal 2,12 ὑπέστελλεν *begann er sich zurückzuziehen*, vielleicht Apg 27,41 ἐλύετο *es fing an, sich zu lösen* oder Mt 5,2 ἐδίδασκεν *er fing an zu lehren*). Doch lassen sich die meisten dieser Fälle den bestehenden Kategorien zuordnen (z.B. Apg 27,41 *löste sich immer mehr* [lin.], Mt 5,2 *er lehrte ausführlich*). Auf eine weitere Kategorie kann also verzichtet werden.

(2) **Nichtwirklichkeit**: Bei meist unpersönlichen Ausdrücken des **Müssens**, **Sollens** und **Kön-**   **373** **nens** u.ä. kann ausgedrückt werden, dass etwas tatsächlich notwendig usw. ist/ war, aber doch   *239* nicht geschieht/geschah (vereinzelt ist im NT auch der Ind. Präs. so gebraucht, Eph 5,4):

ταῦτα ... **ἔδει** ποιῆσαι ... *das hätte man tun ... sollen/das sollte man tun* ... (Mt 23,23).

Beachte: Diese Ausdrücke können sich auch auf Verwirklichtes beziehen, also ἔδει *es war nötig* (z.B. Jh 4,4).

S.a. §386 zum **Irrealis**: augmentierter Ind. (einschließlich Ipf.) mit ἄν.

(iii) Indikativ Aorist (H-S §199)

Gebrauchsweisen (zum Aspekt vgl. §359-361):

K18 (1) **Vergangenheit**:   **374**

(a) **konstatierend-komplexiv**: (unmarkierte) Normalform der Vergangenheit, »histori-   *240* scher« oder »narrativer« Aor. (vgl. §362):

... ἀνῆλθον ... ἐπέμεινα (komplexiv) ... ἡμέρας δεκαπέντε εἶδον ... *ich ging hin- auf ... blieb fünfzehn Tage ..., sah* (Gal 1,18-2,3);

daneben auch (bei bestimmten Verben in bestimmten Kontexten [vgl. S. 115 Anm.]):

(b) **ingressiv** (vgl. §363; Anfangspunkt von etwas Andauerndem im Vordergrund):

ἐπτώχευσεν *er wurde arm* (2Kor 8,9);

(c) **effektiv** (vgl. §364; Endpunkt [Telos] im Vordergrund; Gegensatz öfter konatives Ipf. [§371]):

ἔπεισαν τοὺς ὄχλους *sie überredeten die Volksmenge* (Mt 27,20; vgl. Apg 13,43).

(2) **Seltenere** Gebrauchsweisen: **375**

(a) Aor. des Briefstils (»**epistolarischer**« Aor.; der Schreiber geht gedanklich von der   *241* zeitlichen Situation des Empfängers aus [im Deutschen gewöhnlich von der eigenen]):

ἔπεμψα αὐτόν *ich sende ihn [zurück]* (Phil 2,28);

(b) **proleptischer** (vorausnehmender oder »futurischer«) Aor.:

> ἐὰν μή τις μένῃ ἐν ἐμοί, **ἐβλήθη** ἔξω ... *wenn jemand nicht in mir bleibt, wird er hinausgeworfen* (Jh 15,6);

in Lk 1,51-54 z.B. ist der Ind. Aor. viell. im Sinn des hebr. »perfectum propheticum« zu verstehen (die Verwirklichung des angekündigten Geschehens wird als so sicher angesehen, dass dieses als bereits vollendet bezeichnet wird);

(c) »**gnomischer**« Aor., d.h. in Sprichwörtern und Sinnsprüchen angewandter Aor. (im Gegensatz zum gnomischen Präs. [§367] nicht durativisch) zum Ausdruck einer zeitlosen Erfahrungstatsache (im NT sehr selten):

> **ἀνέτειλεν** ... ὁ ἥλιος ... καὶ **ἐξήρανεν** τὸν χόρτον ... *die Sonne geht auf ... und versengt das Gras* ... (Jak 1,11; vielleicht liegt hier aber eine allzu wörtliche Übernahme des hebr. Perfekts in dessen zeitloser Anwendung in der Poesie vor [Anlehnung an Jes 40,6/7 LXX], ähnlich wohl Lk 1,47; Mk 1,11 und Par.);

(d) »**dramatischer**« Aor.: 1. Sg. Ind. Aor. in Gesprächen des Alltags zur Bezeichnung eines Geisteszustandes oder einer davon bestimmten Handlung (präsentisch zu übersetzen), im NT nur vereinzelt, vielleicht

> **ἔγνων** τί ποιήσω *ich weiß* (wörtl. *wusste/merkte*), *was ich tun werde* (Lk 16,4).

S.a. §386 zum **Irrealis**: augmentierter Ind. (einschließlich Aor. Ind.) mit ἄν.

(iv) Indikativ Perfekt (H-S §200)

Gebrauchsweisen (zum Aspekt vgl. §365):

376
242
(1) Bezeichnung eines **gegenwärtigen Zustandes** (das Subj. oder das Obj. betreffend), Normalgebrauch (keine wesentlichen Abweichungen vom Klass. sind nachweisbar), meist als **Ergebnis eines Geschehens** in der Vergangenheit (das Pass. lässt sich im Deutschen gewöhnlich durch das Zustandspassiv [mit *sein* statt mit *werden*] treffend wiedergeben):

> **τετέλεσται** *es ist vollbracht* (weniger gut: *es ist vollbracht worden*; Jh 19,30);

s.a. Mk 6,14 (Ergebnis betrifft Subj.), Apg 5,28 (Ergebnis betrifft Obj.).

377
243
(2) »**Präsentisches**« Pf. (das Geschehen der Vergangenheit tritt weitestgehend aus dem Blickfeld): u.a.

> **κέκλημαι** *ich heiße* (statt *ich bin genannt [worden]*).

Bei vereinzelten (meist intransitiven) Perfekten scheint ein vorausgehender Vorgang völlig zu fehlen; meist wird in solchen Fällen die Präs.-Bedeutung durch die Wahl des Perfekts verstärkt (»Intensivperfekta«); im NT kaum anzutreffen, ein mögliches Bsp.:

> **κέκραγα** *ich schreie* (Jh 1,15).

378
244
(3) **Seltene** Gebrauchsweisen:

(a) Bezeichnung von Zuständen der **Vergangenheit** (vgl. historisches Präs., §369), etwa

> **ἐσχήκαμεν** *wir hatten* (2Kor 1,9);

(b) **Futurischer** Gebrauch (Bezug auf Zukünftiges; vgl. proleptischer Aor., §375), etwa

> **σέσηπεν** *ist verfault* (wohl rhetorisch = *wird sich als verfault erweisen*) (Jak 5,2);

(c) **Gnomisches** Pf. (vgl. gnomisches/n Präs./Aor., §367; 375), etwa

> **τετελείωται** *ist (jeweils) ... vollendet* (1Jh 2,5).

(v) Plusquamperfekt (augmentierte Indikativ-Perfekt-Form) (H-S §201)

Bezeichnet wird ein erreichter **Zustand** in der **Vergangenheit**, typischerweise als Er- **379**
gebnis eines vorausgehenden Geschehens (zum Aspekt vgl. §365); teils steht der Zu- *245*
stand stärker im Vordergrund:

ἡ πόλις **ᾠκοδόμητο** *die Stadt war gebaut* (Lk 4,29),

teils das vorausgehende Geschehen:

συνετέθειντο οἱ Ἰουδαῖοι *die Juden hatten beschlossen* (Jh 9,22).

S.a. §386 zum **Irrealis**: augmentierter Ind. (einschließlich Plsqpf.) mit ἄν.

(vi) Indikativ Futur (ohne Aspektbedeutung) (H-S §202)

(1) **Zukunft** (typischer Gebrauch; deutsch statt mit *werden* häufig einfaches Präs.): **380**
ἀλλαγησόμεθα *wir werden verwandelt werden* (1Kor 15,51). *246*

(2) **Modaler** Gebrauch im Sinne von »wollen« (voluntativ, am wichtigsten), »sollen«, **381**
bes. im NT auch von »können«, »müssen«: *247*

(a) »**wollen**« (vgl. adhortativen Konj., §388):

προσεύξομαι ... ψαλῶ *ich will beten ... ich will singen* (1Kor 14,15);

(b) »**sollen**« (vgl. deliberativen Konj., §389):

πρὸς τίνα ἀπελευσόμεθα *zu wem sollten wir weggehen* (Jh 6,68);

(c) »**können**« (vgl. potenzialen Opt., §394):

πῶς ἐρεῖς τῷ ἀδελφῷ σου ...; *wie kannst du zu deinem Bruder sagen ...?* (Mt 7,4);

(d) »**müssen**«/»**nicht dürfen**« (vgl. Imp. oder Konj., §397/390; vor allem in strikten
bibelsprachlichen Geboten und Verboten [mit οὐ!]):

οὐ φονεύσεις *du sollst/darfst nicht töten* (Mt 19,18),

ἔσεσθε ... τέλειοι *ihr sollt/müsst ... vollkommen sein* (Mt 5,48).

(3) **Gelegentlich**: **382**
(a) gnomisch (vgl. oben §367; 375; 378): *248*

μόλις ... τις ἀποθανεῖται *kaum ... wird einer ... sterben* (Röm 5,7);

(b) zeitloser durativischer Gebrauch (= sem. »Futur«/»Ipf.«), etwa:

καὶ ὅταν δώσουσιν τὰ ζῷα δόξαν ... πεσοῦνται οἱ ... πρεσβύτεροι *und jedesmal,
wenn die Lebewesen Preis ... darbringen ... werfen sich die Ältesten nieder ...*
(Apk 4,9f); auch in LXX-Zitaten z.B. Mt 4,4 (Dt 8,3).

(c) manchmal als Ersatz für den Konj. Aor. (unklass.; §391; 462/473; 477).

(vii) Umschreibende (»periphrastische«) Konjugation (H-S §203)

(1) εἰμί (auch ὑπάρχω) *sein* mit Ptz. (das durative Moment wird dadurch oft zusätzlich **383**
unterstrichen [§359-361]; vgl. §436): *249*

(a) Ptz. Präs. mit εἰμί im Präs. Ind., Ipf. oder Fut. Ind. für einfaches **Präs.**, **Ipf.** oder **Fut.**, z.B.

... ἦν ... προσευχόμενον ἔξω ... *betete/stand betend draußen* (Lk 1,10);

(b) Ptz. Pf. mit εἰμί im Präs. Ind., Ipf. oder Fut. Ind. für einfaches **Pf.**, **Plsqpf.** bzw. (im
NT nicht bezeugtes) **Futurperfekt**, z.B.

ἔσται λελυμένον ἐν τοῖς οὐρανοῖς *es wird im Himmel gelöst sein* (Mt 16,19).

Beachte: Statt εἰμί steht gelegentlich γίνομαι, allerdings, wie zu erwarten, im Sinne von *werden* (z.B. Apk 16,10) sowie ὑπάρχω *(da)sein* (vgl. §212; z.B. Apg 8,16b).

384
250
(2) **μέλλω** *im Begriff sein, werden* mit Inf. (meist Präs., aber auch Aor. [z.B. Apg 12,6] und Fut. [z.B. Apg 24,15]) für einfaches **Fut.**:

μέλλει ... ἔρχεσθαι ... *er ... wird kommen* ... (Mt 16,27).

4. Modi (H-S §207-212)

385
251
Modi drücken aus, wie der Sprechende das **Verhältnis** des Verbinhalts **zur Wirklichkeit** verstanden haben will.

a) *Indikativ* (H-S §209)

386
252
Grundsätzlich ist er der Modus der **Wirklichkeit** (s. §366-382; 451; 460).
Doch kann **auch** die **Nichtwirklichkeit** bezeichnet werden, und zwar durch den Ind. eines Augmenttempus mit ἄν (die Partikel fehlt im NT gelegentlich): Das Geschehen ist/war nicht wirklich, da bestimmte Voraussetzungen nicht gegeben sind/waren (**Irrealis** der Gegenwart [häufiger mit Ipf.], der Vergangenheit [häufiger mit Ind. Aor.], besonders in Konditionalperioden [§479]): **R98 R71-7**

ἐπιστεύετε ἄν ἐμοί *ihr würdet mir glauben* (Jh 5,46).
S.a. §373: Ipf. ohne ἄν bestimmter Verben; zum »hellenistischen Nebensatziterativ« s. §396.

b) *Konjunktiv* (H-S §210)

387
253
Man unterscheidet zwischen **voluntativem** Konjunktiv (des Wollens) und **prospektivem** Konjunktiv (der subjektiven Erwartung, fast nur im Nebensatz [in der Regel mit ἄν oder ἐάν]; vgl. §460ff). Zu Tempus und Aspekt s. §355ff.
Im Hauptsatz steht er voluntativ (zum Nebensatz s. §460ff):

388
254
aa) **Adhortativer** Konjunktiv: Selbstaufforderung an (vgl. §452) 1. Pers., meist Pl. (Neg. μή): **R84**
ἀποθώμεθα ... *lasst uns/wir wollen ... ablegen ...!* (Röm 13,12);
manchmal mit asyndetischem (§172) ἄφες/ἄγετε *lass mich/lasst uns!*, δεῦρο *komm her!* davor:
ἄφες ἐκβάλω ... *lass mich! ich will ... ziehen = lass mich ... ziehen* (Mt 7,4).

389
255
bb) **Deliberativer**/dubitativer Konjunktiv: In überlegenden/zweifelnden Fragen (§458; 463), meist an 1. Pers., häufiger Pl. (Neg. μή): **R81**
δῶμεν ἢ μὴ δῶμεν; *sollen wir* (die Steuer) *zahlen* oder *nicht zahlen?* (Mk 12,14);
manchmal verstärkend asyndetisch (§172) mit θέλεις/θέλετε *willst du?/wollt ihr?* davor (vgl. S. 152 [Übersicht über »dass«-Sätze]):
θέλεις ... συλλέξωμεν αὐτά; *willst du? sollen wir ... es zusammenlesen? – sollen* (bzw. *willst du, dass*) *wir ... es zusammenlesen?* (Mt 13,28).

390
256
cc) **Prohibitiver** Konjunktiv (Aorist): In Verboten (statt des negativen Imp. Aor. [vgl. §397]): **R83**
μὴ ἀποβάλητε ... *werft ... nicht fort!* (Hb 10,35);
davor im NT öfter ὅρα/ὁρᾶτε *sieh/seht zu ...* (vgl. S. 152):

Ὁρᾶτε μὴ καταφρονήσητε ἑνὸς ... *seht zu, dass ihr keinen ... verachtet!* (Mt 18,10).

R108   dd) **οὐ μή + Konj. Aor.** (seltener mit Ind. Fut.): **stärkste Verneinung zukünftigen**   **391**
Geschehens (vgl. §451; 460):   *257*

οἱ δὲ λόγοι μου **οὐ μὴ παρέλθωσιν** *aber meine Worte werden auf keinen Fall vergehen* (Mt 24,35).

c) Optativ (H-S §211)

R109   In der Koine am Aussterben, kommt er im NT nur **rund 67mal** vor, selten im Präs.   **392**
(außer bei εἰμί *sein*). Zu Tempus und Aspekt s. §355ff.   *258*
Es ist folgenden Gebrauchsweisen zu begegnen:

R96   aa) **Kupitiver** Optativ (des [erfüllbaren] Wunsches [§452]); mehr als 50% der Optativ-   **393**
Stellen gehören dazu (Neg. μή; HS):   *259*

ὁ θεὸς τῆς εἰρήνης **ἁγιάσαι** ὑμᾶς *der Gott des Friedens möge euch heiligen* (1Thess 5,23),

μὴ γένοιτο *auf keinen Fall!* (Röm 3,4 u.ö.).

R98   bb) **Potenzialer** Optativ (der Möglichkeit) mit **ἄν** (Neg. οὐ; HS): Eine der Gegenwart   **394**
(oder Zukunft) angehörige oder zeitstufenlose Aussage wird als bloß möglich hinge-   *260*
stellt; im NT selten (fast nur Lk und Apg; Ind. Fut. dient im Übrigen als Ersatz [§381]):

εὐξαίμην **ἄν** τῷ θεῷ *ich möchte/könnte wohl zu Gott beten* (Apg 26,29).

Zum εἰ-NS s. §478. Zu den Behauptungssätzen s. §451; 460.

R95
R105f   cc) **Obliquer** Optativ (der indirekten Äußerung) ohne **ἄν**: Im NS, wenn im übergeord-   **395**
R107   neten Satz eine Vergangenheitsform steht; das Geschehen wird als Gedanke oder Stim-   *261*
mungsausdruck des Subjekts des übergeordneten Satzes und nicht als objektiv wahr dar-
gestellt; im NT wenig gebräuchlich, fast nur bei Lk und Apg, z.B.

ἀπεκρίθην ὅτι οὐκ ἔστιν ἔθος ... **πρὶν ἤ** ὁ κατηγορούμενος κατὰ πρόσωπον **ἔχοι** τοὺς κατηγόρους τόπον τε ἀπολογίας **λάβοι** περὶ τοῦ ἐγκλήματος *ich antwortete, dass es nicht üblich sei ... bevor nicht der Angeklagte den Anklägern gegenüber- gestanden und Gelegenheit erhalten habe, sich gegen die Anschuldigungen zu verteidigen.* (Apg 25,16).

Bei den übrigen NT-Beispielen handelt es sich um indirekte Fragen; in diesen Fällen ließe sich der Optativ als potenzial (Modus aus der direkten Frage übernommen) mit volkstümlicher Weglassung von ἄν auffassen, z.B. Lk 1,29; 3,15.

R103   dd) **Iterativer** Optativ (Wiederholtes [der Vergangenheit] ausdrückend): im NS;[1] im NT   **396**
nicht vorhanden, ist er dort durch den sog. »hellenistischen Nebensatziterativ« ersetzt: *262*
Augmenttempus mit ἄν:

ὅσοι ἄν ἥψαντο αὐτοῦ *(ἐσῴζοντο)* *alle, die ihn anrührten (, wurden gesund)* (Mk 6,56).

---

[1] (ἐθήρευεν ἀπὸ ἵππου) **ὁπότε** γυμνάσαι **βούλοιτο** ἑαυτόν *(er pflegte zu Pferd zu jagen,) immer wenn er sich üben wollte* (Xenophon, Anabasis 1.2.7).

d) Imperativ (H-S §212)

397 aa) Der Imperativ und seine Entsprechungen in der 2. und 3. Person:

263

	Gebot 2./3. Pers.	Verbot 2. Pers.	3. Pers.
Aor. (Normalform, daneben ingr. u. eff.)	Imp. Aor.	μή + Konj. Aor.	μή + Imp. Aor. oder μή + Konj. Aor.
Präs. (dur.)	Imp. Präs.	μή + Imp. Präs.	

bb) Hinweise zur Unterscheidung der »Tempora« (Aspekt-, nicht Zeitbedeutung! [§355ff]):

398 (1) **Aorist** (Standardform u.a. in Gebeten):

264
    κήρυξον τὸν λόγον *verkünde das Wort!* (2Tim 4,2),

    πρεσβυτέρῳ **μὴ ἐπιπλήξῃς** *einen älteren Mann fahre nicht hart an!* (1Tim 5,1).

S.a. Mt 6,9-13; Apg 16,31 (ingr.), Jh 4,7 (viell. eff.).

399 (2) **Präsens**: Aufforderung mit zwei möglichen Nuancen:

265 (a) mit der (bereits begonnenen) Handlung weiterzufahren bzw., negiert, aufzuhören (lin./iter.):

    μόνον **πίστευε** *glaube nur (weiter)!* (Mk 5,36),

    μὴ κλαῖε *weine nicht länger!* (Lk 7,13; Apk 5,5);

(b) eine Handlung ständig (lin.) oder wiederholt (iter.) bzw., negiert, niemals (auch: nicht ständig oder: nicht wiederholt) zu tun:

    αἰτεῖτε, ζητεῖτε, κρούετε *bittet (anhaltend), sucht (unermüdlich), klopft (immer wieder) an!* (Lk 11,9),

    μὴ προμεριμνᾶτε τί ... *sorgt euch (niemals), was ...* (Mk 13,11).

400 cc) **Bemerkenswertes:**

266 (1) Bei bestimmten Imp.-Präs.-Formen scheint der durative Aspekt zurückzutreten:

    ἔγειρε *steh auf!*, ἔρχου *komm!*, πορεύου/ὕπαγε *gehe!*, φέρε *bring!*.

(2) Asyndetisch (§172) kann vor dem Imp. δεῦρο/δεῦτε *komme/kommt her!* stehen:

    δεῦτε ἴδετε τὸν τόπον *kommt her und seht die Stelle* (Mt 28,6).

5. Die Verbalnomina (H-S §213-240)

a) Infinitiv (Neg. μή) (H-S §213-226)

(i) Allgemeines (H-S §213-216)

401 (1) Der Infinitiv bezeichnet den Verbinhalt an sich und drückt (wie andere Verbformen)
267 Diathese und »Tempus« (vgl. §139f), nicht aber (als infinite Form) Pers., Num. und
Mod. aus. Er kann Subj., Erg. und Advl. bei sich haben (§177ff) und (als Nomen) mit
oder ohne Art. Subj., Obj., Advl. usw. sein (vgl. §208; 404ff).

Er kommt im NT häufig vor. Zahlreicher als im **Klass.** sind u.a. der Inf. der Absicht und
bestimmte Formen des deklinierten Inf. mit und ohne Präp., bes. auch der Inf. mit τοῦ

(§414ff). Andererseits wird die Inf./AcI-Konstruktion öfter durch NS mit ἵνα (bei beabsichtigter oder eintretender Folge [§462]) oder mit ὅτι (bei Aussagen meist über Vergangenes [§460]) ersetzt (für eine Übersicht über griechische Entsprechungen deutscher »dass«-Sätze s. Anhang, S. 152).[1]

(2) Nach klass. Regel steht der **AcI** (accusativus cum infinitivo, seltener GcI/DcI) – die   **402**
Inf.-Konstruktion mit Angabe des Subjekts (im Akk. [seltener im Gen./Dat.]) – grund-   *268*
sätzlich dort, wo das Subj. in der übergeordneten Konstruktion nicht schon enthalten ist:

> ἐνόμιζεν ... συνιέναι τοὺς ἀδελφούς ... ... *er glaubte, seine Brüder verstünden*
> (Apg 7,25).

Im NT kann es aber vorkommen, dass das Subj. im Akk. unklass. gesetzt (z.B. Röm 2,19) oder unklass. weggelassen (z.B. Lk 2,26) wird.

(3) Nebenbestimmungen des Subj. des AcI (Präd.-Nom. und andere formal damit über-   **403**
einstimmende Elemente) stehen ebenfalls im Akk. (§226):   *269*

> μή τίς **με** (Subj.) δόξῃ **ἄφρονα** (Präd.-Nom.) εἶναι *niemand soll meinen, ich sei*
> *nicht bei Sinnen* (2Kor 11,16).

Beim GcI bzw. DcI steht in solchen Fällen entweder Gen. bzw. Dat. (z.B. Lk 9,59) oder Akk. (Lk 1,73.74).

(ii) Infinitiv/AcI ohne Artikel (H-S §217-222)

(a) Als Subjekt

R20   Als Subjekt (vgl. §176; 208) steht er nach unpersönlichen und gleichwertigen Ausdrücken   **404**
R126   wie ἔξεστιν *es steht frei, es ist erlaubt*, δεῖ *es ist notwendig, man muss* (οὐ δεῖ *es ist nicht*   *270*
erlaubt, man darf nicht* [!]; analog in Fragen), συμφέρει *es ist förderlich* usw.:

> ... οὐ συμφέρει (Präd.) **γαμῆσαι** (Subj.) *es ist nicht förderlich zu heiraten* (Mt 19,10).

Bemerkenswertes:

(a) γίνεται mit AcI *es ereignet sich* (z.B. Mk 2,23) ist normales Griechisch; ἐγένετο+-   **405**
Umstandsbestimmung+(καί)+finites Verb hingegen ist ein Hebr. (vgl. wajhî+Umstands-   *271*
bestimmung+imperfectum consecutivum):

> ἐγένετο δὲ ἐν μιᾷ τῶν ἡμερῶν καὶ αὐτὸς ἐνέβη εἰς πλοῖον *eines Tages stieg er in*
> *ein Boot* (Lk 8,22).

(b) Ein Subst., das mit Inf./AcI verbunden ist, hat die Rolle eines Subj. inne; der Inf./AcI   **406**
entspricht in diesem Fall einem Dat. (Ergänzung/Adverbiale des Interesses [IntE; §184]):   *272*

> ὥρα (Subj.) ... **ὑμᾶς ἐξ ὕπνου ἐγερθῆναι** (IntE) *es ist Zeit, ... dass ihr vom Schlaf*
> *erwacht* (Röm 13,11).

(b) Als Objekt

R10   Als Objekt (vgl. §180; 208) steht er bei Verben des Begehrens und Wünschens im en-   **407**
geren und weiteren Sinn sowie solchen des Könnens und Verstehens, des Lehrens und   *273*
Lernens, des Wagens und Zauderns, des Müssens, Pflegens u.a., des Sagens (d.h. Be-

---

R129b   [1] Der sog. **absolute** oder **limitative Infinitiv** steht in formelhaften Redewendungen. Einziges NT-Beispiel ist das literatursprachliche ὡς ἔπος εἰπεῖν *sozusagen* (Hb 7,9). Vgl. BR §238.

hauptens) und Meinens, des Zeigens und Meldens sowie der sinnlichen und der geisti-
gen Wahrnehmung:[2]

ἐδόκουν **πνεῦμα θεωρεῖν** (AkkO) *sie meinten, einen Geist zu sehen* (Lk 24,37).

Bemerkenswertes:

408
274
(a) Typischer Inf.-Gebrauch bei den Verben des Sagens (d.h. Behauptens) und Meinens, des
Zeigens und Meldens sowie z.T. manchmal der sinnlichen und der geistigen Wahrnehmung:

bei Bezeichnung von:	steht der Inf. am häufigsten in folgendem »Tempus« (vgl. §357f):
Gleichzeitigem	Präs. oder Pf. (Apg 4,32; 14,19)
Vorzeitigem	Pf. (Lk 24,23; manchmal Präs.)
	(Klass. gewöhnlich Aor. [NT/Koine dafür meist ὅτι-Satz o.ä.; §460])
Nachzeitigem	Fut. (Hb 3,18) oder **Aor.** (Mt 14,7)
	oder – nach μέλλω – Präs. (Apg 28,6)

409
275
(b) Als Objekt 2. Grades (§185) steht der Inf./AcI bei Adjektiven wie ἱκανός *würdig*
(z.B. Mt 3,11; Lk 15,19; s.o. §185).

(c) Als Infinitiv der Absicht

410
276
Als Infinitiv der Absicht (oder »Infinitiv mit Dat.-Bdtg.«; als FinA/E [vgl. §195/184;   **R15**
208) steht er bei Verben der Bewegung, des Sendens, Gebens u.ä.:

ἀνέβη ... **προσεύξασθαι** *er ging hinauf, um zu beten* (Lk 9,28).

411 **Bemerkenswertes:**
277 (a) Bei Verben des Gebens u.ä. ist der Infinitiv gelegentlich AkkO, z.B. in Lk 9,13.

(b) Gelegentlich hat er modale Bdtg. *indem/wobei* (ModA) (vgl. hebr. lə+Inf.), z.B. in Lk 1,54.

(d) Als Infinitiv der Folge

412
278
Als Infinitiv der Folge (KonsA/E; im NT zuweilen auch FinA/E [vgl. §194f/184; 208])
begegnet man ihm meist mit ὥστε (vgl. §474):

... **ὥστε θαυμάζειν τὸν ἡγεμόνα λίαν** ... *sodass der Statthalter sich sehr ver-
wunderte* (Mt 27,14).

(e) Als epexegetischer Infinitiv

413
279
Als erklärender (epexegetischer) Inf./AcI (als App. [vgl. §204]) kommt er typischer-
weise bei einem Substantiv oder Demonstrativpronomen vor:

θρησκεία καθαρά ... (Präd.-Nom.) αὕτη (Subj.) ἐστίν (Präd.) **ἐπισκέπτεσθαι ὀρφανούς**
... (Subj.-App.) *reine ... Frömmigkeit besteht darin, Waisen ... zu helfen* (Jak 1,27).

---

[2] Steht das übergeordnete Verb im Pass. (statt Akt.) kann (im NT nur vereinzelt [Hb 11,4]) eine NcI-Kon-
struktion entstehen (vgl. ähnlich die Konstruktion mit doppeltem Nominativ [§346]): ἐνταῦθα λέγεται   **R21b**
(Pass.-Verb) Ἀπόλλων (Subj./Nom.) ἐκδεῖραι (Inf.) Μαρσύαν *dort soll Apollo Marsyas geschunden
haben* (engl. *there Apollo is said to have flayed Marsyas*) (Xenophon, Anabasis 1.2.8).
Daneben gibt es im Klass. (nicht im NT) eine vergleichbare unpersönliche Konstruktion mit AcI: λέγεται
(Pass.-Verb) ... ἄνδρα τινά (Subj./Akk.) ἐκπεπλῆχθαι (Inf.) *man sagt ... ein gewisser Mann ... sei ent-
zückt gewesen* (engl. *it is said that ... a certain man ... was fascinated*) (Xenophon, Kyrupaidie 1.4.27).

(iii) Infinitiv/AcI mit Artikel (H-S §223-226)

(a) Ohne Präposition

R70 Der Inf./AcI mit Artikel kommt **ohne Präp.** als Subj. (Mt 15,20), Obj. (Phil 2,6), Ad- **414**
R77 verbiale (2Kor 2,13) und App. (Röm 4,13) vor; vgl. auch §208. *280*
R101

τὸ δὲ ἀνίπτοις χερσὶν φαγεῖν (Subj.) οὐ κοινοῖ τὸν ἄνθρωπον *aber mit ungewaschenen Händen essen verunreinigt den Menschen nicht* (Mt 15,20).

(b) Mit τοῦ

R70 Der Inf./AcI mit τοῦ (gen. pertinentiae [§286ff], z.T. unklass.) steht mit finalem (Mt **415**
2,13; z.T. τοῦ pleonastisch) oder konsekutivem (1Kor 10,13) Sinn, vor allem als *281*

- Attr. (Lk 1,57),
- Subj. (Apg 27,1),
- Adverbiale (Mt 24,45);
- GenO/2. G. bei Adj. (Lk 24,25),
- AkkO (Apg 3,12),

auch als GenO bei Verben (klass. möglich, bei Lk und Apg wohl als Sem. dem reinen Inf./AcI öfter vorgezogen; 2Kor 1,8) sowie erklärend (epexegetisch) im Sinne von *indem* bzw. *das heißt* (Mod./App.; wohl auch ein Sem.; Apg 7,19; Röm 15,23); s.a. §208.

εἰσῆλθεν **τοῦ μεῖναι** (FinA; τοῦ pleonastisch) *er ging hinein, um zu bleiben* (Lk 24,29).

(c) Mit Präposition

Mit Präposition steht der Inf./AcI meist als Adverbiale (§188ff; 208; oft als NS übersetzbar): **416**

282

Präp.+Art.+ αὐτὸν (Subj.) ἔρχεσθαι/ἐλθεῖν	häufigste Übersetzungsmöglichkeit als Nebensatz *weil/damit* usw. (s.u.) *er kommt/kam/kommen wird* (s. Tempus und Zusammenhang) (ntl. Bsp.)	adverbiale Bedeutung
R102 διὰ τό ...	***weil*** ... (vgl. Mt 13,6)	KausA/E
εἰς τό ...	***damit*** ... /***um zu*** *kommen* (vgl. Röm 12,2) ***sodass*** ... (vgl. Röm 1,20)	FinA/E KonsA/E[3]
ἐν τῷ ...	(wohl Hebr., häufig mit ἐγένετο, Lk 17,14) ***während*** ... (mit Inf. Präs.; vgl. Mt 13,25) ***als/nachdem*** ... (mit Inf. Aor. [nur Lk]: vgl. 11,37, aber auch gleichzeitig [!], vgl. 2,27]) bisweilen ***indem/dadurch, dass*** ... (vgl. Apg 3,26)	TempA/E ModA/E[4]
μετὰ τό ...	***nachdem*** ... (vgl. Mt 26,32)	TempA/E
πρὸ τοῦ ...	***bevor/ehe*** ... (vgl. Jh 17,5)	TempA/E
πρὸς τό ...	***damit*** ... /***um zu*** *kommen* (Mt 6,1) ***sodass*** ... (Kons.; viell. Mt 5,28); evtl. auch ***wobei/mit Bezug darauf, dass*** ... (Mt 5,28/Lk 18,1)	FinA/E KonsA/E ModA/E

Je einmal: ἀντί *statt dass* (Jak 4,15), διά mit Gen. *durch* (Hb 2,15; TempA), ἐκ *infolge/gemäß* (2Kor 8,11; KausA/ModA), ἕνεκεν *damit* (2Kor 7,12; FinA), ἕως *bis* (Apg 8,40; TempA).

---

[3] Auch (εἰς *zu, in Bezug auf*) als Obj. bzw. Attr.: Phil 1,23; 1Thess 3,10; Jak 1,19 (vgl. BDR §402,2).
[4] Gelegentlich vielleicht KausA/E *wegen – weil.*

b) *Partizip (Neg. meist μή)* (H-S §227-240)

(i) Allgemeines (H-S §227-228)

417
283
(1) Das Ptz. drückt neben dem Verbinhalt auch Diathese und »Tempus« (vgl. §139f) aus, wobei es das Ganze als aktuelle oder potenzielle »Eigenschaft« einer Größe darstellt. Es ist auch im NT bei allen Tempora überaus häufig. Einzig das **Ptz. Fut.** ist meist durch Ptz. Präs. oder finale Alternativkonstruktionen (§410; 415f; 473) ersetzt.[5]

418
284
(2) **μή** hat οὐ in der Koine/im NT fast ganz verdrängt, also auch bei Behauptungen und Beurteilungen sowie bei einfacher Negierung des Ptz.-Inhalts, z. B. (klass. οὐ erwartet):

... μὴ εἰδυῖα τὸ γεγονός ... *ohne zu wissen, was vorgefallen war* (Apg 5,7).

419
285
(3) Bei der Exegese beachte man folgende Gebrauchstendenzen des Ptz. (s.a. §355-358).

»Tempus«	Inhalt des Partizips im Verhältnis zu dem der übergeordneten Konstruktion
Präsens	gewöhnlich **gleichzeitig** (Mt 21,23; Mt 6,27; Lk 21,27), seltener vorzeitig (Jh 9,25; Gal 1,23) oder (statt Fut.) nachzeitig (Apg 3,26);
Aorist	gewöhnlich **vorzeitig** (Lk 23,46; Kol 1,3f; Jh 16,8), seltener gleichzeitig (übergeordnetes Verb typischerweise Aor. Ind.; Hb 11,9), in keinem einzigen Fall eindeutig nachzeitig;
Perfekt	**gleichzeitig** (Ergebnis eines [mehr oder weniger deutlich signalisierten] vorausgehenden Geschehens; Jh 12,37; Mt 18,20);
Futur (selten)	**nachzeitig** (1Kor 15,37; Apg 24,11).

(ii) Syntaktischer Gebrauch des Partizips (H-S 229-240; zur Illustration konstruierte Beispiele)

(a) *Adverbialer Gebrauch* (H-S §230-232; 238-240)

420
286
Der adverbiale Gebrauch (die Partizipialkonstruktion ist Adverbiale des übergeordneten Satzes [§188ff; 208]) hat zwei formale Ausprägungen – niemals mit Art. (vgl. §216) –:   R42

421
287
(1) Das **participium coniunctum** (part. coni.): Es ist formal mit einem nominalen Glied (im Nom., Gen., Dat. oder Akk. [»BW«]) der übergeordneten Konstruktion verbunden (»coniunctum«), d.h. es stimmt in Genus, Numerus und Kasus damit überein: R42 K12

ὁ ἀνὴρ (BW: Subj.) ἐλεύσεται πιστεύων (part. coni.: Nom.) *der Mann wird kommen, weil* (oder *wenn* usw.) *er glaubt* (vgl. Mt 6,17),

ἡ γυνὴ φιλεῖ τὸν ἄνδρα (BW: AkkO) πιστεύοντα (part. coni.: Akk.) *die Frau liebt den Mann, weil* (oder *wenn* usw.) *er glaubt* (vgl. Apg 3,26; Jak 1,5; Apg 3,12).

422
288
(2) Der **genitivus absolutus** (gen. abs.): Er ist formal ohne Beziehungswort in der übergeordneten Konstruktion, ist also (formal, nicht aber inhaltlich) »losgelöst« (absolut) und besteht aus mindestens zwei Gliedern (Ptz. und Subj. dazu):   R69

ἡ γυνὴ ἐλεύσεται **τοῦ ἀνδρὸς πιστεύοντος** *die Frau wird kommen, weil* (oder *wenn* usw.) *der Mann glaubt* (vgl. Lk 22,60).

---

[5] Der im Klass. vorkommende so genannte **accusativus absolutus** – auch »absolutes Partizip« – (Ntr. Sg. des Ptz. als unpersönlicher Ausdruck, adverbial gebraucht) ist im neutestamentlichen Griech. nicht gebräuchlich, z.B. etwa ἐξόν (Ntr. Sg. Ptz. von ἔξεστιν) *da/wenn/während/obgleich es möglich ist/war/ wäre/gewesen wäre*. Vgl. BR §247; H-S §230f.   R129a

Im NT steht recht häufig der gen. abs. statt des part. coni., z.B.:   **423**

κατ αβάντος δὲ αὐτοῦ ... ἠκολούθησαν αὐτῷ ὄχλοι πολλοί (klass. würde man   *289*
καταβάντι δὲ αὐτῷ ... ἠκολούθησαν ὄχλοι πολλοί erwarten) *als er ... herabstieg,*
folgten ihm viele Menschen (Mt 8,1).

K12   Das adverbial gebrauchte Ptz. **übersetzt** man in der Regel am besten als adverbialen NS   **424**
(daneben auch als Präp.-Gefüge oder beigeordneten HS [vgl. S. 81 Anm.], selten als   *290*
Ptz.), z.B. Lk 10,31 (vgl. auch Übersicht S. 153):

	ἰδὼν αὐτὸν ἀντιπαρῆλθεν »*Ihn sehend*«, *ging er vorüber.*
NS (temp.):	*Als er ihn sah, ging er vorüber.*
Präp.-Gefüge (temp.):	*Bei seinem Anblick ging er vorüber.*
HS (konz.):	*Er sah ihn; dennoch ging er vorüber.*

R64   Die sechs wichtigsten möglichen **Sinnrichtungen** sind S. 128 aufgeführt. Dabei handelt es   **425**
sich nicht um feste sprachimmanente (griech.), sondern um vornehmlich übersetzungstech-   *291*
nisch bedingte Kategorien. Man hüte sich vor einer zu starren Anwendung bei der Exegese.
Welche Sinnrichtung sich am besten mit der Intention des Autors deckt, zeigen gewöhnlich
Wortinhalt und Kontext. Statistisch am häufigsten sind temporaler und modaler Gebrauch.
Bemerkenswertes zum adverbial gebrauchten Partizip:
1. Formelhaft im Sinne von *mit* verwendet das Altgriechische ἔχων/λαβών/παραλα-   **426**
βών/φέρων (mögliche NT-Beispiele: Lk 4,33; Mt 25,1; Jh 18,3; Apg 21,32; Jh 19,39).   *292*
2. Paulus verwendet manchmal ein part. coni. **statt** eines **finiten Verbs**, z.B. in 2Kor 5,12   **427**
διδόντες statt δίδομεν. Umgekehrt wird bes. in der Apk manchmal die Ptz.-Konstruktion   *293*
durch καί + finites Verb fortgeführt, z.B. in Apk 2,2 durch καὶ ... εἰσίν statt ὄντας.
3. Bei Paulus und Petrus erscheint das Ptz. gelegentlich **anstelle** eines **Imperativs** (wohl El-   **428**
lipse des [§510] Imp. von »sein«): 1Pt 2,12; 3,1.7.9; Röm 12,9.16 (ähnlich auch Adjektive).   *294*
Beachte: Die in §425 Anm. 1 genannte Gebrauchsweise mit imp. Sinn gehört nicht hierher!
4. Erscheint in einer Konstruktion **mehr als ein Partizip**, so haben die durch Konjunk-   **429**
tionen wie καί *und* verbundenen gewöhnlich denselben **Rang** (z.B. Apg 17,23), unver-   *295*
bundene (asyndetische [§172]) hingegen in der Regel unterschiedlichen; welches Ptz.
welchem übergeordnet ist, ergibt sich aus dem Zusammenhang (z.B. Apg 18,23).
5. »**Participium graphicum**« (»beschreibendes Ptz.«) ist das part. coni., das eine meist   **430**
selbstverständliche Vorstufe oder Begleiterscheinung zum Inhalt des übergeordneten   *296*
Verbs beschreibt (inhaltlich mindestens z.T. Sem.), bes. körperliche Bewegungen oder
Haltungen, etwa ἀναστάς ... *er stand auf und (tat etwas)*, λαβών ... *er nahm und (tat*
etwas damit) usw.:
ἐκεῖθεν δὲ ἀναστὰς ἀπῆλθεν ... *er brach auf und ging von dort ...* (Mk 7,24).
6. Als »**pleonastisches**« Ptz. (zu Pleonasmus s. §513) bezeichnet man das part. coni.   **431**
des Sagens bzw. Antwortens bei einem finiten Verb des Sagens, Fragens, Antwortens,   *297*
Überlegens o.ä. vor einer direkten Rede (wahrscheinlich Sem.): (Fortsetzung Seite 129)

übergeordnete Konstruktion:	Ptz.-Konstruktion (Adverbiale):	
ὁ ἀνὴρ ἐλεύσεται *Der Mann wird kommen,*	πιστεύων/πιστεύσας *wenn/weil* usw. (s.u.) *er glaubt/zum Glauben gekommen ist.* (part. coni.: Nom.)	
ἡ γυνὴ φιλεῖ τὸν ἄνδρα *Die Frau liebt den Mann,*	πιστεύοντα/πιστεύσαντα *wenn/weil* usw. (s.u.) *er glaubt/zum Glauben gekommen ist.* (part. coni.: andere Kasus, hier Akk.)	
ἡ γυνὴ ἐλεύσεται *Die Frau wird kommen,*	τοῦ ἀνδρὸς πιστεύοντος/πιστεύσαντος *wenn/weil* usw. (s.u.) *der Mann glaubt/zum Glauben gekommen ist.* (gen. abs.)	
1. Temporal • gleichzeitig (meist Ptz. Präs. [oder Pf.]) • vorzeitig (meist Ptz. Aor.)	*während* (auch *als*) … (vgl. Mt 4,18; Apg 10,44) *nachdem* (auch *als*)[1] … (vgl. Jh 9,6; Apg 4,31)	**R52** **R55**
2. Modal • genauere Beschreibung des Geschehens • nähere Begleitumstände • vorgestellter Vergleich (mit ὡς/ὥσπερ) • negiert	*indem/dadurch, dass* … (vgl. Mt 27,4; Hb 11,4) *wobei* (auch *während*)[1] … (vgl. Lk 4,15; Hb 2,3f) *wie wenn/als ob* … (vgl. Kol 2,20; 1Pt 4,12) *ohne dass* … */ohne zu* glauben (vgl. Lk 4,35)	**R42b** **R57**
3. Kausal • objektiver Grund[2] • subjektiver Grund (mit ὡς)	*weil/da/zumal* (vgl. Apg 9,26; Hb 11,40) *weil (meiner Meinung nach)/in der Überzeugung, dass* (vgl. 1Kor 7,25; 2Kor 5,20)	**R51** **R78** **R104**
4. Konzessiv (bes. mit καί/καίπερ/καίτοι)	*obwohl/obgleich* … */wenn (er) auch* glaubt *wenngleich* … (vgl. Hb 5,8; 4,3)	**R54** **R124**
5. Konditional[3]	*wenn/falls* … (vgl. Lk 9,25; Hb 7,12)	**R64**
6. Final (nur part. coni. Fut. od. Präs.; z.T. m. ὡς)	*damit/in der Erwartung, dass* … (oder *um zu* glauben) (vgl. Apg 24,17; 1Thess 2,4)	**R85**

---

[1] Oft gibt man die temp. und die mod. Ptz.-Konstruktion am besten als unselbständige »Und«-Kombination mit finitem Verb wieder (vgl. §208 Anm.): ἀναστάς … εἶπεν *er stand auf und sagte* … (statt *nachdem er aufgestanden war, sagte er* …), vgl. Apg 1,15; ὑπέστρεψαν … δοξάζοντες τὸν θεόν *sie kehrten zurück und priesen* … *(dabei) Gott* (statt *sie kehrten zurück, wobei sie Gott priesen* …), Lk 2,20; ἐξελθὼν ἠκολούθει *er ging hinaus und folgte (ihm) (dabei)* (statt *indem/während er hinausging, folgte er [ihm]*), Apg 12,9. – Das Ptz. kann z.B. auch den **imperativischen** Sinn des übergeordneten Verbs übernehmen (häufiger Fall): ἀναστάς … θῦσον *steh auf … und schlachte!* (statt *nachdem du aufgestanden bist … schlachte!*), Apg 11,7. Diesen Gebrauch sollte man nicht mit dem in §428 genannten vermengen.   **R80**

[2] Klass. mit der Partikel ἅτε.

[3] Im Klass. beim kond. Sinn μή als Negation verwendet, im NT grundsätzlich bei allen Sinnrichtungen (§441).

(Fortsetzung von Seite 127)

– εἶπεν (ἔλεγεν o.ä.) **λέγων** *er sagte:* »... (Mt 22,1 usw.);

– ἀπεκρίθη **λέγων** (auch καὶ εἶπεν/λέγει) oder **ἀποκριθεὶς** εἶπεν/λέγει/ἐρεῖ/ἔφη usw. (häufig) *er antwortete/antwortet/wird antworten:* »... (Mt 25,9; 4,4 usw.).

7. Das part. coni. (ModA/E) vertritt in AT-Zitaten den hebr. **infinitivus absolutus** (vgl. §314):

> **βλέποντες** βλέψετε *ihr werdet immerzu sehen* (Mt 13,14; Jes 6,9).

432
298

(b) Prädikativer Gebrauch (H-S §233-235)

Prädikativ wird das Ptz. gebraucht, wenn es notwendiger Teil des Prädikatsverbands ist (§177ff) . Im NT kommen drei Hauptvarianten vor (immer ohne Art. [§216]):

433
299

R39 (1) Als Obj.-Präd. (§181ff) abhängig von Verben der sinnlichen und der geistigen Wahrnehmung, »**AcP**« (accusativus cum participio; z.T. GcP [genitivus cum participio]) – deutsch dafür Inf./AcI oder *dass/wie*-NS (vgl. S. 152 [»dass«-Sätze-Übersicht]):

434
300

> εἶδεν **σχιζομένους** (Obj.-Präd.) **τοὺς οὐρανούς** (AkkO) ... *er sah den Himmel sich spalten/er sah, dass/wie der Himmel sich spaltete* (Mk 1,10),
> ἀκούομεν **λαλούντων** (Obj.-Präd.) **αὐτῶν** (GenO) *wir hören sie reden/dass/wie sie reden* (Apg 2,11).

R49
R88
R91
R94
R123
(2) **Verben des modifizierten Seins und Tuns**: Bei einer Reihe von Verben, von denen ein Ptz. abhängig ist, wird das Geschehen oder Sein nicht vom konjugierten Verb, sondern vom Ptz. bezeichnet; das finite Verb hat die Aufgabe, dieses Geschehen oder Sein näher zu bestimmen. Diese im NT seltenen Verben haben ein mehrteiliges Präd. (§211):

435
301

> ἐπέμενον (Präd. 1. Teil) ἐρωτῶντες (Präd. 2. Teil) *sie fragten weiter* (Jh 8,7).

R122 Am häufigsten sind im NT noch παύομαι *aufhören*, καλῶς ποιέω *gut daran tun*:

> ὁ ἄνθρωπος οὗτος **οὐ παύεται λαλῶν** ... *dieser Mensch hört nicht auf ... zu reden/dieser Mensch redet unaufhörlich* ... (Apg 6,13); s.a. Apg 10,33.

(3) **Umschreibende Konjugation** (Ptz. ebenfalls als 2. Teil des Präd., vgl. oben §383).

436
302

(c) Attributiver (und substantivierender) Gebrauch (H-S §236-237)

K12
K14
(1) **Eigentlicher attributiver** Gebrauch (mit Bezugswort), als Attr. wie ein Adj. mit »attributiver« Wortstellung, also bei determiniertem Bezugswort (auch beim Pers.-Pron.) immer mit Art., bei nicht determiniertem ohne, z.T. aber mit Art. (§218; 245; 247):

437
303

> ὁ ἀνὴρ ὁ πιστεύων/ὁ πιστεύων ἀνήρ *der Mann, der glaubt* (oder *der glaubende Mann*) (vgl. Mt 25,34.41),
> πιστεύων ἀνήρ/ἀνὴρ (ὁ) πιστεύων *ein Mann, der glaubt* (oder *ein glaubender Mann*) (vgl. Lk 9,41; 1Pt 1,7),
> ἡμεῖς οἱ ζῶντες *wir, die wir leben/wir Lebende* (1Thess 4,15.17).

K12 (2) **Substantivierender** Gebrauch (ohne Bezugswort), meist mit individuellem oder generellem Art. (§239), mit den für das Substantiv üblichen syntaktischen Funktionen (s. Syntax der Kasus und der Präpositionen [§273-337; vgl. §208]):

438
304

> ὁ βαπτίζων *der (bekannte) Täufer* (Mk 6,14),
> ὁ πιστεύων *der Glaubende/jeder, der glaubt* (Jh 3,36),
> καὶ στρατευόμενοι *auch Soldaten* (Lk 3,14).

III. Syntax der Partikeln (H-S §243-252)

439 Im NT werden erheblich weniger Partikeln gebraucht als im Klass. Für eine Übersicht
305 der im NT wichtigen Partikeln s. Anhang, S. 148-151.

1. Negationen (H-S §246-249)

440 οὐ steht bei einzelnen Wörtern, z.B.   R16f
306
  οὐ πάντες *nicht alle* (Röm 10,16),
bei Wortgruppen, z.B.
  οὐκ ἐν σοφίᾳ λόγου *nicht mit kunstvoller Rede* (1Kor 1,17),
und in einem ganzen Satz mit Ind.

441 μή steht in einem Satz meist mit nichtindikativischen Formen (bei Fragen als »etwa« R16f
307 auch mit Ind., s.u. §454, beim Ptz. ganz vereinzelt aber οὐ [§418]):
  μὴ καθεύδωμεν *lasst uns nicht schlafen!* (1Thess 5,6).

Bemerkenswertes:

442 a) μή *dass* bzw. μὴ οὐ *dass nicht* (vgl. §460) nach Ausdrücken des **Fürchtens** meist mit R105
308 Konj. (seltener Ind., wenn die Furcht auf etwas schon Geschehenes gerichtet ist):
  φοβηθεὶς ... μὴ διασπασθῇ ὁ Παῦλος *er befürchtete, Paulus könnte ... zerrissen*
  werden (Apg 23,10);
vgl. Gal 4,11 (mit Ind.).
Manchmal ist der Ausdruck des Fürchtens zu ergänzen:
  ... μή πως εἰς κενὸν τρέχω ἢ ἔδραμον *[in der Besorgnis], dass ich vergeblich*
  laufe oder gelaufen bin (Gal 2,2; vgl. auch 1Thess 3,5),
so gelegentlich zum Ausdruck einer vorsichtigen Behauptung:
  μήποτε δώῃ αὐτοῖς ὁ θεὸς ... *vielleicht gibt Gott ihnen ...* (2Tim 2,25).

443 b) Ein ὅτι/ὡς-Nebensatz (vgl. §460) mit unübersetzbarem οὐ (oder Inf. mit unübersetz-
309 barem μή) kann nach Verben des **negativen Behauptens** (»bestreiten«, »leugnen«, »be-
zweifeln«) stehen:
  ὁ ἀρνούμενος ὅτι Ἰησοῦς οὐκ ἔστιν ὁ χριστός *wer leugnet, dass Jesus der*
  Messias ist (1Jh 2,22; vgl. Lk 20,27).
Analoges gilt für Inf. mit μή nach Verben des Hinderns o.ä. (Gal 5,7; Apg 14,18 [mit τοῦ]).

444 c) Bei der **doppelten oder mehrfachen Verneinung** gilt: R79
310 aa) Ist das letzte Glied der Negationskette zusammengesetzt, so wird die Verneinung
verstärkt (Normalfall):
  οὐκ ἐπίστευσεν οὐδείς *kein Einziger glaubte* (vgl. Apg 4,12 usw.).
bb) Ist das letzte Glied einfach, so ist die Verneinung aufgehoben:
  οὐδεὶς οὐκ ἐπίστευσεν *jeder glaubte* (eig. *keiner glaubte nicht*) (vgl. 1Kor 12,15).
cc) Merke: Das unklass. οὐδ' (o.ä.) οὐ μή (statt οὐδὲ μή) mit Konj. Aor. (oder Fut.),
z.B. in Hb 13,5, ist (entgegen der genannten Regel) stärkste Verneinung (zukünftigen
Geschehens, vgl. §391).

2. Andere Partikeln (H-S §252)

a) καί (H-S §252,29)

(i) Als Konjunktion *und*

Eingliedrig zur Verbindung von Wörtern, Wortgruppen oder Sätzen; letzteres vor allem **445** unter dem Einfluss der Volkssprache (z.T. auch Sem.) häufiger als im Klass. auch mit *311* folgenden Nuancen:

(1) »aber«, »doch« (**adversatives** καί, vgl. δέ):

καὶ οὐδεὶς *doch keiner* (Jh 7,30);

(2) »sodass«, »dass«, »(und) dann«, »daher« (**konsekutives** καί; logisch oder zeitlich, auch im Dann-Satz [**apodotisches** καί]):

καί λάμπει ... *dann leuchtet es* (Mt 5,15);

(3) »damit« o.ä. (**finales** καί):

... καὶ παραλήμψομαι ὑμᾶς ... *um euch ... zu holen* (Jh 14,3);

(4) temporales »als«:[1]

... καὶ ἐσταύρωσαν αὐτόν ... *als man ihn kreuzigte* (Mk 15,25);

(5) **relativisches** καί:

ἦσαν πολλοὶ καὶ ἠκολούθουν αὐτῷ *viele waren es, die ihm nachfolgten* (Mk 2,15);

(6) einem ὅτι oder Inf. (»**dass**«) entsprechend:

καὶ ἤκουσεν ... καὶ ἔλεγον *und er erfuhr ..., dass man sagte ...* (Mk 6,14);

(7) »und zwar«, »nämlich« (**epexegetisches**/**explikatives**/erklärendes καί):

... καὶ χάριν ἀντὶ χάριτος ... *und zwar Gnade über Gnade* (Jh 1,16);

(8) unübersetzbares (**pleonastisches** [vgl. §513]) καί nach einem πολύς *viel*, das vor einem anderen Adj. steht, oder nach einem Rel.-Pron. o.ä.:

πολλὰ ... καὶ ἄλλα σημεῖα *viele andere Zeichen* (Jh 20,30),

... ὃς καὶ παρέδωκεν αὐτόν ... *der ihn verriet* (Mk 3,19).

Mehrgliedrig: καί – καί *sowohl – als auch; ebensowohl – als* (Mt 10,28) (auch **446** *obgleich – dennoch* [Jh 15,24]). *312*

(ii) Als Adverb *auch, sogar*

Beispiele: Mt 5,39 usw.; Mt 10,30 usw.; nach Fragewort *überhaupt, noch* (Lk 13,7). **447**
313

(iii) Seltene Gebrauchsweisen:

(1) »oder« (καί **alternativum**) (2Kor 13,1); **448**
(2) bei Hendiadyoin (s.u. §512): *314*

περὶ ἐλπίδος καὶ ἀναστάσεως νεκρῶν *wegen der Hoffnung auf die Auferstehung der Toten* (Apg 23,6).

R117

[1] Im Klass. findet sich auch der Gebrauch im Sinn von »**wie**« nach einem Ausdruck der Gleichheit oder Ähnlichkeit: ταὐτὰ (= τὰ αὐτὰ) καί *dasselbe wie* (Xenophon, Kyrupaidie 1.3.18).

b) μέν

449
315
(1) in Verbindung mit anderen Partikeln: μέν – δέ (im NT viel seltener als im Klass.; statt δέ seltener auch ἀλλά/πλήν) *(zwar) – aber*:

> τὸ **μὲν** πνεῦμα ... ἡ **δὲ** σάρξ ... *der Geist zwar ..., aber das Fleisch ...* (Mt 26,41);

(2) ohne das zu erwartende δέ (Anakoluth [§509]; **μέν** »**solitarium**«, im NT z.T. unklass.): Kol 2,23; Röm 1,8; Lk 8,5;

(3) μὲν οὖν folgernd oder fortleitend *also, nun* (bes. Apg), z.B. Apg 5,41.

c) τε

450
316
(1) Eingliedrig zur engeren Verbindung von Sätzen, seltener von Wörtern oder Wortgruppen: *und* (Apg 2,37.40).

(2) Mehrgliedrig: τε – τε *sowohl – als auch* (Sätze/Satzglieder: Röm 14,8), τε – καί oder τε καί *sowohl – als auch*, oft einfach *und* (meist Wörter):

> ὅ **τε** στρατηγός ... **καὶ** οἱ ἀρχιερεῖς ... *der Tempelhauptmann ... und die Hohenpriester* (Apg 5,24).

C. Zu den Sätzen

I. Unabhängiger Satz (HS) (H-S §267-269)

1. Der selbständige Behauptungssatz (H-S §267)

451
317
Der selbständige Behauptungssatz stellt den Inhalt als wirklich (»real«, vor allem Ind. [§386, aber auch §391]), z.B.

> ἠγέρθη *er ist auferstanden* (Mk 16,6),

nicht wirklich (s. Irrealis [§386]), z.B.

> ... ἐχάρητε ἄν ... ... *so würdet ihr euch freuen* ... (Joh 14,28),

oder (im NT selten) möglich (»potenzial« [§394]) hin.

2. Der selbständige Begehrungssatz (H-S §268)

452
318
Der selbständige Begehrungssatz bedient sich vor allem des adhortativen und prohibitiven Konj. (§388, 390), z.B.

> **ἀγαπῶμεν** ἀλλήλους *lasst uns einander lieben!* (1Jh 4,7),

> **μὴ θαυμάσῃς** ... *wundere dich nicht ...!* (Jh 3,7),

und des Imp. (§397ff), z.B.

> **ἆρον** ... *heb ... auf!* (Mt 9,6),

> ... ἄνθρωπος **μὴ χωριζέτω** ... *soll ein/der Mensch nicht trennen/scheiden!* (Mt 19,6);

auch des Ind. Fut. (§381), z.B.

> **οὐ μοιχεύσεις** *du sollst/darfst nicht Ehebruch begehen!* (Mt 19,18);

und des kupitiven Opt. (§393), z.B.

 ... τηρηθείη *möge ... bewahrt werden!* (1Thess 5,23).

Gelegentlich begegnet man daneben auch: **453**

a) Als Ersatz für den Imp. neben dem Ptz. (§428) auch dem »imperativischen« Inf., z.B. *319*

 χαίρειν μετὰ χαιρόντων *freut euch mit denen, die sich freuen!* (Röm 12,15),

und einem selbständigen ἵνα-Satz, z.B.

 ἵνα ... ἐπιθῇς τὰς χεῖρας αὐτῇ ... *leg ihr doch die Hände auf!* (Mk 5,23);

b) zum Ausdruck eines als unerfüllbar hingestellten Wunsches auch dem partikelhaften ὄφελον mit Ipf. oder Ind. Aor., z.B.

 ὄφελον ἀνείχεσθε *möchtet ihr doch ertragen* (2Kor 11,1),

zum Ausdruck eines als unerfüllbar oder erfüllbar hingestellten Wunsches: ἐβουλόμην/ ἤθελον mit Inf., z.B.

 ἐβουλόμην ... κατέχειν *ich wollte eigentlich ... behalten* (Phm 13).

3. Der selbständige (direkte) Fragesatz (H-S §269)

Die **Entscheidungsfragen** sind formal von den Behauptungssätzen recht häufig nicht **454**
unterschieden. Oft sind sie aber gekennzeichnet: durch die Fragepartikel ἆρα (im NT *320*
allerdings nur dreimal!) – im NT auch εἰ (meist = »:« nach einem Ausdruck des
Fragens/Sagens) – oder (häufig) durch οὐ/οὐχί *nicht* bzw. μή/μήτι *etwa*:

 ἆρα/εἰ πιστεύει; *glaubt er?* (vgl. Apg 8,30; Mt 12,10);

 οὐ πιστεύει; *glaubt er nicht?* (angedeutete Antwort: *doch er glaubt*) = *er glaubt*
 doch wohl (vgl. Jh 11,40);

 μὴ πιστεύει; *glaubt er etwa?* (angedeutete Antwort: *nein, er glaubt nicht.*) = *er*
 glaubt doch wohl nicht (vgl. Jh 6,67; Röm 10,18).

Möglichkeiten der **bejahenden** bzw. **verneinenden Antwort**:   **455**

aa) ναί *ja* bzw. οὐ/οὐχί *nein* (vgl. Mt 13,51; 13,28f);   *321*

bb) Wiederholung des betonten Wortes bzw. verkürzte Sätze:

 δυνάμεθα *das können wir* (= Ja) (Mt 20,22),

 σὺ εἶπας *ja, du* (wörtl. *du hast es gesagt*) (Mt 26,25) u.ä.

Die **Ergänzungsfragen** (oder »Wortfragen«) werden durch Fragewörter (Interrogativ- **456**
pronomina oder -adverbien [vgl. §99f]) eingeleitet: *322*

 τίνες εἰσὶν οἱ ἀδελφοί μου; *wer sind meine Brüder?* (Mt 12,48),

 πῶς ἀναγινώσκεις *wie liest du?* (Lk 10,26).

Bei **Wahlfragen** (oder »Doppelfragen«) steht als disjunktive Konjunktion ἤ *oder*:[1] **457**

 ... ἐξ οὐρανοῦ **ἢ** ἐξ ἀνθρώπων; ... *vom Himmel oder von den Menschen?* (Mt 21,25). *323*

Deliberative (oder dubitative) **Fragen** stehen mit entsprechendem Konj. (§389; seltener im Fut. [§381]), z.B. **458**

 τί **ποιήσωμεν**; *was sollen wir tun?* (Apg 2,37).   *324*

---

[1] Att. auch πότερον – ἤ in der direkten Frage: ... *oder* (πότερον bleibt unübersetzt!), in der indirekten Frage: *ob ... oder.*

459 **Rhetorische Fragen** (verschiedenster Form) suchen das Gegenüber lediglich zur Aner-
325 kennung einer bereits vorhandenen Meinung zu bewegen; eine Antwort wird nicht er-
wartet (häufig bei Paulus), z.B.

> οὐκ οἴδατε ὅτι ναὸς θεοῦ ἐστε; *wisst ihr nicht, dass ihr Gottes Tempel seid? = ihr*
> *wisst doch, dass ihr Gottes Tempel seid* (1Kor 3,16).

II. Abhängiger Satz (NS) (H-S §270-290)[1]

1. Konjunktionalsätze (H-S §271-288)

a) Subjekt-Objektsätze (dass/ob-NS) (H-S §271-275)[2]

(i) Nebensatz mit ὅτι *dass* o.ä. (H-S §271; 275)

460 Ein Nebensatz mit ὅτι (weniger bestimmt: mit ὡς [im NT selten]) *dass* (**abhängiger**
326 **Behauptungssatz** [vgl. §451]) steht nach Verben (und anderen Ausdrücken) des Sagens
(d.h. Behauptens) und Meinens u.ä., der sinnlichen und geistigen Wahrnehmung, des
Zeigens und Meldens; er hat dasselbe Tempus (!) und denselben Modus wie der ent-
sprechende Hauptsatz (§451):

> ἀπήγγειλαν ... **ὅτι** Ἰησοῦς ... **παρέρχεται** *man berichtete ..., dass Jesus ... vor-*
> *beiging* (Lk 18,37);
>
> οὐκ οἶδας **ὅτι ἐξουσίαν ἔχω** ...; *weißt du nicht, dass ich die Macht habe ...?*
> (Jh 19,10);

vgl. auch §443.

461 Seltenere Formen:
327 (1) μή *dass* und μὴ οὐ *dass nicht* nach Ausdrücken des Fürchtens (§442),

(2) εἰ *dass* nach Verben der Gemütsbewegung (z.B. Mk 15,44),

(3) εἰ *dass*/»:« *gewiss nicht* hebraisierend bei Schwüren (z.B. Hb 3,11 = Ps 95 [94],11
LXX).

(ii) Nebensatz mit ἵνα *dass* o.ä. (H-S §272; 275)

462 Ein Nebensatz mit ἵνα (seltener mit ὅπως) *dass* bzw. ἵνα μή oder μή/μήποτε mit Konj.   **R127**
328 (bisweilen im NT Ind. Fut.) kann in der Koine (im NT vor allem Jh, Mt, Mk; hingegen
bei Lk, Apg, Jak, Pt und Hb kaum unklass. Bsp. vorhanden) fast überall den Inf./AcI
ersetzen, wo dessen Inhalt als beabsichtigte oder eintretende Folge aufgefasst werden
kann. In der Funktion eines Subjekt-Objektsatzes (nach Ausdrücken des Begehrens und
Wünschens o.ä.) lässt er sich meist mehr oder weniger deutlich als **abhängigen Begeh-**
rungssatz (vgl. §452f) verstehen:

> ἐκήρυξαν **ἵνα μετανοῶσιν** *sie forderten die Menschen auf umzukehren* (Mk 6,12).

---

[1] Zum möglichen, im NT aber seltenen obliquen Opt. in innerlich abhängigen Nebensätzen vgl. §395.
[2] Für eine Übersicht über die griechischen Entsprechungen deutscher Objektsätze mit »dass« s. S. 152.

(iii) Abhängige (indirekte) Fragesätze (H-S §273)

K43 Abhängige (indirekte) Fragesätze (vgl. §454ff) stehen nach Ausdrücken des Wahrneh- **463**
mens, Sagens, Wissens u.ä. Modus und Tempus entsprechen denjenigen der direkten *329*
Frage (selbstverständlich mit entsprechendem Personenwechsel). Selten steht (bei Lk
und Apg) der oblique Opt. (§395):

(1) Der **Nebensatz mit** εἰ *ob* bzw. εἰ – εἰ *ob – oder* kommt als **abhängige** (indirekte) **464**
Entscheidungsfrage vor:[3]   *330*

    ἐπηρώτησεν εἰ ... Γαλιλαῖός ἐστιν *er fragte, ob er ... ein Galiläer sei* (Lk 23,6).

(2) Der **Nebensatz mit direkten oder indirekten Fragepronomina und -adverbien** **465**
(§99f) bezeichnet abhängige (indirekte) Ergänzungsfragen (eig. Relativ- und nicht Kon- *331*
junktionalsätze):

    οὐκ οἶδα τί λέγεις *ich weiß nicht, was du sagst* (Mt 26,70),

    λαληθήσεταί σοι ὅ τι σε δεῖ ποιεῖν *es wird dir gesagt werden, was du tun sollst*
    (Apg 9,6),

    μὴ προμεριμνᾶτε τί λαλήσητε (deliberativ) *sorgt euch nicht im Voraus, was ihr*
    sagen sollt (Mk 13,11);

vgl. Lk 1,29; Apg 21,33 (Opt.).

Bemerkenswert: εἰ *ob* leitet nicht nur eig. Fragesätze ein; es kann auch vor einem **466**
Nebensatz stehen, der von einem Verb des Handelns abhängig ist, bei dem zusätzlich *332*
das Bedeutungselement des Versuchens »mitschwingt«. In der Übersetzung ist ein ent-
sprechender Ausdruck zu ergänzen:

    διώκω δὲ εἰ καὶ καταλάβω *aber ich jage ihm nach, [um zu versuchen], ob ich es er-*
    greifen kann oder *[mit dem Bestreben/in der Hoffnung], es zu ergreifen* (Phil 3,12);
vgl. Mk 11,13, Röm 11,14.

(iv) Direkte und indirekte Rede (H-S §274)

(1) **Direkte Rede**: Äußerungen (oder Gedanken), die nach Ausdrücken des Sagens **467**
(oder Denkens) im Wortlaut unmittelbar angeführt werden, stehen meist ohne Einleite- *333*
wort (asyndetisch [§172]), z.B.

    λέγει· διψῶ *er sagte:* »*Ich habe Durst.*« (Jh 19,28),

häufig aber mit ὅτι *recitativum*, das unserem Doppelpunkt mit Anführungszeichen ent-
spricht, z.B.

    ἐκεῖνος ἔλεγεν ὅτι ἐγώ εἰμι *er sagte:* »*Ich bin es.*« (Jh 9,9).

(2) **Indirekte Rede**:   **468**
(a) Indirekte Rede im weiteren Sinne (Normalfall, s.o. §460-466 sowie 407f): Abhängi- *334*
ge Behauptungs- (s.u. Lk 22,70), Begehrungs- (Mk 6,8) und Fragesätze (Jh 18,21; Lk
18,36) sowie entsprechende Inf./AcI-Konstruktionen (s.u. Apg 5,36; Lk 5,14), die for-
mal (direkt) abhängig sind von Ausdrücken des Sagens (oder Denkens), z.B.

---

[3] Vgl. auch §457 Anm.

ὑμεῖς λέγετε **ὅτι ἐγώ εἰμι** *ihr sagt, ich sei es* (Lk 22,70),

λέγων **εἶναί τινα ἑαυτόν** *dabei sagte er, er selbst sei jemand [Besonderer]* (Apg 5,36),

αὐτὸς παρήγγειλεν αὐτῷ **μηδενὶ εἰπεῖν** *er wies ihn an, niemand davon zu sagen* (Lk 5,14).

(b) Indirekte Rede im engeren Sinne: Fälle, bei denen die Abhängigkeit indirekt bzw. formal nicht vorhanden ist[4] (im NT kaum bezeugt, vgl. H-S §274e).

469
335 Merke: Von der **indirekten Rede** geht das Griech. bald einmal gern **in die direkte Rede** über (häufig ist im NT ein ἔφη *er sagte* o.ä. zu ergänzen), z.B. Apg 1,4; 17,3.

b) *Adverbialsätze* (vgl. §208; H-S §276-287)

(i) Temporalsätze (vgl. §190; 208; H-S §276)

470
336 (1) Auf die Frage »**Wann?**«:

(a) Mit **Ind.**, eingeleitet durch **ὅτε** (seltener ἡνίκα/ὁπότε) *als, nachdem* (Vergangenheit), *wenn* (Gegenwart/Zukunft, seltener); oder durch **ὡς** *als, nachdem* (Vergangenheit, meist Ind. Aor.), *während* (Vergangenheit, meist Ipf.), *wenn* (Zukunft, selten), z.B. **R68**

ὅτε ἦς νεώτερος ... *als/während du jünger warst* ... (Jh 21,18).

(b) mit **prospektivem Konj.** (vgl. §387), eingeleitet durch **ὅταν** *wenn, sobald* (Zukunft, meist Konj. Aor.), *immer wenn* (Gegenwart/allgemein Gültiges, häufig Konj. Präs.; NT gelegentlich Ind., auch Aor.), seltener durch **ἐπάν** *sobald*, bei Paulus auch durch ὡς ἄν *wenn/sobald*; ferner durch **πρίν** *bevor* (fast immer mit Inf./AcI bzw. ἤ mit Inf./AcI), z.B. **R114**

ὅταν ἔλθῃ ἐκεῖνος ... ἅπαντα *wenn/sobald er kommt* ...(Jh 4,25).

Vgl. auch §396 (»hellenistischer« Nebensatziterativ); 506 (konditional-temporaler Rel.-Satz).

471
337 (2) Auf die Frage »**Wie lange?**«: Mit **Ind.** oder **prospektivem Konj.** (vgl. §387) mit ἄν (NT öfter ohne), eingeleitet durch **ἕως** (οὗ/ὅτου) (seltener mit Ind.), durch **ἄχρι(ς)** (οὗ) *bis dass, solange als*, durch μέχρι(ς) (οὗ) *bis* oder durch ἐν ᾧ (auch ὡς) *während, solange*; z.B.

... **ἄχρι οὗ** ἀνέστη βασιλεὺς ἕτερος ... *bis ein anderer König an die Macht kam* (Apg 7,18).

(ii) Kausalsätze (»Warum/Weshalb?«) (vgl. §192; 208; H-S §277)

472
338 Eingeleitet durch **ὅτι**, διότι (= διὰ τοῦτο ὅτι) *weil*, durch **ἐπεί** *da*, durch **ἐπειδή** *da ja*, oder durch καθώς/καθότι/ἐφ' ᾧ *da/weil*; z.B.

ὅτι εἶπόν σοι ... *weil ich dir gesagt habe* ... (Jh 1,50).

Beachte: ἐπεί manchmal *denn [wenn es anders wäre], denn sonst* (z.B. Röm 3,6).

---

[4] Beispiel aus dem Klass.: Ὀρόντας ἔγραψε παρὰ βασιλέα **τάδε·** (indirekte Rede:) **ἥξειν** (HS der direkten Rede > Inf.-Konstruktion) ἔχων τοὺς ἱππέας οὓς Κῦρος αὐτῷ **ἔδωκεν/δοίη** (Tempus des NS bleibt), ἀλλ' **ἐκεῖνον** ὡς φίλον **ὑποδέχεσθαι** (HS der direkten Rede > AcI) αὐτόν. *Orontas schrieb Folgendes an den Großkönig: Er werde mit den Reitern kommen, die Kyros ihm gegeben habe; darum solle jener ihn als Freund aufnehmen.* (vgl. Xenophon, Anabasis 1.6.3; BR §294).

(iii) Finalsätze (»Wozu/Mit welcher Absicht?«) (vgl. §195; 208; H-S §278)

R82
R107
R127b
Eingeleitet durch ἵνα oder ὅπως (auch ὅπως ἄν; vereinzelt ὡς) *damit, um – zu* bzw.   **473**
durch ἵνα μή, ὅπως μή oder durch μή/μήποτε *damit nicht, um nicht – zu*, gewöhnlich   *339*
mit Konj. (vgl. §387; im NT bisweilen mit Ind. Fut.); Koine/NT selten auch eingeleitet
durch ὥστε mit finitem Verb oder Inf./AcI *damit* (§412; 474); z.B.

> ... ἵνα σωθῇ ὁ κόσμος δι᾽ αὐτοῦ ... *damit die Welt durch ihn gerettet werde* (Jh 3,17).

(iv) Konsekutivsätze (»Mit welcher Folge?«) (vgl. §194; 208; H-S §279)

R93
Eingeleitet durch ὥστε (vereinzelt ὡς) *sodass* (manchmal bei lockerer Unterordnung als   **474**
Hauptsatz mit *daher/darum* zu übersetzen [vgl. S. 81 Anm.]),   *340*
– mit finitem Verb meist bei tatsächlicher Folge (Neg. οὐ),
– mit Inf./AcI bei bloß gedachter (erwarteter, möglicher) Folge (Neg. μή), im NT auch
bei tatsächlicher Folge (§412); z.B.

> ... ὥστε τὸν υἱὸν τὸν μονογενῆ ἔδωκεν *so ... dass er seinen einzigen Sohn gab* (Jh 3,16),
> Ὥστε ... ἑδραῖοι γίνεσθε ... *Darum ... werdet fest ...* (1Kor 15,58).

Koine/NT selten auch eingeleitet durch ἵνα mit Konj. *sodass* (vgl. §462).

(v) Konditionalsätze (»In welchem Fall/Unter welcher Bedingung?«)
(vgl. §193; 208; H-S §280-285)

(a) Allgemeines (vgl. §505 zum konditionalen Rel.-Satz)

Der **Wenn-Satz** (»Prótasis«/»Vordersatz«, NS) wird eingeleitet durch εἰ oder ἐάν (selten ἄν)   **475**
wenn (= *falls*), bei koordinierten Gefügen (1Kor 12,26; 2Kor 1,6) durch εἴτε – εἴτε *ob – oder*   *341*
ob bzw. *wenn – und wenn* (Neg. μή, doch beim indefiniten Fall [§476] im NT meist οὐ).
Häufige Verbindungen mit εἰ/ἐάν:

εἴ γε	*wenn wirklich*	εἰ καί	*wenn auch*
εἴπερ	*wenn wirklich* (Annahme bestimmter	ἐὰν μή	*wenn nicht* (auch *außer*
	als bei εἴ γε, z.T. fast kausal)		[*wenn/dass*])
εἰ μή	*wenn nicht* (auch *doch*, nach Neg. *außer*)	ἐὰν καί	*wenn auch*
εἰ δὲ μή γε	*andernfalls*	ἐάνπερ	*gesetzt den Fall, dass* (Hb 3,14)

(b) Die vier Hauptfälle von Konditionalperioden (zur Illustration konstruierte Beispiele)
(Konditionalperiode = Wenn-Satz [NS] + Dann-Satz [»Apódosis«/»Nachsatz«, HS])

1. INDEFINITER FALL (irreführend auch »Realis« genannt)

Wenn-Satz: εἰ mit **Ind.**;	**476**
Dann-Satz: **beliebiger Modus.**	*342*
Das Verhältnis des Wenn-Satzes zur Wirklichkeit ist unbestimmt (»indefinit«), die Schlussfolgerung aber notwendig:	
εἰ τοῦτο ποιεῖς (ποιήσεις/ἐποίησας usw.) *Wenn du dies tust (tun wirst/getan hast* usw.) – ob es der Fall ist, lasse ich unentschieden –, ἡμᾶς βλάπτεις (βλάψεις/ἔβλαψας usw.) *schädigst du uns (wirst du uns schädigen/hast du uns geschädigt* usw.) – und zwar unweigerlich (vgl. Röm 8,9; Lk 11,19.20 usw.).	

2. PROSPEKTIVER FALL (auch »Eventualis« – Normalfall)

<table>
<tr><td>

477

343

</td><td>

Wenn-Satz: **ἐάν mit Konj.** (vgl. §387) (Tempuswahl aspektbedingt [§356ff]);

Dann-Satz:

1. **futurischer** Ausdruck (häufig speziell) oder

2. **präsentischer/zeitloser** Ausdruck (häufig generell).

</td><td>

R86

</td></tr>
</table>

Der Wenn-Satz bezeichnet etwas, womit man rechnen kann oder muss, d.h. entweder (entscheidend für die Zuordnung zu 1. oder 2. ist in erster Linie der Kontext!):

1. **speziell** etwas Zukünftiges:

> ἐὰν τοῦτο ποιῇς/ποιήσῃς *Wenn du dies tun wirst* (besser *tust*) – damit kann oder muss man rechnen –,
>
> ἡμᾶς βλάψεις *wirst du uns schädigen* (vgl. Lk 19,31; Mt 9,21; Jh 13,8 usw.),

2. **generell** etwas allgemein Gültiges:

> ἐάν τις τοῦτο ποιῇ/ποιήσῃ *Wenn/Immer wenn einer dies tut* – damit kann oder muss man rechnen –,
>
> χαίρουσιν οἱ ἄγγελοι τοῦ θεοῦ *freuen sich die Engel Gottes* (vgl. 2Tim 2,5; Jh 12,24; 7,17 usw.).

3. POTENZIALER FALL (»Potentialis«; im NT nur in Resten vorhanden):

<table>
<tr><td>

478

344

</td><td>

Wenn-Satz: **εἰ mit Opt.** (vgl. §384);

Dann-Satz: **(potenzialer) Opt. mit ἄν** (§384) (Tempuswahl aspektbedingt).

</td></tr>
</table>

Der Inhalt des Wenn-Satzes wird als möglich oder zumindest denkbar hingestellt, die Schlussfolgerung als bloße Möglichkeit:

> εἰ τοῦτο ποιοίης/ποιήσαις *Falls du dies tätest* – und das könnte ich mir zumindest vorstellen –,
>
> ἡμᾶς ἂν βλάπτοις/βλάψαις *wirst du uns wohl schädigen* (vgl. 1Pt 3,17 [nur Wenn-Satz]).

4. IRREALER FALL (»Irrealis«):

<table>
<tr><td>

479

345

</td><td>

Wenn-Satz: **εἰ mit Augmenttempus** (vgl. §386);

Dann-Satz: **Augmenttempus mit ἄν** (§386, ἄν fehlt im NT gelegentlich) (Tempuswahl aspektbedingt).

</td></tr>
</table>

Der Wenn-Satz wird als unwirklich (»irreal«) hingestellt, die Schlussfolgerung aber als notwendig, daher der Dann-Satz-Inhalt ebenfalls als unwirklich:

> εἰ τοῦτο ἐποίεις (ἐποίησας/ἐπεποιήκεις) *Wenn du dies tätest* oder *getan hättest*,
>
> ἡμᾶς ἂν ἔβλαπτες (ἔβλαψας/ἐβεβλάφεις) *würdest du uns schädigen* oder *hättest du uns geschädigt* – aber du tust es nicht, schädigst uns also auch nicht, oder: du tatest es nicht, schädigtest uns also auch nicht (vgl. Jh 9,41; Röm 9,29 usw.).

(c) Bemerkenswertes:

(1) In manchen Zusammenhängen berührt oder überschneidet der Bereich der Konditio- **480**
nalsätze den der Temporal- (§470; bes. ἐάν und ὅταν) und Kausalsätze (diese in Zusam- *346*
menhängen, in denen die Bedingung eindeutig erfüllt ist; vgl. §472).

(2) Da ἐάν das εἰ nachklass. zurückgedrängt hat, findet sich der prospektive Fall auch in **481**
Zusammenhängen, in denen das Klass. eher den potenzialen (oder auch den irrealen) *347*
Fall hätte (z.B. in Jh 21,22.23; 1Kor 4,15; 13,2).

(3) Die obigen Standardfälle kommen im NT auch vermischt vor (z.B. Lk 17,6; Apg 8,31). **482**

(4) Es gibt einige Sonderfälle, z.B. Mk 9,42, Lk 12,49 (Form des indefiniten Falls, aber **483**
irrealer Sinn [s. Zusammenhang]), Lk 19,42 (Dann-Satz unterdrückt, vgl. und §511). *349*

(vi) Konzessivsätze (»Trotz welcher Umstände?«) (vgl. §196; 208; H-S §286)

Eingeleitet durch εἰ καί oder ἐὰν καί (seltener καὶ εἰ/καὶ ἐάν [κἄν]) *wenn auch*; z.B. **484**
        εἰ γὰρ καὶ τῇ σαρκὶ ἄπειμι ... *denn wenn ich auch leiblich abwesend bin* ... (Kol 2,5). *350*

R45   Vgl. nach Neg. εἰ μή (im NT selten mit Verb) oder ἐὰν μή (auch εἰ μήτι, Koine/NT auch **485**
ἐκτὸς εἰ μή) *außer (wenn/dass)*: *351*
        ... οὐκ ἐδύνατο ἐκεῖ ... εἰ μή ... ἐθεράπευσεν ... *er konnte nicht ... außer dass er*
        ... *heilte* (Mk 6,5).

(vii) Komparativsätze (»Wie/Auf welche Art und Weise?«) (vgl. §191; 208; H-S §287)

Eingeleitet durch ὡς (verstärkend ὥσπερ) *wie,* durch καθάπερ, καθώς (seltener καθά/ **486**
καθό/καθώσπερ) *ebenso wie* oder durch ὡς (ὥσπερ/καθώς/καθάπερ) – οὕτως (oder *352*
καί) *wie – so* (ähnlich ὅσος/ὅσοι – τοσοῦτος/τοσοῦτοι *wie groß/viele – so groß/viele,*
οἷος – τοιοῦτος *wie beschaffen – so beschaffen* [§100]); z.B.
        οὔπω ἔγνω καθὼς δεῖ γνῶναι *er hat noch nicht so erkannt, wie man erkennen*
        muss (1Kor 8,2).

c) *Konjunktionaler Attributsatz* (vgl. §208; H-S §288)

Gelegentlich haben »Subjekt-Objekt«- und »Adverbial«-Sätze die Rolle eines Attr. **487**
(meist App.) inne: *353*
        ... διὰ τὴν χαρὰν (BW) ὅτι ἐγεννήθη ἄνθρωπος ... ... *über der Freude, dass ein*
        Mensch geboren worden ist ... (Jh 16,21); vgl. 1Jh 3,23 (ἵνα-NS); Mt 9,15 (ὅταν-NS).

2. Relativsätze (H-S §289-290)

a) *Allgemeines* (H-S §289a-d)

Eingeleitet werden sie durch Relativpronomina und -adverbien (§98; 100) und sind **488**
grundsätzlich wie HS (§451-459) **konstruiert**. *354*

Mit Bezugswort hat der Relativsatz die Funktion eines Attr. (**Attributsatz** [vgl. §208]): **489**
        ... ἡ μαρτυρία (BW) ἣν μαρτυρεῖ περὶ ἐμοῦ (Attr.) ... *das Zeugnis, das er von* *355*
        mir ablegt (Jh 5,32);

εὗρεν τὸν τόπον (BW) **οὗ ἦν γεγραμμένον** (Attr.) *er traf auf die Stelle, wo geschrieben steht* (Lk 4,17).

490
356
Ohne Bezugswort ist er ein Satzglied der übergeordneten Konstruktion (**Gliedsatz** [vgl. §208]):

ἀπαγγείλατε (Präd./Subj.) ... **ἃ εἴδετε** ... (AkkO) *berichtet ..., was ihr gesehen ... habt* (Lk 7,22).

b) Bemerkenswertes zu Relativum (Rel.) und Bezugselement (BW)

(H-S §142c-g; 289c-j)

491
357
(1) Das **Bezugselement** (BW) wird oft **in den Rel.-Satz** hineingenommen; der Art. fällt dann weg:

ᾧ γὰρ μέτρῳ (BW) μετρεῖτε (= **τῷ** γὰρ **μέτρῳ ᾧ** μετρεῖτε)... *denn **mit dem Maß, mit dem** ihr zumesst ...* (Lk 6,38).

492
358
(2) Das **Demonstrativpronomen** als BW »fehlt« häufig (im Deutschen zu ergänzen):

ᾧ δὲ ὀλίγον ἀφίεται, ὀλίγον ἀγαπᾷ (BW οὗτος »fehlt«) ***wem** aber wenig vergeben wird, **der** zeigt auch wenig Liebe* (Lk 7,47);

ὅπου ὑπάγω οὐ δύνασαί μοι νῦν ἀκολουθῆσαι (BW ἐκεῖ »fehlt«) ***wohin** ich gehe, **dorthin** kannst du mir jetzt nicht folgen* (Jh 13,36).

493
359
(3) Die **Präposition** vor dem Relativum gehört entweder zum »fehlenden« Demonstrativpronomen (Jh 6,29), zum Relativum (Röm 10,14), oder zu beiden:

τί βλασφημοῦμαι **ὑπὲρ οὗ** ἐγὼ εὐχαριστῶ; (= ... **ὑπὲρ τούτου ὑπὲρ οὗ** ...) *warum werde ich verlästert wegen einer Sache, für die ich Dank sage?* (1Kor 10,30).

Die Präp. vor dem Bezugselement braucht vor dem Rel. nicht wiederholt zu werden:

... εἰς τὸ ἔργον **ὃ** (= **εἰς ὃ**) προσκέκλημαι αὐτούς ... *zu dem Werk, zu dem ich sie berufen habe* (Apg 13,2).

494
360
(4) **ὅς** *welcher* (nicht aber ὅστις) stimmt häufig nicht nur im Numerus und Genus mit dem Bezugselement überein, sondern (im Unterschied zum Deutschen) auch im Kasus, bes. wenn das Bezugselement den Gen. oder Dat. hat und das Rel. im Akk. stehen müsste – die so genannte »Attraktion« des Relativpronomens (**attractio relativi**):

μνημονεύετε τοῦ **λόγου** (BW) **οὗ** (= **ὃν**) ἐγὼ εἶπον ὑμῖν *gedenkt an das Wort, das ich euch gesagt habe* (Jh 15,20).

K22
R128

495
361
Wenn das BW im Rel.-Satz steht (vgl. §491), begegnet man folgenden Fällen:

(a) »Normalfall«, z.B.

ἤρξαντο ... αἰνεῖν τὸν θεόν ... περὶ πασῶν **ὧν** εἶδον **δυνάμεων** (= περὶ πασῶν **τῶν δυνάμεων ἃς** εἶδον) *sie fingen an ... Gott ... zu preisen für alle Wundertaten, die sie gesehen hatten* (Lk 19,37);

(b) das BW steht direkt nach dem Rel., z.B.

ἄχρι **ἧς ἡμέρας** ... = ἄχρι **τῆς ἡμέρας ᾗ** ... *bis zu dem Tag, an dem ...* (Mt 24,38, usw.);

(c) mit »fehlendem« Demonstrativpron. als Bezugselement:

... οὐδὲν **ὧν** ἑώρακαν = ... οὐδὲν **τούτων ἃ** ἑώρακαν ... *nichts von dem, was sie gesehen hatten* (Lk 9,36; vgl. Jh 17,9 [mit Präp.]).

R128

R128 (5) Seltener kommt die umgekehrte Attraktion (»**attractio inversa**«) vor: Das Bezugs- **496**
element richtet sich nach dem Rel., z.B.   *362*

> τὸν ἄρτον (BW) ὃν κλῶμεν, οὐχὶ … ἐστιν; (= ὁ ἄρτος [BW] ὃν κλῶμεν …) *ist*
> *nicht das Brot, das wir brechen …?* (1Kor 10,16);

vgl. auch Röm 6,17.

(6) Steht das Rel. im gen. possessoris (§288), so steht (im Unterschied zum Deutschen, **497**
aber wie im Französischen) vor dem davon bestimmten Subst. der Art.:   *363*

> Μαριὰμ … ἧς ὁ ἀδελφὸς … *Maria …, deren Bruder* (*… dont le frère*) (Jh 11,2).

(7) Das Rel. ist im Deutschen meist als Pers.- oder Demonstrativpron. zu berücksichtigen: **498**

R65 a) Beim »**relativischen Anschluss**« (seltener als im Lat.): Der Rel.-Satz wird verselb- *364*
ständigt gebraucht, etwa (regelmäßig) im Rel.-Satz mit Imperativ:

> ᾧ ἀντίστητε … *ihm/diesem widersteht* … (1Pt 5,8.9).

R63 b) Bei der »**relativischen Verschränkung**«: Der Rel.-Satz enthält eine ihm untergeord-
nete Konstruktion (NS, Ptz. oder AcI); dabei ist das Rel. nicht (wie im Deutschen üb-
lich) Satzglied des Rel.-Satzes, sondern dieser untergeordneten Konstruktion, z.B.

> οἱ ἀδελφοί … ἦλθαν … οὓς ἰδὼν ὁ Παῦλος … ἔλαβε θάρσος (der Rel.-Satz ist
> mit der Partizipialkonstruktion verschränkt: οὕς ist AkkO zum Ptz. ἰδών [nicht
> zum Präd. des Rel.-Satzes ἔλαβε]) *die Brüder kamen. Als Paulus sie/diese sah*
> (wörtl. »*welche sehend*«) … *fasste er Mut* (Apg 28,15).

Ähnliches gilt für lokale Relativsätze (z.B. Mk 6,55) sowie für abhängige Fragesätze
(z.B. Mt 16,13).

(8) Sind zwei (oder mehr) Rel.-Sätze gleichgeordnet und ein zweites Rel. müsste in **499**
einem anderen Kasus als das erste stehen, so wird es weggelassen oder durch αὐτός im *365*
benötigten Kasus ersetzt:

> ὁ πατὴρ ἐξ οὗ τὰ πάντα καὶ ἡμεῖς εἰς αὐτόν (statt καὶ εἰς ὃν ἡμεῖς) *der Vater,*
> *von dem alles stammt und für den wir leben* (1Kor 8,6).

(9) Volkstümlich bzw. semitisierend ist das **pleonastische** (für das Verständnis entbehr- **500**
liche [§513]) **Pers.-Pron.** nach dem Rel.:   *366*

> γυνὴ … ἧς … τὸ θυγάτριον αὐτῆς *eine Frau … deren kleine Tochter* (Mk 7,25);

vgl. ähnlich auch bei Adv. (bes. Apk, so 12,6) und Ptz. (Apk 2,7.17).

c) *Relativsätze mit adverbialem Nebensinn* (H-S §290)

Relativsätze können neben ihrer eigentlichen syntaktischen Rolle auch einen adverbia- **501**
len Nebensinn haben (s. vor allem jeweiligen Textzusammenhang). Hauptfälle im NT: *367*

(1) Mit **kausalem** Nebensinn (vgl. §472): Ind.; Rel. als *da ja, weil ja* zu übersetzen, z.B. **502**

> προσέχετε ἀπὸ τῶν ψευδοπροφητῶν, οἵτινες ἔρχονται πρὸς ὑμᾶς ἐν ἐνδύμασιν προβάτων *368*
> (fast = … ὅτι ἔρχονται …) *hütet euch vor den falschen Propheten, die in Schafsfellen zu*
> *euch kommen* (fast = … *denn sie kommen in Schafsfellen zu euch* (Mt 7,15).

(2) Mit **finalem** Nebensinn (vgl. §473): Ind. Fut. (NT auch Konj.); als Rel.-Satz mit **503**
sollen oder als Finalsatz mit *damit/um – zu* übersetzen, z.B.   *369*

> ἔχειν … ὃ προσενέγκῃ *haben …, was er darbringen soll/… um es darzubringen* (Hb 8,3).

504 (3) Mit **qualitativ-konsekutivem** Nebensinn (vgl. §474): Ind. (NT auch Konj.); als
370 Konsekutivsatz mit *dass* oder als Rel.-Satz mit *können* zu übersetzen, z.B.

> τίς οὗτός ἐστιν **ὃς καὶ ἁμαρτίας ἀφίησιν**; *wer ist dies, dass er sogar Sünden ver-*
> *gibt?* oder: *wer ist dieser, der sogar Sünden vergeben kann?* (Lk 7,49).

505 (4) Mit **konditionalem** Nebensinn (vgl. §475ff; im NT am häufigsten): **ὅς/ὅστις/ὅσοι/ὅπου** R89
371 mit **ἄν/ἐάν** mit **Konj.** (vgl. §387; seltener Ind.) *wer/wie viele/wo (auch immer)* (vgl. prospek- R92
tiven Fall [§477] bzw. indefiniten Fall [§476]) zu übersetzen meist als Rel.-Satz:

> ... **ὃς δ᾽ἂν εἴπῃ** ... μωρέ ... (= ἐάν τις ... εἴπῃ ...) *wer/wenn einer ... sagt: »Du*
> *Narr« ...* (Mt 5,22).

506 (5) Mit **iterativem** (konditional-temporalem) Sinn: Der »hellenistische Nebensatz-
372 iterativ« (§396).

D. Ausgewählte Begriffe der syntaktischen und semantischen Stilistik

(»Stilfiguren« u.ä.; H-S §291-296)

I. Figuren der Wort- und Satzstellung (H-S §292)

507 Die **Prolepsis** (Vorwegnahme »Antizipation«): Das Subj. (oder seltener das Obj.) eines
373 NS wird oft zur Hervorhebung in die übergeordnete Konstruktion vorausgenommen:

> ἀλλὰ **τοῦτον** οἴδαμεν πόθεν ἐστίν. *aber von diesem wissen wir, woher er kommt*
> = *aber wir wissen, woher dieser kommt* (Jh 7,27).

Das **Hyperbaton** (»Übertretung« [der Wortgesetze], auch »Sperrung«): Die Trennung R62
zweier syntaktisch eng zusammengehörender Ausdrücke durch die Zwischenschaltung
eines oder mehrer Ausdrücke:

> οὐκ ἐπίστασθε **τῆς αὔριον** (Attr.) ποία **ἡ ζωὴ** (BW) ὑμῶν *ihr wisst nicht, wie es*
> *morgen um euer Leben stehen wird* (wörtl. *ihr wisst nicht, welcher Art euer Le-*
> *ben des morgigen Tages ist*) (Jak 4,14 Kodex B usw. [Nestle-Aland, 28. Auflage hat **τὸ**
> τῆς αὔριον *das, was zum morgigen Tag gehört* als AkkO zu ἐπίστασθε]).

508 Die **Parenthese**: grammatisch selbständiger erklärender Einschub:
374
> ... ὁ ἀναγινώσκων νοείτω ... ... *der Leser merke auf!* ... (Mt 24,15);

vgl. Mk 7,2; Röm 1,13. Der Vok. (§276) ist ebenfalls hier einzureihen.

509 Das **Anakoluth**: ein Nichtdurchführen der begonnenen Satzkonstruktion, sei es durch
375 plötzliches Abbrechen mitten im Satz oder durch Übergang in eine andere Konstruktion
(in lebendiger Rede häufig):

> ὁ ... Μωϋσῆς οὗτος, ὃς ... – οὐκ οἴδαμεν τί ἐγένετο αὐτῷ *dieser Mose, der ... –*
> *wir wissen nicht, was ihm widerfahren ist* = *von diesem Mose ... wissen wir nicht*
> ... (Apg 7,40).

Dazu gehört der »casus pendens«, meist im Nom. (§275). S.a. Jh 7,38; Röm 2,17-19
und 5,12-14.

II. Figuren der Abkürzung (H-S §293; BDR §480[7])

Die **Ellipse**: Auslassung normalerweise notwendiger Satzelemente: **510**

a) Formelhafter bzw. usueller Art neben erwähnten Fällen (§209; 212f; 222; 271; 290)   *376*
auch die häufige Auslassung von »andere«, »überhaupt« o.ä.:

> ... εἴτε **τι** – ποιεῖτε ... *oder [sonst] etwas tut* ... (1Kor 10,31),

> Πέτρος καὶ **οἱ** – **ἀπόστολοι** *Petrus und die [anderen] Apostel* (Apg 5,29);

ebenso »fehlendes« ἐπιστέλλω *schreiben* (mit Dat. des Adressaten) in Briefanfängen:

> Παῦλος … Τιμοθέῳ *(ich,) Paulus* ... *[schreibe] an Timotheus* (1Tim 1,1f).

b) Sonderform: Das **Zeugma**: Ein Satzelement, meist ein Verb, ist auf zwei andere, meist
auf Objekte, bezogen, es passt aber (formal oder inhaltlich) nur zum einen der beiden:

> **γάλα** (1. AkkO der Sache) ὑμᾶς **ἐπότισα** (1. Präd.), οὐ **βρῶμα** (2. AkkO der
> Sache) – (2. Präd.) *Milch gab ich euch zu trinken, nicht feste Kost (gab ich zu
> essen)* (1Kor 3,2).

Die **Aposiopese**: Abbruch der Rede aus Erregung, Scheu o.ä., z.B.   **511**

> εἰ δὲ πνεῦμα ἐλάλησεν αὐτῷ ἢ ἄγγελος; *Wenn nun tatsächlich ein Geist mit ihm*   *377*
> *geredet hat?* (Apg 23,9; der Dann-Satz bleibt unausgesprochen, etwa: *was*
> *können wir dagegen tun?*).

III. Figuren der Wiederholung und der Häufung (H-S §294)

Das **Hendiadyoin**: Eine Bedeutungseinheit (ἕν *ein*) wird durch (διά) zwei (δύο) gleich-   **512**
geordnete Begriffe ausgedrückt (vgl. §448):   *378*

> ... ὃς **ἔσκαψεν καὶ ἐβάθυνεν** ... ... *der grub und es tief machte* (= *der tief grub*) ...
> (Lk 6,48).

Der **Pleonasmus**: Auf einen ersten Ausdruck folgt ein zweiter, der inhaltlich nichts   **513**
Neues hinzufügt, sondern etwas aussagt, was im ersten schon enthalten ist (vor allem,   *379*
wenn dies nicht rhetorischer Absicht entspricht; vgl. §255; 257; 431; 445; 500):

> **πάλιν ἀνα**κάμψω ... *ich werde **wieder** ... **zurück**kehren* (Apg 18,21).

IV. Die Tropen
(uneigentlicher Gebrauch von Ausdrücken) (H-S §295)

Die **Metapher** (»Übertragung«, metaphorisch »übertragen«): Das durch den eig. (wört-   **514**
lichen) Gebrauch Bezeichnete und das, was der uneigentliche (nicht wörtliche) Ge-   *380*
brauch bezeichnet, haben eine bestimmte Zahl von gemeinsamen Merkmalen, andere
Merkmale werden hingegen in einer an sich (eig.) bedeutungsmäßig unverträglichen
Weise mit dem fraglichen Ausdruck verbunden:

> ... εἴπατε τῇ ἀλώπεκι ταύτῃ ... *sagt diesem Fuchs* ... (Lk 13,32)

(»Fuchs« [tierisch] wird in [eig.] unverträglicher Weise auf Herodes [Mensch]
angewandt; »konventionell« verbindendes Merkmal: die Verschlagenheit).

515 Die **Metonymie**: Ein Ausdruck wird statt eines andern verwendet; bedeutungsmäßig
381 sind die beiden aber näher beieinander als bei der Metapher (die Grenze zwischen Met-
onymie und Metapher ist fließend). Zur Metonymie zählen u.a.:

516 1. Die **Synekdoche**: Ein Ausdruck, der einen Teil des Gemeinten bezeichnet, wird zur
382 Bezeichnung des Ganzen gebraucht und umgekehrt:

a) **pars pro toto** (Teil für das Ganze):

τὸν **ἄρτον** ἡμῶν τὸν ἐπιούσιον *unser tägliches Brot* (= lebensnotwendige
Nahrung) (Mt 6,11);

b) **totum pro parte** (Ganzes für einen Teil):

... ἐξεπορεύετο ... Ἱεροσόλυμα καὶ **πᾶσα ἡ Ἰουδαία** ... *es kamen ... Jerusalem
und ganz Judäa* (= ... *es kam* ein großer Teil der Bevölkerung Jerusalems und
ganz Judäas) (Mt 3,5);

c) auch Stoff für das Verfertigte (Lk 16,19: »Purpur« für Purpurgewänder), Ursache für
Wirkung (Mt 5,17: »Propheten« für Botschaft), Wirkung für Ursache (Mt 27,24: »Blut«
für Mord), Gefäß (oder Raum) für den Inhalt (1Kor 11,26: »Kelch« für Inhalt),
Abstraktum für das Konkrete (Apg 28,20: »Hoffnung« für den erhofften Messias),
Konkretum für das Abstrakte (2Kor 3,2: »Empfehlungsschreiben« für Empfehlung) u.ä.

517 2. Die **Hyperbel** (»Übertreibung«; Adj. hyperbolisch): Zur Verdeutlichung einer Sinn-
383 richtung wird diese sozusagen ins Unendliche ausgezogen:

... τὴν δὲ **κάμηλον καταπίνοντες** ... *aber das Kamel verschluckt* (Mt 23,24).

518 3. Die **Enallage**: Eine Wortart oder Flexionsform wird durch eine andere Wortart oder
384 Flexionsart ersetzt:

... διὰ τὸ μὴ ἔχειν **βάθος γῆς** ... *weil sie nicht tiefes Erdreich* (wörtl. *nicht Tiefe
des Erdreichs*) *haben* (Mt 13,5; vgl. auch Lk 1,48; Apg 2,46; 1Tim 6,17)

(Eigenschaft wird statt durch ein attributives Adj. durch ein Subst. [hier als Obj.], der
Eigenschaftsträger [hier das eig. Obj.] durch einen Gen.-Ausdruck bezeichnet),

... τὸν οἰκονόμον **τῆς ἀδικίας** ... *den ungerechten Verwalter* (wörtl. *den Verwal-
ter der Ungerechtigkeit*) (Lk 16,8)

(Eigenschaft wird statt durch ein attributives Adj. durch ein Subst. im gen. qualitatis
[§294] ausgedrückt).

V. Figuren der Verschleierung o.ä. (H-S §296)

519 Der **Euphemismus** (beschönigende Ausdrucksweise): Anstößige Wörter werden durch
385 harmlosere ersetzt:

τινὲς δὲ **ἐκοιμήθησαν** *einige sind aber »eingeschlafen«* (= gestorben, »entschla-
fen«) (1Kor 15,6).

520 Die **Litotes**: Untertreibend wird weniger gesagt, als wirklich gemeint ist, gewöhnlich da-
386 durch, dass an die Stelle der positiven Aussage die Negation ihres Gegenteils gesetzt wird:

... ἐν τούτῳ **οὐκ ἐπαινῶ** ... *in dieser Sache lobe ich euch nicht* (= *muss ich euch
tadeln*) (1Kor 11,22).

Anhang

1. Spezialübersichten

Es folgen vier für die Textanalyse relevante Spezialübersichten:

a) Orts-, Zeit- und andere wichtige Bestimmungen, wie sie im neutestamentlichen Griechisch durch Kasus oder Präpositionalgefüge ausgedrückt werden können (für Hinweise auf das Attische s. Hauptteil der Grammatik), S. 145-148;

b) Wichtige Partikeln, S. 148-151;

c) Griechische Entsprechungen deutscher Objektsätze mit *dass*, S. 152;

d) Das adverbial gebrauchte Partizip – Wiedergabemöglichkeiten, S. 153.

a) Orts-, Zeit- und andere wichtige Bestimmungen (vgl. H-S §187)

(i) Ortsbestimmungen (vgl. auch §184; 189; 208)

Auf die Frage »**Wo?**« [1]

Präpositionalgefüge (Normalfall; §317ff; zu den uneig. Präp. H-S §185)

διά m. Gen. *durch;*

ἐν *in, inmitten von;* im NT z.T. εἰς *in;*

ἐπί m. Gen./Dat. (NT auch Akk.) *auf, an, bei, in;*

κατά m. Gen. *in;*

κατά m. Akk. *auf/zu – hin;*

μετά m. Gen. *mit, inmitten* (evtl. ähnlich σύν);

μετά m. Akk. *hinter;*

παρά m. Dat. (NT auch Akk.) *bei, neben;*

περί m. Akk. *um – herum, um;*

πρό *vor;*

πρός m. Dat. (NT oft Akk.) *bei, an;*

ὑπό m. Akk. *unter;*

uneig. Präp. wie ἀπέναντι *gegenüber von,* ἐγγύς (m. Gen./Dat.) *nahe bei,* ἐκτός *außerhalb,* ἔμπροσθεν/ἐναντίον/ἐνώπιον *vor,* ἔξω/ἔξωθεν *außerhalb,* ἐπάνω *über, auf,* κατέναντι *gegenüber,* μεταξύ *mitten in, zwischen,* ὀπίσω *hinter* πέραν *jenseits,* ὑποκάτω *unter, unterhalb, unten an;* hebraisierend πρὸ προσώπου/κατὰ πρόσωπον *vor.*

Kasuskonstruktion: im NT kaum (klass. sehr eingeschränkt) vorhanden: Gen. (§303); Dat. (§315).

Auf die Frage »**Wohin?**«

Präpositionalgefüge (Normalfall; §317ff; zu den uneig. Präp. H-S §185)

διά m. Gen. *durch;*

εἰς *in – hinein;* im NT z.T. ἐν *in – hinein;*

ἐπί m. Gen./Akk./Dat. *auf, an, bei, in;*

κατά m. Gen. *von – herab/hinab,* NT auch *durch – hin;*

κατά m. Akk. *durch – hin, über – hin, entlang;*

παρά m. Akk. *zu, neben,* NT auch *an –hin, vorbei, entlang;*

περί m. Akk. *um – herum, um;*

πρός m. Akk. *auf – hin, zu, gegen;*

ὑπό m. Akk. *unter;*

ἔξω *außerhalb,* ὀπίσω *hinter,* πέραν *jenseits.*

Kasuskonstruktion: Gen. der Richtung u.ä. (beim Nomen; §296).

---

[1] Bisweilen steht im Griech. die Ortsbestimmung auf die Frage »Wohin?« oder »Woher?« in Fällen, wo wir im Deutschen mit »Wo?« fragen.

Auf die Frage »**Woher?**«

Präpositionalgefüge (Normalfall; §317ff; zu den uneig. Präp. H-S §185)	
ἀπό *von – weg;*	παρά m. Gen. *von – her;*
διά m. Gen. *durch;*	ἔξωθεν *von außerhalb,*
ἐκ *aus – heraus, von – her;*	ἀπὸ προσώπου (hebraisierend) *von – heraus, aus.*
κατά m. Gen. *von – herab;*	
Kasuskonstruktion: gen. separationis (bei Verben; §301)	

Auf die Frage »**Wie weit?**« o.ä.

Präpositionalgefüge (§317ff; zu den uneig. Präp. H-S §185)	
διά m. Gen. *durch;*	ἄχρι(ς)/μέχρι/ἕως *bis.*
Kasuskonstruktion: Akk. der Ausdehnung (§282)	

(ii) Zeitbestimmungen (vgl. auch §184; 190; 208)

Auf die Frage »**Wann?**«

Kasuskonstruktion: temp. Dat. (»Wann?«; §316), gen. temp. (»Wann allgemein?« [auf best. Wendungen beschränkt]; §300), im NT gelegentlich Akk. der Ausdehnung (§282).	
Präpositionalgefüge (§317ff; zu den uneig. Präp. H-S §185)	
διά m. Gen. *nach (Verlauf von);*	μετά m. Akk. *nach;* περί m. Akk. *um –herum;*
ἐν *in, innerhalb, bei;*	πρό *vor;*
ἐπί m. Gen. *während der Regierung von, unter, zur Zeit;*	πρός m. Akk. *gegen;* ὑπό m. Akk. (NT 1x) *zu Beginn von;*
ἐπί m. Dat. *während, bei, an;*	ἐγγύς m. Gen./Dat. (selten) *nahe;*
ἐπί m. Akk. (NT) *an, zu;*	ὀπίσω *nach.*
κατά m. Akk. (selten) *(ungefähr) zu, während;*	

Auf die Frage »**Innerhalb welcher Zeit?**«

Präpositionalgefüge (§317ff)	
διά m. Gen. (NT) *während, bei*	*unter, zur Zeit;*
ἐν *in, innerhalb* (eines Zeitraums)	ἐπί m. Dat. *während, bei, an;*
ἐπί m. Gen. *während der Regierung von,*	κατά m. Akk. (selten) *(ungefähr) zu, während.*
Kasuskonstruktion: gen. temp. (»Innerhalb welches Zeitraums?« [auf best. Wendungen beschränkt]; §300), im NT gelegentlich Akk. der Ausdehnung (§282).	

Auf die Frage »**Wie lange?**«

Kasuskonstruktion: Akk. der Ausdehnung (§282), im NT (unatt.) manchmal temp. Dat. (§316).	
Präpositionalgefüge (§317ff; zu den uneig. Präp. H-S §185)	
διά m. Gen. *durch;*	πρός m. Akk. (NT) *auf, für;*
εἰς *auf, für;*	ἕως m. Gen. *während* (meist aber *bis*)
ἐπί m. Akk. *über – hin, während;*	

Auf die Frage »Bis wann?«

Präpositionalgefüge (§317ff; zu den uneig. Präp. H-S §185)

εἰς oder ἄχρι(ς)/μέχρι/ἕως *bis* (inkludierend *bis einschließlich* [wie Deutsch] oder exkludierend [z.B. Mt 11,13; Röm 5,14]).

Auf die Frage »Seit wann?«

Kasuskonstruktion: Akk. der Ausdehnung (§282), gen. temp. (»Seit wann?/Innerhalb welches Zeitraums [der Vergangenheit bis jetzt]?« [auf best. Wendungen beschränkt]; §300),

Präpositionalgefüge (§317ff)

ἀπό *von – ab, seit;*   ἐκ *von – an, seit.*

(iii) Andere wichtige Bestimmungen (vgl. auch §184; 191; 208)

Auf die Frage »Auf welche Art und Weise?«

Kasuskonstruktion: dat. modi (»Wie?« oder »Unter welchen begleitenden Umständen«; §314), adverbialer Akk. (§284), gen. qualitatis (»Welcher Art oder Eigenschaft?« beim Nomen; §294).

Präpositionalgefüge (§317ff)

διά m. Gen. *durch, in;*   μετά m. Gen. *mit*

ἐν *in, mit* (NT häufig); ἐκ *aus, -weise;*   (σύν *mit* offenbar nicht).

κατά m. Akk. *gemäß, -lich;*

Auf die Frage »In welcher Hinsicht/Beziehung?« o.ä.

Kasuskonstruktion: Dat. der Hinsicht/der Beziehung (dat. respectus/relationis; §312), im NT selten (klass.) Akk. der Beziehung (§283).

Präpositionalgefüge (§317ff)

ἐν *in Bezug auf, hinsichtlich* (selten);   περί m. Gen. *um = betreffs, über, von;*

εἰς *zu, in Bezug auf, hinsichtlich;*   πρός m. Akk. *im Hinblick auf;*

κατά m. Akk. *in Hinsicht auf, in Beziehung auf;*   ὑπέρ m. Gen. *über, betreffs* (NT vor allem Paulus).

Auf die Frage »Wonach/Wemgemäß?« o.ä.

Präpositionalgefüge (§317ff)

ἐκ *gemäß;*   πρός m. Akk. *gemäß.*

κατά m. Akk. *gemäß, nach, entsprechend* (häufig);

Auf die Frage »Weshalb/Infolge wovon?« o.ä.

Kasuskonstruktion: dat. causae (»Auf Grund/Infolge wovon?«; §311), dat. auctoris (§309), gen. auctoris (im NT ganz selten) und gen. subi. (beim Nomen; §287; 292)

Präpositionalgefüge (§317ff; zu den uneig. Präp. H-S §185)

ἀπό (Beweggrund, Ursache, Urheber) *vor, infolge;*   ἐπί m. Dat. *über, wegen* (vor allem bei Ausdrücken

διά (Ursache, Urheber) m. Gen. *durch, kraft* (NT   des Affekts);

relativ selten);   ὑπέρ m. Gen. *wegen, um – willen;*

διά m. Akk. *wegen, um – willen* (häufig);   ὑπό m. Gen. (Urheber/Ursache beim Pass.) *von;*

ἐν *kraft, wegen* (NT häufig);   ἕνεκα/ἕνεκεν/εἵνεκεν oder (meist nachgestellt)

ἐκ (Ursprung, Ursache, Veranlassung, Beweg-   χάριν *wegen, um – willen*

grund) *von, infolge von;*

Auf die Frage »Mit welchem Ziel/Zu welchem Zweck?« o.ä.

Präpositionalgefüge (§317ff; zu den uneig. Präp. H-S §185)	
διά m. Akk. *wegen, um – willen*;	ὑπέρ m. Gen. *wegen, um – willen*;
εἰς *zu* (Ziel, Bestimmung eines Geschehens);	ἕνεκα/ἕνεκεν/εἵνεκεν oder (meist nachgestellt)
ἐπί m. Akk. *zu* (Zweck, Folge);	χάριν *wegen, um – willen*;
πρός m. Akk. *zu* (Ziel, Zweck);	

Kasuskonstruktion: Gen. der Absicht/des Zwecks u.ä. (beim Nomen; §296).

Auf die Frage »Mit welchem Mittel/Werkzeug?« o.ä.

Kasuskonstruktion: dat. instrumenti (§310).

Präpositionalgefüge (§317ff)	
διά m. Gen. *durch* (Vermittler, Vermittlung, Mittel,	ἐν *mit, durch* (NT häufig);
Werkzeug);	ἐν χειρί/διὰ χειρός (hebraisierend) *durch*.

Auf die Frage »In wessen Interesse?« o.ä.

Kasuskonstruktion: dat. commodi et incommodi (»Zu wessen Vor- oder Nachteil?«; §307).

Präpositionalgefüge (§317ff)	
ἀντί m. Gen. *für, im Interesse von, zugunsten von*;	ὑπέρ m. Gen. *für, im Interesse von*
εἰς *zu, für*;	(im NT vereinzelt: ἐν *für* bzw. einfacher Dat.).
περί m. Gen. *für, im Interesse von* (NT);	

Auf die Frage »Gegen wen oder was?« o.ä.

Präpositionalgefüge (§317ff; zu den uneig. Präp. H-S §185)	
εἰς *gegen* (aber auch freundlich);	πρός m. Akk. *gegen* (aber auch freundlich);
ἐπί m. Akk. *gegen*;	ἀπέναντι *gegen*.
κατά m. Gen. *gegen*;	
παρά m. Akk. adversativ *gegen* (Gegensatz: κατά	
m. Akk. *gemäß*);	

b) *Wichtige Partikeln* (vgl. H-S §252)

Merke: Mit »°« gekennzeichnete Partikeln können normalerweise nicht am Satzanfang stehen; meist treten sie an die zweite Stelle.

Für Übersichten über Präpositionen s. §319ff und S. 145ff, über korrelative Pronomina und »Pronominal«-Adverbien §100.

ἄγε als Interjektion *»wohlan!«*; ἄγε νῦν *nun zu euch, hört mal zu!* (Jak 4,13; 5,1).

ἀλλά *aber, doch, sondern; trotzdem, im Gegenteil;* bei Aufforderung *nun/so ...denn;* ἀλλ' ἤ *außer* (nach neg. Satz).

ἀμήν (hebr.) Bekräftigungspartikel *wahrhaftig/wahrlich, gewiss, Amen.*

°ἄν Modalpartikel:

(1) mit Aug.-Tempus (HS; Irrealis §386;479);

(2) mit prospektivem Konj. (NS; temp., kond., konz. Adverbial- sowie Rel.-Satz; §470; 477; 484; 505);

(3) mit potenzialem Opt. (HS; §394; 478).

ἄν (Satzanfang!) = ἐάν *wenn, falls* (§475);

°ἄρα Folgerungspartikel *also, folglich, nun.*

ἆρα Fragepartikel (im NT selten; §454).

ἄχρι(ς) uneig. Präp. m. Gen. *bis (– zu);* Konjn. (auch mit οὗ) *bis, solange als* (§471).

°γάρ *denn; nämlich;* in lebhafter Frage … *denn?*

°γε (Enklitikon; §15) Hervorhebungspartikel (häufig unübersetzbar), manchmal etwa *wenigstens, sogar* o.ä.; εἴ γε *wenn wirklich* (§475); εἰ δέ μή γε *andernfalls.*

γοῦν verstärktes γε.

°δέ *aber* (schwächer als ἀλλά); oft *und, da, dann* (bzw. unübersetzt belassen).

δεῦρο *hierher! komm her!* (§400).

δεῦτε *kommt her! auf!* (§400).

°δή weist auf Gegenwärtiges oder Begreifliches hin: *ja, doch ja, offensichtlich, denn auch* o.ä.

δήπου abgeschwächtes δή *doch wohl* (oft ironisch).

διό (= δι' ὅ) *deshalb.*

διότι (= διὰ τοῦτο ὅτι) *weil* (§472).

ἐάν mit Konj. (NT gelegentlich Ind. Fut./Präs.):

(1) kond. *wenn, falls* (dann stattdessen manchmal ἄν prospektiver Fall; §477);

(2) = ἄν in generell-prospektiven Rel.-Sätzen (§505);

(3) ἐὰν μή *wenn nicht,* nach Neg. *außer;* ἐὰν καί oder καὶ ἐάν (auch κἄν) *und wenn, auch wenn, selbst wenn* sowie *wenigstens* (vgl. §485).

ἐάνπερ mit Konj. *gesetzt den Fall, dass* (§475).

εἰ (Atonon; §13):

(1) kond. *wenn/falls* mit Ind. (indefiniter Fall; §476), mit Aug.-Tempus (irrealer Fall; §479), mit Opt. (potenzialer Fall; §478);

(2) nach Verb der Gemütsbewegung (ziemlich selten) *dass* (§461);

(3) bei Schwüren (Hebr.) *dass gewiss nicht* bzw. *».:« gewiss nicht* (§461);

(4) *ob* (§464; vgl. auch §466 zu *[um zu versuchen,] ob* o.ä.); εἰ … εἰ *ob … oder;*

(5) vor unabhängigen Fragen (NT) meist *».:«* (§454);

(6) εἰ μή/μήτι (= πλήν) *wenn nicht, doch,* nach Neg. *außer, sondern;* εἰ καί (seltener καὶ εἰ) *wenn auch* (§485).

εἴπερ *wenn wirklich* (Annahme bestimmter als bei εἴ γε, z.T. fast kausal; §475).

εἶτα/ἔπειτα *dann, darauf.*

εἴτε … εἴτε *ob … oder ob* bzw. *wenn … und wenn* (§475).

ἐν ᾧ *während, solange* (§471).

ἐπάν mit Konj. *sobald* (§470).

ἐπεί kaus. *da;* manchmal *denn sonst* (§472; temp. im NT nur bei ἐπειδή *nachdem*).

εὖ Adv. *gut;* εὖγε Interjektion *gut gemacht! bravo!*

ἕως uneig. Präp. m. Gen. *bis, bis zu, während;* Konjn. mit Ind./Konj. (auch ἕως ὅπου/οὗ) *solange bis, bis dass, solange als* (§471).

ἤ *oder* (§457), ἤ … ἤ *entweder …oder; als* (bei Vergleichen; §248).

ἡνίκα mit Ind. *als, nachdem, wenn* (§470).

ἰδού (manchmal dafür ἴδε) *»siehe«,* Partikel zur Belebung der Rede, bes. um die Aufmerksamkeit auf etwas für die Situation Wichtiges zu lenken; je nach Kontext ist sie unterschiedlich zu berücksichtigen z.B. *siehe! seht doch! denkt nur!* (häufig lässt man sie am besten unübersetzt); in verblosen Sätzen kann sie die Rolle des Präd. übernehmen (vgl. §212) und lässt sich dann als *da (ist/sind/kommt/kam)* o.ä. übersetzen (frz. *voici*).

ἵνα mit Konj. (NT bisweilen Ind. Fut.):

(1) *damit, um …zu,* seltener *sodass* (§473f);

(2) *dass* (Koine/NT: statt Inf./AcI [von der beabsichtigten oder eintretenden Folge; §462]).

καθά *ebenso wie* (§486).

καθάπερ *ebenso wie* (§486).

καθό *ebenso wie* (§486).

καθώς *ebenso wie* (§486).

καθώσπερ *ebenso wie* (§486).

καί s. §445-448.

καίπερ beim konz. Ptz. *obwohl* (§425).

καίτοι konz. (u.a. beim Ptz.) *und doch, obwohl* (§425; vgl. 484).

καλῶς als Interjektion *richtig!*

κἄν s.o. zu ἐάν.

°μέν s. §449.

μενοῦν(γε) steigernd oder berichtigend *vielmehr*.

°μέντοι verstärktes μέν *wirklich*, adversativ *jedoch*.

μέχρι(ς) uneig. Präp. mit Gen. *bis (zu)*; Konjn. (auch mit οὗ) *bis* (§471).

μή Negationspartikel:

(1) abwehrendes bzw. bei nichtindikativischen Formen gebrauchtes *nicht* (§441f; 444);

(2) in der direkten Frage mit »nein« als angedeuteter Antwort *etwa* o.ä. (§454);

(3) = ἵνα μή mit Konj. *damit nicht* (§473), *dass nicht* (§462);

(4) nach Ausdrücken des Fürchtens *dass*, μὴ οὐ *dass nicht* (§461).

μήποτε = ἵνα μή mit Konj. *damit nicht* (§473), *dass nicht* (§462)

ναί *ja* (§455).

νῦν *jetzt, nun*, manchmal *wie die Dinge jetzt liegen* (substantiviert τὸ νῦν *die gegenwärtige Zeit*, τὰ νῦν *was den jetzigen Stand der Dinge betrifft = jetzt*).

ὅθεν *daher*.

ὅμως *gleichwohl, denn* (im NT nur dreimal) (ὁμῶς; *in gleicher Weise*).

ὁπότε mit Ind. *als, nachdem, wenn* (§470).

ὅπως (eig. *wie* [§100], im NT aber nicht so gebraucht) mit Konj. (bisweilen mit ἄν):

(1) *damit* (§473);

(2) *dass* (Koine/NT, vgl. oben zu ἵνα).

ὅταν mit Konj. *wenn, sobald, immer wenn* (§470).

ὅτε mit Ind. *als, nachdem, wenn* (§470).

ὅτι (ursprünglich Ntr. von ὅστις [§98]):

(1) *dass* (§460);

(2) vor direkter Rede »:« (ὅτι recitativum; §467);

(3) *weil, da; denn* (§472).

οὐ Negationspartikel:

(1) verneinendes *nicht* (NT grundsätzlich beim Ind.; §440; 443f);

(2) in der direkten Frage mit »doch« als angedeuteter Antwort *nicht* (§454);

(3) οὔ/οὐχί *nein* in der Antwort (§455).

οὐδέ (entsprechend μηδέ) *und nicht, noch, auch nicht, nicht einmal*.

°οὖν folgernde und weiterführende (auch versichernde) Partikel *also, mithin, demnach*; weiterführend (bes. Jh) *da*.

οὔτε ... οὔτε (auch μήτε – μήτε) *weder ... noch*.

°περ (Enklitikon; §15) verstärkend Relativa und Partikeln angehängt, z.B. ὥσπερ *geradeso wie*.

πλήν Konjn. *aber; nur* (πλὴν ὅτι *nur dass*); uneig. Präp. mit Gen. *außer*.

πρίν fast immer mit Inf./AcI bzw. ἤ mit Inf./AcI *bevor* (§470).

°τε s. §450.

τοιγάρ (verstärkt τοιγαροῦν) *darum, also* (im NT nur zweimal).

τοίνυν *daher, demnach also* (im NT viermal).

ὦ Interjektion beim Vok. (im NT gewöhnlich mit Affekt; §276).

ὡς eig. modal-vergleichendes »wie«, an das sich unterschiedlichste Gebrauchsweisen anschließen:

(1) bei Subst., Adj., Adv., Zahlwörtern:

(1.1) bei Subst.:

(1.1.1) vergleichendes *wie* (im NT sem. *etwas wie, -artig/-gleich,* z.B. Apk 4,6);

(1.1.2) eine Eigenschaft bezeichnend *als* (eine wirkliche Eigenschaft, z.B. Röm 3,7) bzw. *als (wäre)* (eine objektiv falsche, z.B. 2Thess 2,2);

(1.2) bei Adj./Adv. (im NT dafür [unatt.] meist πῶς) *wie ...!*

(1.3) beim Superlativ *möglichst* (§253);

(1.4) bei Zahlwörtern *ungefähr* (§272);

(2) bei Verben:

(2.1) beim finiten Verb (als subordinierende Partikel):

(2.1.1) temp. *als, nachdem; während; wenn;* ὡς ἄν mit Konj. (bei Paulus) *sobald* (§470);

(2.1.2) komparativ *wie* (§486);

(2.1.3) im NT selten, z.T. nur vereinzelt: *dass* (= ὅτι aber weniger bestimmt; §460), *wie* (abhängige Frage; §100; vgl. 465), *damit* (= ἵνα; §473), *sodass* (= ὥστε; §474);

(2.2) beim Ptz. (§425):

(2.2.1) modal (vorgestellter Vergleich) *wie wenn, als ob,*

(2.2.2) kausal (subjektiver Grund) *weil (meiner Meinung nach)* bzw. *in der Überzeugung/Meinung, dass,*

(2.2.3) final (part. coni. Fut. [NT auch Präs.]) *damit* bzw. *in der Erwartung, dass.*

ὥσπερ *wie* (verstärktes ὡς; §486).

ὥστε mit Inf. oder finitem Verb *sodass* bzw. *daher* (§474), im NT selten *damit* (§473).

c) *Griechische Entsprechungen deutscher Objektsätze mit »dass«*

(vgl. H-S §275)

Deutsches Ausgangsbeispiel:	*Du sagst* usw.,	*dass ich es bekommen habe.*(1; 2)
		dass ich es bekomme. (3a/b) usw.

Griechische Entsprechungen:

1. nach Ausdrücken des Sagens/Behauptens, des Meinens sowie des Zeigens und Meldens:[1]

a) NS mit ὅτι (§460)	λέγεις/νομίζεις/ὑποδείκνυς	ὅτι εἴληφα αὐτό.
b) Inf./AcI (§407)	*Du sagst/meinst/zeigst,*	ἐμὲ εἰληφέναι αὐτό.

2. nach Ausdrücken der sinnlichen oder geistigen Wahrnehmung:

a) NS mit ὅτι (§460)	ὁρᾷς/οἶδας *Du siehst/weißt,*	ὅτι εἴληφα αὐτό.
b) AcP (§434)[2]		ἐμὲ εἰληφότα αὐτό.
(bzw. z.T. GcP)	(ἤκουσας *Du hast gehört,*)	(ἐμοῦ εἰληφότος αὐτό.)
c) Inf./AcI (weniger häufig; §407)		ἐμὲ εἰληφέναι αὐτό.

3. nach Ausdrücken des Begehrens und Wünschens:

a) Inf./AcI (§407)	θέλεις *Du willst,*	ἐμὲ λαβεῖν αὐτό.
b) ἵνα *dass* (im NT häufig; §462)		ἵνα λάβω αὐτό.

4. seltene Gebrauchsweisen:

a) nach Ausdrücken der Gemütsbewegung:

NS εἰ mit (§461)	θαυμάζεις	εἰ εἴληφα αὐτό.
	Du wunderst dich,	*dass ich es haben soll.*

b) nach Ausdrücken des Fürchtens (diese sind manchmal zu ergänzen):

NS mit μὴ (negiert μὴ οὐ; §461)	φοβῇ	μὴ λάβω αὐτό.
	Du fürchtest,	*dass ich es bekomme.*

c) nach θέλεις/θέλετε und ὅρα/ὁρᾶτε

Asyndeton (§172) mit delibera-	θέλεις	λάβω αὐτό;
tivem Konj. (§389)	*Willst du,*	*dass ich es bekomme?*
Asyndeton (§172) mit	ὅρα	μὴ λάβω αὐτό.
prohibitivem Konj. (§390)	*Sieh zu,*	*dass ich es nicht bekomme!*

d) hebraisierend bei Schwüren im NT:

NS mit εἰ (§461)	ὄμνυς	εἰ λήμψομαι αὐτό.
	Du schwörst,	*dass ich es gewiss nicht bekomme.*

Vgl. auch καί gelegentlich im Sinn von »dass« (§445,2/6).

---

[1] Im Att. finden sich bei Ausdrücken des Zeigens und meldens auch AcP und bei (gleichem Subj.) NcP.

[2] Im Att. auch NcP (bei gleichem Subj.).

d) *Das adverbial gebrauchte Partizip – Wiedergabemöglichkeiten* (vgl. §424f)

Nebensatz bzw. Inf.-Konstruktion	Präpositional-gefüge	beigeordneter Hauptsatz	mögliche Partikeln beim Ptz.
1. Temporal			
a) gleichzeitig (meist Ptz. Präs. [oder Pf.]; §419)			
während, als	*bei, während*	*(und) währenddessen* (ü.)[1]	ἅμα *zugleich* (auch μεταξύ *mitten in*)
b) vorzeitig (meist Ptz. Aor.; §419)			
nachdem, als	*nach*	*(und) dann* (ü.)[1]	εὐθύς (auch αὐτίκα) *sofort;* auch folgendes τότε oder εἶτα *dann*
2. Modal			
a) genauere Beschreibung des Geschehens oder Zustandes			
indem, dadurch, dass	*durch*	*(und) dadurch; so* (ü.)[1]	
b) Begleitumstände des Geschehens oder Zustandes			
wobei (adversativ auch *während*)	*bei*	*(und) dabei* (Ptz.)[2]	
c) vorgestellter Vergleich			
wie wenn, als ob			ὡς/ὥσπερ *wie wenn, als ob*
d) negiert			
ohne dass, ohne zu	*ohne*		
3. Kausal			
a) objektiver Grund (deutsch Indikativ)			
weil, da, zumal	*wegen, infolge*	*denn, nämlich* (Ptz.)[2]; *darum, deshalb* (ü.)[1]	Klass. ἅτε/οἷα/οἷον *da, weil;* ἄλλως τε καί *zumal, da*
b) subjektiver Grund (deutsch häufig Konjunktiv)			
weil (meiner Meinung nach), in der Überzeugung, dass			ὡς *weil (meiner Meinung nach); in der Überzeugung, dass*
4. Konzessiv			
obwohl, obgleich, wenn auch, wenn gleich	*trotz, ungeachtet*	*(und) dennoch, trotzdem* (ü.)[1]	καί, καίπερ, καίτοι *obwohl* (klass. auch folgendes ὅμως *trotzdem*)
5. Konditional			
wenn, falls	*im Falle, unter der Bedingung*	*(infolgedessen)* (ü.)[1]	
6. Final (part. coni. Fut. oder im NT auch Präs.; §419)			
damit, um ... zu, in der Erwartung, dass	*um ... willen*		ὡς *damit, in der Erwartung, dass*

---

[1] Steht in dem Hauptsatz, der die dem Partizip übergeordneten Konstruktion wiedergibt.

[2] Steht in dem Hauptsatz, der die Partizipialkonstruktion (Ptz.) wiedergibt.

2. Syntaktische Strukturanalysen

a) *Einfache syntaktische Strukturanalyse zu Lk 18,1-5*

Mit jedem satzwertigen Textteil (HS, NS, Partizipial- oder Infinitiv/AcI-Konstruktion) beginnt eine neue Zeile. Syntaktische Unterordnung wird durch einfaches Einrücken ausgedrückt. ↓ markiert eine Stelle, an der die betreffende Konstruktion durch einen ein- oder mehrzeiligen Einschub unterbrochen wird. ↑ markiert das Ende des Einschubs und die Fortsetzung der unterbrochenen Konstruktion.

[1]Ἔλεγεν δὲ παραβολὴν αὐτοῖς
    πρὸς τὸ δεῖν
        πάντοτε προσεύχεσθαι αὐτοὺς
        καὶ μὴ ἐγκακεῖν,
    [2]λέγων,
        κριτής τις ἦν ἔν τινι πόλει
            τὸν θεὸν μὴ φοβούμενος
            καὶ ἄνθρωπον μὴ ἐντρεπόμενος.
    [3]χήρα δὲ ἦν ἐν τῇ πόλει ἐκείνῃ
    καὶ ἤρχετο πρὸς αὐτὸν
        λέγουσα,
            ἐκδίκησόν με ἀπὸ τοῦ ἀντιδίκου μου.
    [4]καὶ οὐκ ἤθελεν ἐπὶ χρόνον.
    μετὰ δὲ ταῦτα εἶπεν ἐν ἑαυτῷ,
        εἰ καὶ τὸν θεὸν οὐ φοβοῦμαι
        οὐδὲ ἄνθρωπον ἐντρέπομαι,
        [5]διά γε τὸ παρέχειν μοι κόπον τὴν χήραν ταύτην
        ἐκδικήσω αὐτήν,
            ἵνα μὴ εἰς τέλος ↓
            ἐρχομένη
                ↑ὑπωπιάζῃ με.

b) *Detailliertere syntaktische Strukturanalyse zu Lk 18,1-5 mit Identifikation der Satzglieder*

Siehe gegenüberliegende Seite.

¹Ἔλεγεν — Präd.
δὲ — K
παραβολὴν — AkkO
αὐτοῖς — DatO

ModA→ (Inf.)   πρὸς τὸ δεῖν — Präd.
   Subj.→ (AcI)   πάντοτε — TempA   προσεύχεσθαι — Präd. 1   αὐτούς — Subj.
    καὶ — K   μὴ — Neg.   ἐγκακεῖν — Präd. 2

²λέγων — Präd.
ModA→ (part. coni.)

AkkO→ (dir. Rede)
κριτής τις — Subj.   ἦν — Präd.   ἔν τινι πόλει — LokE
   Attr. zum Subj.→ (Ptz.)   τὸν θεὸν — AkkO   μὴ — Neg.   φοβούμενος — Präd. 1
    καὶ — K   ἄνθρωπον — AkkO   μὴ — Neg.   ἐντρεπόμενος — Präd. 2

³χήρα — Subj.   δὲ — K   ἦν — Präd. 1   ἐν τῇ πόλει ἐκείνῃ — LokE
   καὶ — K   ἤρχετο — Präd. 2   πρὸς αὐτὸν — LokE

ModA→ (part. coni.)   λέγουσα, — Präd.

AkkO→ (dir. Rede)   ἐκδίκησόν — Präd.   με — AkkO   ἀπὸ τοῦ ἀντιδίκου μου. — PräpO

⁴καὶ — K   οὐκ — Neg.   ἤθελεν — Präd./Subj.   ἐπὶ χρόνον. — TempA

μετὰ δὲ ταῦτα — TempA/K   εἶπεν — Präd.   ἐν ἑαυτῷ, — ModA

   KonzA (NS)   εἰ καὶ — K   τὸν θεὸν — AkkO   οὐ — Neg.   φοβοῦμαι — Präd. 1/Subj.
    οὐδὲ — Neg./K   ἄνθρωπον — AkkO   ἐντρέπομαι, — Präd. 2

   KausA (AcI)   ⁵διά γε τὸ παρέχειν — Präd./K   μοι — DatO   κόπον — AkkO   τὴν χήραν ταύτην — Subj.

ἐκδικήσω — Präd./Subj.   αὐτήν, — AkkO

   FinA (NS)   ἵνα — K   μὴ — Neg.   εἰς τέλος — TempA   →
    ModA→ (part. coni.)   ἐρχομένη — Präd.
     ↑ Präd.   ὑποπιάζῃ — Präd.   με — AkkO

Literaturauswahl

1. Textausgaben

a)   Nestle-Aland. *Novum Testamentum Graece.* 28. Aufl. Stuttgart: Deutsche Bibelstiftung, 2012 (Standardausgabe).

b)   Aland B. u.a. (eds.). *The Greek New Testament.* »4th rev. ed.«. Stuttgart: Deutsche Bibelgesellschaft/ United Bible Societies, 1993 (Ausgabe für Übersetzer mit englischen Zwischentiteln und einfacherem Apparat; textgleich mit Nestle-Aland 27. Aufl.; neue an die 28. Aufl. angepasste Ausgabe ist in Arbeit).

c)   *Novum Testamentum Graecum: Editio Critica Maior.* Aland B. u.a. Band IV. 1.-4. Lfg. Stuttgart: Deutsche Bibelgesellschaft, 1997-2005(detaillierte Großausgabe; bisher Jak, 1/2Petr, 1/2/3Joh und Jud).

2. Textforschung

a)   Aland K./Aland B. *Der Text des Neuen Testaments.* Stuttgart: Deutsche Bibelgesellschaft, [2]1989 (deutsche Standardeinführung).

b)   Metzger B. M. *The Text of the New Testament: Its Transmission, Corruption, and Restoration.* Oxford: OUP, [4]2005 (internationale Standardeinführung).

c)   Metzger B. M. *A Textual Commentary on the Greek New Testament.* London etc.: United Bible Societies, [2]1994 (begründet die sinnrelevanten textkritischen Entscheidungen des Herausgeberkomitees).

3. Konkordanzen

a)   Aland K. *Vollständige Konkordanz zum griechischen Neuen Testament unter Zugrundelegung aller modernen kritischen Textausgaben und des Textus Receptus.* 2 Bände (dazu ein Begleitband mit Spezialübersichten) Berlin/New York: de Gruyter, 1978/83 (detaillierteste Konkordanz).

b)   Moulton W. F./Geden A. S. *A Concordance to the Greek Testament.* Ed. I. Howard Marshall. Edinburgh: T. & T. Clark, [6]2002 (handlichste ausführliche Konkordanz; vielseitige Indexierung; AT-Zitate auch hebräisch).

c)   Schmoller A. *Handkonkordanz zum griechischen Neuen Testament.* Stuttgart: Deutsche Bibelgesellschaft, 1989 (sehr handlich, für unterwegs; bei häufigeren Stichwörtern aber nicht alle Vorkommen angegeben).

4. Wörterbücher

a)   Bauer W./Aland K. *Griechisch-deutsches Wörterbuch zu den Schriften des Neuen Testaments und der frühchristlichen Literatur.* Berlin: de Gruyter, [6]1988 (wissenschaftliches Standardwörterbuch).

b)   Bauer-Danker-Arndt-Gingrich. *Greek-English Lexicon of the New Testament and Other Early Christian Literature.* Chicago: The University of Chicago Press, [3]2000 (internationales Standardwörterbuch; deutsche Vorlage u.a. durch sorgfältig formulierte Definitionen verbessert; auch digitalisiert erhältlich [vgl. u. 8.]).

c)   Louw J. P./Nida E. A. *Greek-English Lexicon of the New Testament Based On Semantic Domains.* 2 vols. New York: United Bible Societies, 1988 (Bedeutungsangaben sind in Form von Definitionen nach Sinnbezirken geordnet; auch digitalisiert erhältlich [vgl. u. 8.]).

d)   Danker F. W. *The Concise Greek-English Lexicon of the New Testament.* Chicago: The University of Chicago Press, 2009 (bestes NT-Kleinwörterbuch [408 Seiten!]; auch digitalisiert erhältlich [vgl. u. 8.]).

e)   Kassühlke R. *Kleines Wörterbuch zum Neuen Testament – griechisch-deutsch.* Stuttgart: Deutsche Bibelgesellschaft, 1997 (enthält zeitgemäße Bedeutungsangaben; auch digitalisiert erhältlich [vgl. u. 8.]).

f)   Lust J. u.a. *A Greek-English Lexicon of the Septuagint.* Stuttgart: Deutsche Bibelgesellschaft [2]2003 (Standardwörterbuch zur LXX; auch digitalisiert erhältlich [vgl. u. 8.]).

g)   Liddell H. G./Scott R./Jones H. S. *A Greek-English Lexicon.* Oxford: OUP, [9]1968. With Revised Supplement. Oxford: OUP, 1996 (wissenschaftliches Standardwörterbuch zum Altgriechischen; auch digitalisiert erhältlich [vgl. u. 8.]).

h)   Adrados F. R. *Diccionario Griego-Español (DGE).* Vol. 1-7. Madrid: CSIC, 1980-2009 (neues wissenschaftliches Großwörterbuch zum Altgriechischen [bisher bis ἔξανος] http://dge.cchs.csic.es/xdge/).

i)   Lampe G. W. H. (ed.). *A Patristic Greek Lexicon.* Oxford: OUP, [4]1976 (Ergänzung zu Liddell-Scott-Jones zu den griechischen Kirchenvätern).

j)   Sophocles E. A. *Greek Lexicon of the Roman and Byzantine Periods (146 BC – AD 1100).* New York: Scribner's, 2011 (Nachdruck eines 1887 erstmals erschienenen Spezialwörterbuches).

k)   Menge H. *Langenscheidts Großwörterbuch der griechischen und deutschen Sprache.* Berlin: Langenscheidt, [2]1913 (zahlreiche Nachdrucke; qualitativ hoch stehendes großes Schulwörterbuch, wovon eine kleinere Taschenausgabe [in einer relativ neuen revidierten Fassung] erhältlich ist).

l)   Gemoll W. *Griechisch-deutsches Schul- und Handwörterbuch.* München: Oldenbourg, [10]2010 (empfehlenswertes großes Schulwörterbuch).

5. Grammatiken u.Ä.

a)   Blass F./Debrunner A./Rehkopf F. *Grammatik des neutestamentlichen Griechisch.* Göttingen: Vandenhoeck & Ruprecht, [18]2001 (wissenschaftliche Standardgrammatik für die Detailexegese; Kenntnis des klassischen Griechisch ist weitgehend vorausgesetzt).

b)   von Siebenthal H. *Griechische Grammatik zum Neuen Testament.Neubearbeitung und Erweiterung der Grammatik Hoffmann/von Siebenthal* Gießen: Brunnen/Basel: Immanuel, 2011 (systematische Grammatik für theologisch Arbeitende; abgedeckt sind alle für die Textdeutung relevanten Bereiche einschließlich einer detaillierten Syntax und Kapiteln zu Textgrammatik und Wortbildung).

c)   Moulton J. M./Howard W. F./Turner N. *A Grammar of New Testament Greek.* 4 Bände. Edinburgh: T. & T. Clark, 1908-76 (umfangreichste wissenschaftliche NT-Grammatik; Bände 1-2 besonders wichtig).

d)   Wallace D. B. *Greek Grammar Beyond the Basics: An Exegetical Syntax of the New Testament.* Grand Rapids (USA): Zondervan, 1996 (beliebtes Werk mit guter Behandlung zahlreicher Problembereiche und -stellen, u.a. zum Gebrauch des Artikels und zur Syntax des Prädikatsnomens; auch digitalisiert erhältlich [vgl. u. 8.]).

e)   Reiser M. *Sprache und literarische Formen des Neuen Testaments.* Paderborn: Schöningh, 2001 (für Fragen der sprachgeschichtlichen und –stilistischen Einordnung des NT-Griechisch unverzichtbar).

f)   Porter S. E. *Idioms of the Greek New Testament.* Sheffield: JSOT Press, 1992 (lehrreiche Behandlung der für die Exegese wichtigeren Bereiche der NT-Syntax eines versierten Fachmannes, der aber in seiner Aspektlehre z.T. inakzeptable Thesen vertritt).

g)   Campbell C. R. *Verbal Aspect, the Indicative Mood, and Narrative.* New York: Peter Lang, 2007 (gründliche Behandlung der Aspektproblematik im NT, was für folgende beiden Titel ebenso gilt).

h)   Campbell C. R. *Verbal Aspect and Non-Indicative Verbs.* New York: Peter Lang, 2008.

i)   Campbell C. R. *Basics of Verbal Aspect in Biblical Greek.* Grand Rapids: Zondervan, 2008.

j)   Conybeare F. C./Stock St. G. *A Grammar of Septuagint Greek.* Grand Rapids (USA): Zondervan, 1980 (reprint from Selections from the Septuagint, Boston: Ginn & Co., 1905) (nützliche Kurzdarstellung).

k)   Thackeray H. St. J. *A Grammar of the Old Testament in Greek. According to the Septuagint.* Vol. I Introduction, Orthography and Accidence. Cambridge: University Press, 1909 (viel beachtetes Werk).

l)   Bornemann E./Risch E. *Griechische Grammatik.* Frankfurt a. M./Berlin/München: Diesterweg, [2]1978 (Standardgrammatik des klassischen Griechisch für Mittelschüler und Philologiestudenten).

m)   Schwyzer E. *Griechische Grammatik.* 2 Bände und 1 Registerband. München: C. H. Beck, 1939/50/ 53 (umfangreiche historische Standardgrammatik).

n)   Kühner R./Blass F./Gerth B. *Ausführliche Grammatik der griechischen Sprache.* 4 Bände. Hannover/Leipzig, 1890/92/98/1904 (Nachdruck Hannover: Hahnsche Buchhandlung, 1978/76) (umfangreichste Gesamtdarstellung des Altgriechischen; über die Perseus-Website frei zugänglich [s.u. 8.]).

o)   Smyth H. W. *Greek Grammar* (rev. by G. M. Messing). Cambridge (Mass., USA): Harvard University Press, 1956 (vorzügliche detaillierte Grammatik des Klassischen mit vielen übersetzten Beispielen; über die Perseus-Website frei zugänglich [s.u. 8.]).

p)   Mayser E. *Grammatik der griechischen Papyrus aus der Ptolemäerzeit: Mit Einschluß der gleichzeitigen Ostraka und der in Ägypten verfaßten Inschriften.* 7 Teile. Leipzig: Teubner/Berlin: W. de Gruyter, 1906-38/70 (Grammatik der griechischen Papyri der frühen Koine).

q)   Gignac F. T. *A Grammar of the Greek Papyri of the Roman and Byzantine Periods.* 2 Bände, Milano: Istituto Editoriale Cisalpino – La Goliardica, 1976/81 (Grammatik der griechischen Papyri der späten Koine; Syntax fehlt noch).

r)   von Siebenthal H. »Sprachwissenschaftliche Aspekte.« S. 69-154. *Das Studium des Neuen Testaments.* Band 1: *Eine Einführung in die Methoden der Exegese.* Hg. Heinz-Werner Neudorfer und Eckhard J. Schnabel. Wuppertal: Brockhaus, [2]2000 (kleine Einführung in die Theorie und Praxis der Textanalyse).

6. Hilfsmittel für den Lernenden

a)   Höhn W. *Einführung in die griechische Sprache (unter besonderer Berücksichtigung der Sprache des Neuen Testaments).* Groß Oesingen: Lutherische Buchhandlung, 2003 (fachlich wie didaktisch hervorragend).

b)   Whittaker M./Holtermann H. *Einführung in die griechische Sprache des Neuen Testaments.* Grammatik und Übungsbuch. Bearbeitet von A. Hänni. Göttingen: Vandenhoeck & Ruprecht, [8]2011 (zuverlässiges, leicht verständliches Lehrbuch mit Lösungsheft zu den Übungen).

c)   Schoch R. *Griechischer Lehrgang zum Neuen Testament.* Tübingen: Mohr Siebeck, 2000 (detaillierte [die Syntax voll einbeziehende] Einführung mit Übungen und entsprechendem Lösungsteil).

d)   Stoy W./Haag K./Haubeck W. *Bibelgriechisch leicht gemacht.* Lehrbuch des neutestamentlichen Griechisch. Gießen/Basel: Brunnen, [9]2012 (didaktisch gelungenes, in bestimmten Bereichen der Syntax [Verbalsyntax] aber verbesserungsbedürftiges Lehrbuch mit Lösungsheft zu den Übungen).

e)   von Siebenthal H. *Grundkurs neutestamentliches Griechisch: Grammatik, Grundwortschatz, Übersetzungsmethodik – Basierend auf einem Lehrgang von Otto Wittstock.* Gießen: Brunnen, 2008 (besonderer Schwerpunkt: Erstellen grammatisch-lexikalischer »Rohübersetzungen« für die Bibelexegese).

f)   Elliger W. u.a. *Kantharos.* Griechisches Unterrichtswerk, bestehend aus »Lese- und Arbeitsbuch«, »Beiheft zum Lese- und Arbeitsbuch« und »Schülerarbeitsheft«, Stuttgart: Klett, 1983/88/93 (didaktisch sinnvoll aufgebautes Lehrbuch, bei dem in jeder Lektion ein Stück aus einem griechischen Originalautor Grundlage von Grammatikpensum und Lernvokabular bildet).

g)   Zuntz G. *Griechischer Lehrgang.* 3 Bände. Göttingen: Vandenhoeck & Ruprecht, [2]1992 (gründliche Einführung in das klassische Griechisch; zahlreiche Übungssätze und Lesestücke aus Originalautoren).

h)   Haubeck W./von Siebenthal H. *Neuer sprachlicher Schlüssel zum griechischen Neuen Testament.* Gießen: Brunnen, [3]2011 (sprachlicher Kleinkommentar mit grammatischem Anhang; bei der Grundtextlektüre wird dadurch das Nachschlagen in Wörterbuch und Grammatik weitgehend überflüssig; auch Hilfsmittel für das Erstellen der »Rohübersetzung« bei der Exegese).

7. Bibliographische Hilfen

a)   *New Testament Abstracts.* Cambridge (Mass., USA): Weston College School of Theology (dreimal jährlich erscheinende Zeitschriften- und Bücherschau; auch online zugänglich).

b)   *L'Année Philologique.* Paris: Société d'Edition »Les Belles Lettres« (jährliche Auflistung der Publikationen; auch online zugänglich: www.annee-philologique.com/aph/).

8. Elektronische Hilfsmittel

a)   *BibleWorks 9.* Norfolk VA: BibleWorks LLC, 2011 (führendes wissenschaftliches Bibelprogramm für Windows und Mac u.a. mit Grundtextausgaben, Grammatiken, Wörterbüchern, Übersetzungen).

b)   *Accordance 10: Bible Study Software.* Altamonte Springs FL: Oaktree Software, 2012 (vergleichbar mit BibleWorks, doch speziell für den Mac; auch Version für iPhone, iPad bzw. iPod).

c)   *Logos Bible Study Software 5.* Bellingham WA: Logos Bible Software, 2013 (beliebtes Programm für Windows, Mac, Tablets, Smartphones mit Zugang zu vielen bibel- bzw. theologiebezogenen Werken, u.a. zu wissenschaftlichen Grundtextausgaben und Wörterbüchern [s. besonders »German Bible Society's Bundles«]).

d)   *The Bible Study App/Bible Reader/Bible+,* Version 5.4, Spokane WA: Olive Tree Bible Software Inc., 2013 (führendes Programm für iPad, iPhone und Android, auch unter Windows und Mac anwendbar, mit neuesten, grammatisch aufgeschlüsselten Grundtextausgaben sowie wissenschaftlichen Wörterbüchern und vielen anderen bibel- bzw. theologiebezogenen Werken).

e)   *Perseus Project* (www.perseus.tufts.edu/hopper/collection?collection=Perseus:collection:Greco-Roman): große Datenbank u.a. mit Originaltexten verknüpft mit englischer Übersetzung und Nachschlagewerken).

f)   *Thesaurus Linguae Graecae.* Irvine (USA): University of California (Standarddatenbank der Klassischen Philologie mit einem Zugang zur altgriechischen Literatur von Homer bis 600 n. Chr.).

g)   Nützliche Links verschiedenster Art bieten u.a.: http://www.tlg.uci.edu/index/resources.html, http://www.tyndale.cam.ac.uk.

Register

1. Stichwortregister

E

echter Dativ 106
echter Genitiv des Bereichs 102
effektiver Aor. 115, 117
Eigennamen auf -ᾱς 15
Elativ 96
Elision 7
Ellipse 143
Enallage 144
Endung
    Begriff 11
    Deklination 14, 60, 65
    Verb 38
Enklitika 6
Entscheidungsfrage 133, 135
epexegetischer Infinitv 124
epexegetisches καί 131
epistolarischer Indikativ Aorist 117
Ergänzung des Interesses 78
    Inf./AcI 123
Ergänzungen 77
    Besonderheiten 87
Ergänzungsfragen 133
Ersatzdehnung 8
Euphemismus 144
exklusives Wir 111

F

Femininum *Siehe* Genus.
figura etymologica 101
Figuren der Abkürzung 143
Figuren der Verschleierung 144
Figuren der Wiederholung und der
    Häufung 143
Figuren der Wort- und Satzstellung
    142
Finalangabe 79
finaler Infinitiv 124
finaler Relativsatz 141
Finalergänzung 78
finales Adverbiale 79
finales καί 131
Finalsätze 137
finites Verb
    Bestandteile von 36
    Kategorien 34
Flexion
    nominale *Siehe auch* Deklination.
    Verb *Siehe auch* Konjugation.
Flexionsmuster
    Kardinalzahlen eins bis vier 33
    ἅγιος 23
    ἀγών 20
    ἄδικος 25
    αἰδώς 21
    ἀληθής 21
    ἀλλήλων 28
    ἄλλος 28
    ἄμπελος 17
    ἀνήρ 20
    ἄρχων 20

αὐτός 28
βάλλω, starker Aorist 44
βασιλεύς 22
βοῦς 22
γάλα 23
γενεά 15
γένος 21
γινώσκω, Wurzelaorist 44
γῆ 15
γλῶσσᾱ 15
γόνυ 23
γυνή 23
δάκρυον 16
δείκνυμι 54
δηλόω 48
δίδωμι 54
δοῦλος 17
δύο 33
ἑαυτοῦ 28
ἐγώ 28
εἰμί 58
εἶμι 58
εἷς 33
ἐκεῖνος 29
ἐλπίς 19
ἐμαυτοῦ 28
ἐμός 29
ἐνέργειᾱ 15
ἡδύς 25
ἡμεῖς 28
ἡμέτερος 29
ἵημι 54
θρίξ 23
θυγάτηρ 21
Ἰησοῦς 16
ἵστημι 54
ἰχθύς 22
κάθημαι 58
καινός 23
κεῖμαι 58
κρέας 21
κύριος 17
κύων 23
κώνωψ 19
λελυκώς 25
Λουκᾶς 15
λυθείς 25
λυόμενος 24
λύσᾱς 25
λύων 24
μάρτυς 23
μέγας 26
μείζων 26
μέλας 24
μηδείς 33
μήτηρ 20
μνᾶ 15
νεανίᾱς 15
νεώς 16
νίκη 15
νοῦς 16
νύξ 23
οἶδα 43
οὐδείς 33

οὕς 23
οὗτος 29
παιδεύω 43f
πᾶς 24
πατήρ 20
πῆχυς 22
πλήρης 21
πλοῖον 17
ποιέω 48
ποιμήν 20
πόλις 22
πολύς 26
πούς 23
προφήτης 15
ῥήτωρ 20
–ρος 21
σάββατον 16
σεαυτοῦ 28
σός 29
σύ 28
σῶμα 19
σωτήρ 20
σώφρων 26
τελώνης 15
τέσσαρες 33
τίθημι 54
τιμάω 48
τιμή 15
τίς; τί; 30
τις, τι 30
τρεῖς 33
ὕδωρ 23
υἱός 17
ὑμεῖς 28
ὑμέτερος 29
φημί 58
φύλαξ 19
χαρίεις 25
χάρις 19
χείρ 23
χρυσοῦς 24
χώρᾱ 15
Formenlehre 11
Fragepronomen *Siehe*
    Interrogativpronomen.
Fragepronomina und -adverbien
    direkte/indirekte 135
Fragesatz 76, 133, 135
freierer Akkusativ 102
futurisches Perfekt 118
futurisches Präsens 116
Futurperfekt
    umschrieben 119
Futurstamm 34, 36
futurum contractum/Atticum 50f

G

GcI 123
GcP 129
Gebote und Verbote 122
    bibelsprachlich, Futur 119

2. Register zum Stammformenverzeichnis (§167)

ἀγ- 59	ἄλλομαι 116	ἀπεκρίθην 128	αὐξάνω 146	βλαστη- 147	γον- 176
ἀγ- 214	ἁλοῦμαι 116	ἀπεκρινάμην 128	αὐξήσω 146	βλαστήσω 147	γραφ- 42
ἄγνυμι 214	-αλω- 164	ἀπεκτάνθην 131	ἀφ- 51	βλεπ- 41	γράφω 42
ἀγγελ- 110	ἁμαρτ(η)- 145	ἀπέκτεινα 131	ἀφέθην 203	βλέπω 41	γράψω 42
-αγγελ- 111	ἁμαρτάνω 145	ἀπέκτονα 131	ἀφεῖκα 203	βλέψω 41	δαρ- 135
-αγγε-λιδ- 99	ἁμαρτήσομαι	ἀποδίδομαι 169	ἀφεῖμαι 203	βλη- 112	δε- 36, 177
ἀγγέλλω 110	145	ἀποδώσομαι 169	ἀφῆκα 203	βουλ- 175	δέδαρμαι 135
ἀγγελῶ 110	ἁμαρτήσω 145	ἀποθανοῦμαι 161	ἀφήσω 203	βούλει 175	δέδεγμαι 63
ἁγιαδ- 91	ἀμφιέννυμι 221	ἀποθνήσκω 161	ἀφῖγμαι 158	βουλη- 175	δεδέημαι 177
ἁγιάζω 91	ἀμφιῶ 221	ἀποκέκρῐμαι 128	ἀφίημι 203	βουλήσομαι 175	δέδειγμαι 212
ἁγιάσω 91	ἀναιρέω 186	ἀποκρῐθήσομαι	ἀφικνέομαι 158	βούλομαι 175	δέδειχα 212
ἄγνυμι 214	ἀναλίσκω 164	128	ἀφικόμην 158	βρω- 188	δέδεκα 36
ἄγω 59	ἀναλόω 164	ἀποκρῐνομαι 128	ἀφίξομαι 158	γαμε- 174	δέδεμαι 36
αἰνε- 28	ἀνᾱλώσω 164	ἀποκρινοῦμαι	ἄψω 51	γαμέω 174	δεδήλωκα 19
αἰνέσω 28	ἀναμιμνήσκω	128	βα- 139	γαμη- 174	δεδήλωμαι 19
αἰνέω 28	167	ἀποκτείνω 131	βαίνω 139	γαμῶ 174	δεδίδαγμαι 163
αἰρε- 185	ἀναμνήσω 167	ἀποκτέννω 131	βαλ- 112	γεγάμημαι 174	δεδίδαχα 163
-αἱρε- 186	ἀνάσχου 190	ἀποκτενῶ 131	βάλλω 112	γεγέλασμαι 22	δεδίψηκα 35
αἱρέω 185	ἀνατέλλω 114	ἀπολέσω 218	βαλῶ 112	γεγένημαι 176	δεδίωγμαι 64
αἱρη- 185	ἀνατελῶ 114	ἀπόλλυμαι 219	βαπτιδ- 97	γεγήρᾱκα 160	δεδίωχα 64
-αἱρη- 186	ἀνατέταλκα 114	ἀπόλλυμι 218	βαπτίζω 97	γέγονα 176	δέδοκται 170
αἱρήσω 185	ἀνεῖλον 186	ἀπολοῦμαι 219	βαπτίσω 97	γέγραμμαι 42	δέδομαι 201
αἴρω 132	ἀνελῶ 186	ἀπόλωλα 219	βάπτω 52	γέγραφα 42	δεδράμηκα 196
αἰσθ(η)- 144	ἀνέμνησα 167	ἀπολώλεκα 218	βασταγ- 108	γελᾰ(σ)- 22	δέδῠκα 12
αἰσθάνομαι 144	ἀνεμνήσθην 167	ἄπτω 51	βασταδ- 108	γελάσομαι 22	δέδῠμαι 12
αἰσθήσομαι 144	ἀνέξομαι 190	ἀπωθέομαι 173	βαστάζω 108	γελάσω 22	δεδύνημαι 208
αἰσχυν- 130	ἀνέσχημαι 190	ἀπώλεσα 218	βαστάσω 108	γελάω 22	δέδωκα 201
αἰσχυνθήσομαι	ἀνεσχόμην 190	ἀπωλόμην 219	βαφ- 52	γεμίζω 207	δεη- 177
130	ἀνέτειλα 114	ἀπωσάμην 173	βάψω 52	γεν(η)- 176	δεηθήσομαι 177
αἰσχύνομαι 130	ἀνέχομαι 190	ἀπώσομαι 173	βέβαμμαι 52	γενήσομαι 176	δεήσομαι 177
αἰσχυνοῦμαι 130	ἀνέῳγ- 60	ἀρ- 132	βεβάπτικα 97	γηρᾱ/ᾱ- 160	δεῖ 177
ἀκήκοα 2	ἀνέῳγα 60	ἀρε- 159	βεβάπτισμαι 97	γηράσκω 160	δεικ- 212
ἀκου(σ)- 2	ἀνέῳξα 60	ἀρέσκω 159	βέβηκα 139	γηράσομαι 160	δείκνυμι 212
ἀκούσομαι 2	ἀνέῳχ- 60	ἀρέσω 159	βεβίωκα 20	γίγνομαι 176	δείξω 212
ἀκούσω 2	ἀνέῳχα 60	ἀρκε(σ)- 26	βεβλάστηκα 147	γίγνώσκω 166	δέξομαι 63
ἀκούω 2	ἀνηλώθην 164	ἀρκέσω 26	βέβλεμμαι 41	γίνομαι 176	δέομαι 177
ἀκοϝ- 2	ἀνήλωκα 164	ἀρκέω 26	βέβλεφα 41	γῑνώσκω 166	δερ- 135
ἀλ- 116	ἀνήλωμαι 164	ἄρξομαι 62	βέβληκα 112	γν- 176	δερῶ 135
-αλ- 164	ἀνήλωσα 164	ἄρξω 61	βέβλημαι 112	γνω- 166	δέρω 135
ἀλειφ- 40	ἀνηρέθην 186	ἁρπαδ- 107	βεβούλημαι 175	γνωριδ- 98	δεχ- 63
ἀλείφω 40	ἀνοίγω 60	ἁρπάζω 107	βέβρωκα 188	γνωρίζω 98	δέχομαι 63
ἀλείψω 40	ἀνοίξω 60	ἁρπάσω 107	βέβρωμαι 188	γνωρίσω 98	δέω 36
ἀλήλιμμαι 40	ἀντιλέγω 191	ἀρχ- 61, 62	βη- 139	γνωσ- 166	δη- 36
ἀλήλιφα 40	ἄξω 59	ἄρχομαι 62	βήσομαι 139	γνώσομαι 166	δηλόω 19
ἀλλαγ- 74	ἀπεδόμην 169	ἄρχω 61	βιβρώσκω 188	γογγυδ- 104	δηλω- 19
ἀλλάξω 74	ἀπέθανον 131,	ἀρῶ 132	βλαστ- 147	γογγύζω 104	δηλώσω 19
ἀλλάσσω 74	161	αὐξ(η)- 146	βλαστάνω 147	γογγύσω 104	δήσω 36

ἔοικα 87
ἐπ- 199
ἐπαγγέλλομαι 111
ἐπαγγελοῦμαι 111
ἐπάγην 216
ἔπαθον 193
ἐπαιδεύθην 1
ἐπαίδευσα 1
ἐπείνᾱσα 34
ἐπείνησα 34
ἔπεισα 88
ἐπείσθην 88
ἐπελαθόμην 154
ἐπέμφθην 45
ἔπεμψα 45
ἔπεσον 194
ἐπηγγειλάμην 111
ἐπήγγελμαι 111
ἔπηξα 216
ἐπιλανθάνομαι 154
ἐπιλέλησμαι 154
ἐπιλήσομαι 154
ἔπιον 141
ἐπιστα- 209
ἐπίσταμαι 209
ἐπιστη- 209
ἐπιστήσομαι 209
ἐπλάκην 68
ἔπλασα 105
ἐπλάσθην 105
ἔπλεξα 68
ἔπλευσα 30
ἐπλήγην 76
ἔπληξα 76
ἔπλησα 207
ἐπλήσθην 207
ἔπνευσα 31
ἐπνίγην 69
ἔπνιξα 69
ἐπόθην 141
ἐποιήθην 18
ἐποίησα 18
ἐποίμᾱνα 121
ἕπομαι 199
ἐπράθην 169
ἔπραξα 78
ἐπράχθην 78

ἔπρησα 210
ἐπρήσθην 210
ἐπυθόμην 155
ἐργαδ- 92
ἐργάζομαι 92
ἐργάσομαι 92
ἐρράγην 217
ἐρράντισα 96
ἐρραντίσθην 96
ἐρρέθην 191
ἔρρηξα 217
ἔρρῑμμαι 58
ἔρριφα 58
ἐρρίφην 58
ἐρρίφθην 58
ἔρριψα 58
ἐρρύηκα 38
ἐρρύην 38
ἐρρυσάμην 8
ἐρρύσθην 8
ἔρρωγα 217
ἔρρωμαι 227
ἔρρωσα 227
ἐρρώσθην 227
ἐρχ- 187
ἔρχομαι 187
ἐρῶ 191
ἐσ- 221
ἐσάλπισα 102
ἐσάπην 46
ἔσβεσα 222
ἐσβέσθην 222
ἔσβεσμαι 222
ἔσβηκα 223
ἔσβην 223
ἔσεισα 3
ἐσείσθην 3
ἐσήμᾱνα 122
ἐσημάνθην 122
ἔσηψα 46
ἐσθ(ι)- 188
ἐσθίω 188
ἔσθω 188 Anm.
ἐσκλήρῡνα 129
ἐσκληρύνθην 129
ἔσπακα 24
ἐσπάρην 136
ἔσπαρκα 136
ἔσπαρμαι 136
ἔσπασα 24

ἐσπάσθην 24
ἔσπασμαι 24
ἔσπειρα 136
ἑσπόμην 199
ἐστάθην 204, 205
ἐστάλην 113
ἔσταλκα 113
ἔσταλμαι 113
ἔστειλα 113
ἐστέναγμαι 84
ἐστέναξα 84
ἕστηκα 205
ἔστην 205
ἐστήριγμαι 85
ἐστήρικα 85
ἐστήριξα 85
ἐστήρισα 85
ἐστηρίχθην 85
ἔστησα 204
ἔστραμμαι 47
ἐστράφην 47
ἔστρεψα 47
ἔστροφα 47
ἐστρώθην 228
ἔστρωμαι 228
ἔστρωσα 228
ἐσφάγην 86
ἔσφαγμαι 86
ἔσφακα 86
ἔσφαξα 86
ἔσχηκα 189
ἔσχημαι 189
ἔσχον 189
ἐσώθην 106
ἔσωσα 106
ἐτάγην 79
ἐτάκην 71
ἔταξα 79
ἐτάφην 53
ἐτάχθην 79
ἐτέθην 200
ἔτεισα 142
ἐτείσθην 142
ἔτεκον 195
ἐτέλεσα 27
ἐτελέσθην 27
ἔτεμον 149
ἐτέχθην 195
ἔτηξα 71
ἐτιμήθην 16
ἐτίμησα 16

ἔτισα 142
ἐτίσθην 142
ἐτμήθην 149
ἐτράπην 48
ἐτράφην 49
ἔτρεψα 48
ἐτρίβην 50
ἔτριψα 50
ἐτύθην 13
ἔτυχον 156
εὐαγγελίζομαι 99
εὐαγγελίσομαι 99
εὐηγγελισάμην 99
εὐηγγελίσθην 99
εὐηγγέλισμαι 99
εὑρε- 162
εὑρέ 162
εὑρέθην 162
εὑρη- 162
εὕρηκα 162
εὕρημαι 162
εὑρήσω 162
εὑρίσκω 162
εὗρον 162
εὐφραίνομαι 118
εὐφρανθήσομαι 118
-ευχ- 70
ἔφαγον 188
ἔφᾱνα 123
ἐφάνην 124
ἐφάνθην 123
ἐφεισάμην 89
ἔφθακα 143
ἔφθασα 143
ἐφόρεσα 29
ἐφορήθην 29
ἐφόρησα 29
ἔφυγον 72
ἐφύην 15
ἐφύλαξα 80
ἐφυλάχθην 80
ἔφυν 15
ἐχ- 189
ἐχ- 189
-εχ- 190
-εχ- 190
ἐχάλασα 25
ἐχαλάσθην 25

ἐχάρην 134
ἐχαρισάμην 101
ἐχαρίσθην 101
ἔχεα 39
ἔχρησα 211
ἐχρησάμην 21
ἐχρήσθην 21
ἔχρισα 4
ἐχρίσθην 4
ἐχύθην 39
ἔχω 189
ἐψευσάμην 90
ἐψεύσθην 90
ἔψευσμαι 90
ἔψομαι 199
ἐψύγην 73
ἔψυγμαι 73
ἔψυξα 73
ἐψύχθην 73
ἔωκα 171
ἔωμαι 202
ἑώρᾱκα 192
ἑώρᾱμαι 192
ἑώρων 192
ἔωσα 171
ἐώσθην 171
ἔωσμαι 171
ζάω 20
ζευγ- 213
ζεύγνῡμι 213
ζεύξω 213
ζη- 20
ζήσομαι 20.
ζήσω 20
ζήω 20
ζώννῡμι 224
ζωσ- 224
ζώσω 224
ἤ- 202
-ἤ- 203
ἤγαγον 59
ἤγγειλα 110
ἠγγέλην 110
ἠγγέλθην 110
ἤγγελκα 110
ἤγγελμαι 110
ἤγγικα 94
ἤγγισα 94
ἤγειρα 137
ἠγέρθην 137, 138
ἡγίακα 91
ἡγίασα 91

ἡγιάσθην 91
ἡγίασμαι 91
ἧγμαι 59
ἠγρόμην 138
ἠδυνάσθην 208
ἠδυνήθην 208
ἠθέληκα 178
ἠθέλησα 178
ἧκα 202
ἤκουσα 2
ἠκούσθην 2
ἤκουσμαι 2
ἥκω 187
ἠλάθην 140
ἠλάμην 116
ἤλασα 140
ἠλείφθην 40
ἤλειψα 40
ἦλθον 187
ἠλλάγην 74
ἤλλαγμαι 74
ἤλλαξα 74
ἤλλαχα 74
ἠλλάχθην 74
ἠλόμην 116
ἤλπικα 93
ἤλπισα 93
ἠλπίσθην 93
ἤλπισμαι 93
ἡμαρτήθην 145
ἡμάρτηκα 145
ἡμάρτημαι 145
ἡμάρτησα 145
ἥμαρτον 145
ἤμελλον 179
ἧμμαι 51
ἠμφίεσα 221
ἠμφίεσμαι 221
ἤνεγκα 198
ἤνεγκον 198
ἠνέθην 28
ἤνεκα 28
ἤνεσα 28
ἠνέχθην 198
ἠνέῳγμαι 60
ἠνέῳξα 60
ἠνεῴχθην 60
ἤνημαι 28
ἤνοιγ- 60
ἠνοίγην 60
ἤνοιξα 60

νυστάξω 82	πεπαίδευμαι 1	πιεῖν 141	προλέγω 191	σείσω 3	στροφ- 47
ξηραίνω 120	πέπεικα 88	πίεσαι 141	προσεύξομαι 70	σείω 3	στρω- 228
ξηραν- 120	πεπείνηκα 34	πίμπλημι 207	προσεύχομαι 70	σέσεικα 3	στρώννυμι 228
ξηρανῶ 120	πέπεισμαι 88	πίμπρημι 210	προσηῦγμαι 70	σέσεισμαι 3	στρώσω 228
οἰ- 198	πέπεμμαι 45	πίνω 141	προσηυξάμην 70	σεσήμαγκα 122	συλλέγω 67
-οιγ- 60	πέπηγα 216	πίομαι 141	πτ(ω)- 194	σεσήμασμαι 122	συλλέλεγμαι 67
οἴσω 198	πέπλακα 105	πιπράσκω 169	πυθ- 155	σέσημμαι 46	συλλέξω 67
οἰχ(η)- 183	πέπλασμαι 105	πίπτω 194	πυνθάνομαι 155	σέσηπα 46	συνείλεγμαι 67
οἰχήσομαι 183	πέπλεγμαι 68	πλαγ- 77	πω- 141	σέσωκα 106	συνείλοχα 67
οἴχομαι 183	πέπλευκα 30	πλαθ- 105	πωλέω 169	σέσω(σ)μαι 106	συνελέγην 67
-ολ(ε)- 218	πέπλεχα 68	πλάσσω 105	ραγ- 217	σημαίνω 122	συνέλεξα 67
-ολ(ε)- 219	πέπληγμαι 76	πλάσω 105	ραντιδ- 96	σημαν- 122	σφαγ- 86
ὀμ- 220	πέπληκα 207	πλεκ- 68	ραντίζω 96	σημανῶ 122	σφάζω 86
ὄμνυμι 220	πέπλησμαι 207	πλέκω 68	ραντιῶ 96	σηπ- 46	σφάξω 86
ὀμνύω 220	πέπληχα 76	πλέξω 68	ρεράντισμαι 96	σήπω 46	σφάττω 86
ὀμο- 220	πέπνευκα 31	πλευ- 30	ρευ- 38	σήψω 46	σχ- 189
ὀμοῦμαι 220	πέπνιγμαι 69	πλεύσομαι 30	ρεύσω 38	σκληρῦν- 129	-σχ- 190
ὀμώμοκα 220	πεποίηκα 18	πλέω 30	ρέω 38	σκληρύνω 129	σχεῖν 189
ὀνα- 206	πεποίημαι 18	πλεϝ- 30	ρεϝ- 38	σκληρῠνῶ 129	σχές 189
ὀνη- 206	πέποιθα 88	πλη- 207	ρηγ- 217	σπ- 199	σχη- 189
ὀνήσω 206	πέπομαι 141	πληγ- 76	ρήγνυμι 217	σπᾰ- 24	-σχη- 190
ὀνίνημι 206	πέπομφα 45	πληγ- 77	ρηθ- 191	σπαρ- 136	σχήσω 189
ὀπ- 192	πέπονθα 193	πλήξω 76	ρήξω 217	σπᾶς- 24	σω- 106
ὀρα- 192	πέπραγμαι 78	πληρόω 207	ρήσσω 217	σπάσω 24	σωδ- 106
ὁράω 192	πέπρᾱκα 169	πλησ- 207	ρῑπ- 58	σπάω 24	σῴζω 106
ὄψομαι 192	πέπρᾱμαι 169	πλήσσω 197	ριπτέω 58	σπείρω 136	σώσω 106
παγ- 216	πέπραχα 78	πλήσσω 76	ρίπτω 58	σπερ- 136	σϝεθ- 109
παθ- 193	πέπρηκα 210	πλήσω 207	ρίψω 58	σπερῶ 136	ταγ- 79
-παιγ- 83	πέπρησμαι 210	πνευ- 31	ρυ- 8	σπῶμαι 199	ταλ- 114
παιδευ- 1	πέπτωκα 194	πνεύσομαι 31	ρυη- 38	στα- 204	ταλ- 115
παιδεύσω 1	πέπυσμαι 155	πνέω 31	ρυήσομαι 38	στα- 205	τάξω 79
παιδεύω 1	πέπωκα 141	πνεϝ- 31	ρύομαι 8	σταθήσομαι 205	τάσσω 79
παίω 83	πεσ(ε)- 194	πνιγ- 69	ρυσ- 8	σταλ- 113	τέθαμμαι 53
παίζω 197	πεσοῦμαι 194	πνίγω 69	ρύσομαι 8	στελ- 113	τέθεικα 200
πάσχω 193	πετ- 194	πνίξω 69	ρω- 227	στέλλω 113	τέθειμαι 200
πατάσσω 197	πευθ- 155	πο- 141	ρώννυμι 227	στελῶ 113	τεθέλ- 178
πειθ- 88	πεύσομαι 155	ποιέω 18	ρωσ- 227	στεναγ- 84	τέθηκα 200
πείθω 88	πέφαγκα 123	ποιη- 18	ρώσω 227	στενάζω 84	τέθλιμμαι 43
πεῖν 141	πέφασμαι 123	ποιήσω 18	σαλπιγγ- 102	στενάξω 84	τέθλιφα 43
πεινᾶ- 34	πέφασμαι 124	ποιμαίνω 121	σαλπιδ- 102	στη- 204	τέθνηκα 161
πεινάσω 34	πέφευγα 72	ποιμαν- 121	σαλπίζω 102	στη- 205	τέθραμμαι 49
πεινάω 34	πέφηνα 124	ποιμανῶ 121	σαλπίσω 102	στηριγ- 85	τέθῠκα 13
πεινήσω 34	πεφόρηκα 29	πομπ- 45	σβέννυμαι 223	στηριδ- 85	τέθῠμαι 13
πεινήω 34	πεφόρημαι 29	πονθ- 193	σβέννυμι 222	στηρίζω 85	τείσω 142
πείσομαι 193	πέφυκα 15	πρᾱ- 169	σβεσ- 222	στηρίξω 85	τεκ- 195
πείσω 88	πεφύλαγμαι 80	πρα- 210	σβεσ- 223	στήσομαι 205	-τελ- 114
πεμπ- 45	πεφύλαχα 80	πραγ- 78	σβέσω 222	στήσω 204	-τελ- 115
πέμπω 45	πηγ- 216	πράξω 78	σβη- 222	στραφ- 47	τελε(σ)- 27
πέμψω 45	πήγνυμι 216	πράσσω 78	σβη- 223	στρεφ- 47	τελέσω 27
πενθ- 193	πήξω 216	πρη(σ)- 210	σβήσομαι 223	στρέφω 47	
πεπαίδευκα 1	πι- 141	πρήσω 210	σει(σ)- 3	στρέψω 47	

Thomas O. Lambdin
Heinrich von Siebenthal (Hrsg.)

Lehrbuch Bibel-Hebräisch

384 S., gebunden,
ISBN 978-3-7655-9563-9

Das Lehrbuch Bibel-Hebräisch eignet sich hervorragend für den Unterricht an Universitäten, theologischen Seminaren oder Gymnasien und – dank der einfachen und ausführlichen Erklärungen – auch für das Selbststudium.

In 55 geschickt aufeinander aufbauenden Lektionen wird der Lernende gründlich in die Laut-, Schrift- und Formenlehre sowie die wichtigsten Syntaxregeln und den Grundwortschatz der bibel-hebräischen Prosa eingeführt. Ein umfangreicher Übungsteil dient der Aneignung des neuen und der Wiederholung des alten Stoffes. Den Abschluss bildet jeweils ein Lesestück. Weitere Lernhilfen finden sich im Anhang.

Für die 7. Auflage wurden viele Erklärungen überarbeitet und Querverweise hinzugefügt.

Zum Überprüfen der erworbenen Sprachkenntnisse
und zur Kontrolle der Übungen gibt es den

Lösungs- und Begleitband

184 S., Paperback, 5. Auflage
ISBN 978-3-7655-9463-2

BRUNNEN VERLAG GIESSEN
www.brunnen-verlag.de

Wilfrid Haubeck
Heinrich von Siebenthal

Neuer sprachlicher Schlüssel
zum griechischen Neuen Testament

Matthäus bis Offenbarung

1456 S., gebunden, 2. Auflage
ISBN 978-3-7655-9393-2

Mit dem „Neuen sprachlichen Schlüssel" erhalten Sie das ideale Rüstzeug zum Verständnis und zur Übersetzung des griechischen Textes des Neuen Testaments. Einzelne Wörter und sprachliche Wendungen werden in ihrer Hauptbedeutung angegeben, der im Kontext gemeinte Sinn wird dargestellt. Auch komplexe Satzkonstruktionen werden eingehend erläutert. Ein grammatischer Anhang bietet Ihnen u. a. Stammformenreihen wichtiger Verben und einen ausführlichen Abriss der Satzlehre.

BRUNNEN VERLAG GIESSEN
www.brunnen-verlag.de

Werner Stoy / Klaus Haag / Wilfrid Haubeck

Bibelgriechisch leichtgemacht
Lehrbuch des neutestamentlichen Griechisch

352 S., gebunden, 9. Auflage
ISBN 978-3-7655-9312-3

Bibelgriechisch lernen – dieses Buch will es leichtmachen. Es beschränkt sich deshalb auf das neutestamentliche Griechisch und beginnt so einfach, dass es auch der verstehen kann, der bisher keine Fremdsprache gelernt hat. Der wichtigste Teil des Buches besteht aus 72 Lektionen, die vom einfachsten – den griechischen Schriftzeichen – langsam, aber sicher zu den wichtigsten griechischen Formen führen.

Jede Lektion enthält
- eine längere Erklärung der neuen grammatischen Erscheinung, damit man nicht „pauken" muss, ohne verstanden zu haben
- Lernhilfen nach dem Prinzip der Mnemotechnik
- eine ausführliche Einübung
- eine dauernde Wiederholung noch vor der Durchnahme des neuen Stoffes, um auf ihn vor- zubereiten und das schon Gelernte zu sichern
- Lesestücke, die manchmal bis zu einem kleinen neutestamentlichen Text wachsen, sowie Erklärungen und Übungen dazu.

Sachregister, Wörterverzeichnisse und Tabellen helfen beim Lernen und Auffrischen, wenn man einmal etwas vergessen hat.

Zum Übungsteil einer jeden Lektion gibt es zur Kontrolle ein gesondertes

Lösungsbuch

80 S., geheftet, 7. Auflage
ISBN 978-3-7655-9318-5

BRUNNEN VERLAG GIESSEN
www.brunnen-verlag.de